비교시각에서 본 박정희 발전모델

라틴 아메리카의 브라질, 멕시코, 이르헨티나, 칠레, 그리고 아시아의 한국

임 현 진

진인진

이 책을 라틴 아메리카 연구의 개척자,

故 이성형 박사의 영전에 바친다

비교시각에서 본 박정희 발전모델

라틴 아메리카의 브라질, 멕시코, 아르헨티나, 칠레, 그리고 아시아의 한국

초판 1쇄 발행 | 2017년 12월 28일
지 은 이 | 임현진
발 행 인 | 김영진
발 행 처 | 진인진
편　　집 | 김민경
등　　록 | 제25100-2005-000003호
주　　소 | 경기도 과천시 별양상가 1로 18 614호(별양동 과천오피스텔)
전　　화 | 02-507-3077~8
팩　　스 | 02-507-3079
홈페이지| http://www.zininzin.co.kr
이 메 일 | pub@zininzin.co.kr

ⓒ 진인진 2017
ISBN 978-89-6347-360-4　93300

*본 연구는 2017년도 서울대학교 아시아연구소의 아시아연구기반구축 사업의 지원을 받아
 수행되었다(#SNUAC-2017-007).

목 차

머리말											_7

서론		박정희 체제의 지배양식과 발전경험						_13

제1부 아시아의 한국

제1장		박정희 체제의 지배 이데올로기						_51

제2장		종속적 발전에 따른 국가의 변모						_83

제3장		국가 자율성의 변화							_115

제4장		유신체제의 붕괴								_137

제2부 라틴 아메리카의 브라질, 멕시코, 아르헨티나, 칠레

제5장		브라질의 브라질 군사정부							_171

제6장		멕시코 제도혁명당 정권							_185

제7장		아르헨티나 군사정부							_199

제8장		칠레 피노체트 정권							_213

결론		비교발전론적 함의							_223

참고문헌										_235

논문출처										_255

저자소개										_256

머 리 말

이 책은 박정희 시대 한국의 지배양식과 발전경험에 관한 것이다. 한국 현대사에서 정치사적·경제사적으로 중요한 의미를 지니고 있는 박정희 19년 집권기간 동안의 산업화에 대한 비교발전론적 분석을 담고 있다. 흔히 개발독재로 불리우는 박정희식 발전경험에 대한 역사적 맥락과 국제적 비교를 통해 그것이 지니는 특수성과 보편성을 살펴보려는 것이다. 박정희의 개발독재 경험은 사회과학의 비교발전론적 관점에서 이른바 티토 모델, 모택동 모델, 나세르 모델, 수카르노 모델, 이광요 모델 등에 견주해 볼 때 자못 독특한 것이다. 그러므로 나는 이 책에서 한국과 라틴 아메리카 지역의 브라질, 멕시코, 아르헨티나, 칠레라는 네 국가들과의 비교분석을 통해 박정희식 개발독재 경험의 특징을 찾아보려고 시도하고 있다.

나는 이 책을 세상에 내면서 깊은 소회를 갖는다. 박정희 정권 아래에서 젊은 시절을 보내면서 주위의 아픔과 좌절을 보아왔다는 개인적 체험을 넘어 학문의 길로 들어선 이후 지금까지 박정희 정권 아래의 한국의 발전과 저발전에 대한 나름대로 연구를 해왔기 때문이다. 대한민국에서 자연인 박정희와 박근혜라는 아버지와 딸은 두 사람 모두 대통령이라는 최고 권력의 자리에 오른 보기 드문 사례이다. 그러나 해방 이후 한국의 대통령들이 집권시 국가운영의 흠결로 인해 하야, 암살, 투옥, 자살, 탄핵 등으로 이어졌다면, 박정희와 박근혜의 운명은 가장 비극적이었다고 감히 말 할 수 있다.

박정희 정권의 공과는 개별 사건들 보다 큰 흐름에서 평가하는 역사주의(historicism)의 자세가 필요하다. 그러나 개인적 체험의 울타리로부터 벗어나

현대 한국의 국가발전 과정에서 박정희의 공적과 과오를 따지는 것은 쉽지 않다. 따라서 나는 한 시대, 한 정권, 한 인물에 대한 공평하고 객관적인 평가를 위해서 한국을 준거로 하여 브라질, 멕시코, 아르헨티나, 칠레의 발전경험을 비교 사례로 도입했다. 당시의 문헌과 자료를 중심으로 다섯 나라들의 발전경험을 국가-사회, 국가-경제, 국가-노동 등의 관계의 맥락에서 비교발전론적으로 접근했다. '권위주의적 자본주의' 이후 이 나라들이 밟고 있는 서로 다른 발전경로에 대한 연구는 다음의 연구과제로 미루고 당시의 역사적 관점에서 사실의 분석과 평가를 한 것으로 만족하고자 한다.

내가 어릴 때 자주 듣던 얘기 중의 하나가 "우리는 조국 근대화의 사명을 타고 태어났다"라는 것이다. 일본의 명치유신을 통한 부국강병의 논리에 매료된 박정희는 한국이 동아시아뿐만 아니라 세계에서 우뚝 서기 위해서 '조국근대화'가 필요하다고 역설했다. 박정희는 조국 근대화를 위해서는 자유와 평등이란 이상은 유보되어야 하며, 환경과 복지는 사치스러운 가치라고 보았다. 헌정질서조차 무너지면서 민주주의의 기반인 삼권분립이나 공화주의는 살아남기 어려웠다. 우리 국민은 근대적인 공화국의 '시민'(citizens)이기보다 전통적인 군주국의 '신민'(subjects)으로서 기본권을 누리기 어려웠음은 당연한 결과라고 보아진다.

돌이켜 볼 때, 나의 학생시절은 시위의 연속으로 채워졌다고 해도 지나치지 않다. 고등학교 시절 굴욕적인 한·일회담에 대한 반대 투쟁, 그리고 대학 시절 6·8부정선거 규탄과 삼선개헌 반대를 통해 우리 사회에 대한 문제의식을 키웠다고 자위할 수 있다. 그 당시 칼 만하임(Karl Mannheim)의 지식사회학적 논의에서 불편부당한 지식인의 책무를 배운 나로서는 박정희 정권의 불의와 비리에 대한 비판으로부터 자유로울 수 없었다. 대학생이라는 특권적 위치에서 민족과 계급의 이익 중 어느 것이 국가백년대계를 위해 앞서는가라는 격론을 나누면서 허위의식으로부터 벗어나려고 노력했었다. 1960

년대 당시 민족과 계급은 1980년대의 NL과 PD 논쟁과 형식적으로는 유사한 입지에 있었다고 볼 수 있지만, 통일을 향한 저항적 민족주의로서의 민족과 계급불평등 타파의 주체로서 계급을 강조했다는 점에서 내용적으로 근본적 차이를 지녔다고 말 할 수 있다. 우리 주변의 시대적 인물이라 할 한편으로 티토, 모택동, 나세르, 다른 한편으로 수카르노, 아옌데, 이광요 등에 대해 공부할 수 있는 기회가 있었다. 분명 국제지평에서 볼 때 박정희는 시대의 인물로서 혁신가임은 물론이다. 그러나 그에게서 또한 역사의 배반을 가져온 독재자임을 발견할 수 있다. 그러므로 박정희 시대의 통치양식과 발전경험에 대한 사회과학적 평가는 냉정하게 이루어져야 하는 매우 지난한 과제이다.

역사는 단절 보다 연속이다. 계기가 지워지면서도 누적적으로 발전하는 것이 역사이다. 한 때 일부 사가들이 우리의 역사를 건국, 산업화, 민주화, 그리고 선진화라는 단계로 구분하려 했다. 그러나 이러한 시도는 시대의 변화를 요약하는 장점도 있지만 눌리고 터지면서 쌓이는 역사의 흐름을 잃을 수 있는 약점이 있다. 특히 이 과정에서 건국의 시점을 1945년의 정부수립으로 잡는 오류에 빠짐으로써 그 이전 임시정부의 법통을 무시하는 무지를 저질렀다. 과거의 연장으로서 현재가 존재하듯이 한국의 역사는 예전이나 지금이나 국가건설, 민족형성, 경제발전, 민주주의, 시민사회, 복지사회 등의 제반 가치가 각축하면서 이루어지고 있다.

해방이후 한국사회의 변화는 매우 빠르고 격렬하게 진행되어 왔다. 역사의 단축으로 불릴 만 하다. 우리는 스스로를 뒤돌아 볼 여유도 없이 앞만 보고 줄기차게 달려왔다. 비록 오늘의 한국을 개도국의 성공사례로서 산업화와 민주화를 동시에 성취했다고 말할 수 있지만, 우리는 여전히 분단을 넘어 통일된 국민국가아래 민주주의와 공화주의의 내실을 다지고 아래로부터의 자아충전적 발전을 이루어야 하는 실정이다.

5·16 군사쿠데타가 일어난 지 이미 반세기 이상이 훨씬 지났다. 우리 헌법은 5·16을 더 이상 군사혁명이 아니라 군사정변으로 기술하고 있다. 이제 박정희 시대로부터 유래한 개발독재라는 구(舊)체제로부터 벗어나야 한다. 시민혁명으로서 전국에서 타오른 시민의 촛불이 말해 준 바 있다. 박정희 정권이 입구라면 박근혜 정권을 출구로서 볼 수 있다.

나는 역사를 냉철하게 뒤돌아 볼 시점에 있다고 생각한다. 미래를 올바로 설계하기 위해서 과거에 대한 철저한 반추가 필요하다. 과거 권위주의 시절 통치만 있었지 정치가 없었다. 밑으로부터 자율과 참여는 억제되었고, 위로부터 억압과 동원이 강제되었다. 물론 권위주의로부터 민주주의로의 이행과 함께 통치를 넘어 정치가 서서히 복원되기 시작한 것은 사실이지만 협치를 애기하기에는 아직도 정치는 파행적이다. 정치가 통치로부터 벗어나려는 노력은 여전히 자율과 참여의 확대로 이어지지 않고 있다.

이 책에서 박정희 시대 한국의 지배양식과 발전경험의 공과에 대한 성찰이 요구되는 마지막 숨겨진 이유가 있다. 일찍이 헤겔(Hegel)은 변화하는 것만이 가장 영속적인 것이라 했다. 그러나 우리 정치는 윤회(輪回)는 있어도 진화(進化)가 더디었으니 가히 혁명적 변화는 꿈꾸기 어려웠다. 지난날 경제성장과 국가안보란 이름아래 민주주의가 회피되었다면, 현재에도 '민주화이후 민주주의'는 아직도 아래로부터의 대표성과 위로부터의 책임성이 제대로 구현되어 있지 못하고 있다. 한국의 민주주의가 힘 있게 살아나지 않는 한 박정희에 대한 항수는 끊임없이 우리 주변을 떠돌 것이다. 여기에 박정희 시대를 뛰어넘어야만 굽이지고 비틀어진 한국의 현대사가 제대로 펴질 수 있으리라 나는 믿는다.

원래 이 책은 서울대학교 규장각의 지원으로 이루어졌으나 서울대학교 아시아연구소의 배려로 마감할 수 있었다. 이에 아시아연구소 박수진 소장과 시민사회프로그램에 사의를 표하고자 한다. 마지막으로 이 책을 상재함에 있어 그 동안 자료정리, 원고작성, 교정작업 등 일련의 과정에서 수고를 아끼지 않는 여러 분들에게 충심으로 감사의 인사를 전하고 싶다. 무엇보다도 고(故)이성형 박사의 조언과 격려를 잊을 수 없다. 한국 사회과학계 최고의 라틴 아메리카 전문가라 할 그를 떠나 보낸 슬픔 아래 지난날 내게 보내준 애정과 관심에 고마움을 표하고 싶다. 한신대학교의 윤상철 교수와 같이 쓴 유신체제의 종언에 관한 글은 원래 미국 하바드대학교 출판부에서 간행된 *Park Jung-Hee Era* (Ed. by Ezra F. Vogel and Byung-Kook Kim, 2013)에 영문으로 제출된 것인데 불행히도 편집자와의 입장의 차이로 인해 실리지 못했다는 아쉬움을 갖는다. 마지막 교정을 위해 수고해준 서울대학교 아시아연구소 유지연 조교에게 감사를 드리며, 애초 이미 간행된 저의 부족한 글들을 중심으로 한 권의 귀중한 저서를 꾸며주고 조국에 대한 한을 안은 채 저 멀리 오스트레일리아로 떠난 박순열 박사에게 마음깊이 미안함과 고마움을 보내고 싶다.

2017년 여름
관악산을 보면서
임 현 진

서론

박정희 체제의 지배양식과 발전경험

1. 박정희 정권 연구의 의의

한국 현대사에서 박정희 정권은 매우 중요한 정치사적·경제사적 위치를 차지하고 있다. 1961년 5월 16일 군사정변으로 성립된 박정희 정권은 1972년 10월 유신을 통해 민주주의를 억압하면서 초권위주의적 정치체제로 거듭났고, 1979년 10월 26일 붕괴하기까지 장장 19년이라는 오랜 기간 동안 존속하였다. 해방이후 칠십 성상에 달하는 현대사 중 삼분의 일을 차지하는 박정희 정권의 역사적 의미는, 개발독재아래 산업화의 기틀을 마련했지만 독재정권의 폭압적 성격이 민주화에 대한 갈망을 길러주었다는 양면적 측면에서 매우 중요하고 흥미롭다.

특히 박정희 정권의 유산은 작금의 민주화이후(post-democratization) 시대에도 정리되지 않은 채 그대로 남아 있다. 그 이유는 단지 5·16 군사정변

의 후예들이 사회 곳곳에 아직도 남아있다는 사실 때문이 아니라, 그 당시
의 '조국근대화'의 이념을 구성하는 '발전', '종속', '반공', '국가', '성장'이라
는 언술들이 민주주의의 심화 과정에서 여전히 하나의 족쇄 내지 갈등 요소
로 작용하고 있기 때문이다. 경제성장이라는 미명아래 민주주의를 능멸했
고, 국가안보라는 명분으로 국민동원을 시도했으며, 민족주의라는 이름아래
남북대결과 긴장을 유발시켰으며, 그리고 국가발전이라는 목적아래 대외종
속을 자초했던 것 등에서 우리는 박정희 정권 시기의 발전 역학과 모순을 눈
여겨 볼 수 있다. 박정희의 죽음과 더불어 그가 만든 유신체제는 공식적으로
종말을 고했지만, 광주민주화운동을 거쳐 제5공화국이라는 또 다른 권위주
의 정권의 탄생으로 이어졌고 차후 문민정부가 연속적으로 출현한 이후에도
현실정치의 중심요소로서 자주 출몰하여 왔다. 사실상 박정희 시대의 유산
은 그 승계자들에 의해 정신과 체험이 이어지면서 여전히 지속되고 있다고
볼 수 있다. 박정희 정권은 사라진지 오래지만, 그 유령이 오늘날에도 배회
하고 있는 것은 그것이 남긴 이율배반적 유제의 결과에 기인하고 있는 것이
다.

　유신체제가 무너진 이후 전두환 정권과 노태우 정권이라는 12년에 걸친
군부통치에서 김영삼 정권, 김대중 정권, 노무현 정권, 이명박 정권, 박근혜
정권이라는 20년에 달하는 민간통치로의 체제전환이 이루어졌지만, 우리의
현실은 민주주의가 절차적 형식에 비해 실질적 내용이 부실한 상태에서 아
직도 정체를 벗어나지 못하고 있음을 보여주고 있다. 비교시각에서 볼 때,
한국은 권위주의로부터 민주주의로의 이행을 빨리 이루었지만, 민주주의의
공고화가 지체된 채 김영삼 정권이나 김대중 정권에 이르기까지 '부분적 제
도화'[1]에 머물렀던 것도 박정희 정권이 남긴 정치경제적 유산의 끈질긴 존속

1　라틴 아메리카의 1980년대 지지부진한 민주화 경험에 근거하여 '지연된 공고화' (protracted

력 때문이 아닐까 한다. 물론 오늘의 한국은 두 차례에 걸친 여야 사이의 정권교체를 통해 민주주의의 공고화를 달성한 것으로 볼 수 있다.[2] 그럼에도 이명박 정권이 중시했던 개발독재식 성장과 반공주의적 안보에서 볼 수 있듯이 박정희 시대의 망령이 다시 살아나고 있지 않다고 부정하기 어려운 것이 사실이다. 박근혜 정권의 권력 배후에 박정희 정권의 수혜자 혹은 추종자들이 자리 잡고 있다는 사실도 우리가 잊어서는 안될 것이다. 이는 한국이 앞으로 형식과 실질을 고루 갖춘 민주주의의 심화를 위해 박정희 시대의 '19년'이라는 역사적 하중이 아직도 버겁다는 사실을 말해준다.

박정희 정권의 성립, 경과, 붕괴에 관한 국내외 연구는 비교적 많다. 이중에서 한국학계의 연구가 외국학계의 연구에 비해 압도적으로 많다. 그러나 사회과학과 역사학 분야에서 이루어진 이 연구들은 대부분 각론적인 논의로 그친 채 총합적인(holistic) 전망을 결여하고 있다. 특히 박정희 정권을 다른 발전도상국가들이나 비슷한 경험을 겪었던 나라들과 비교시각에서 다룬 연구는 매우 드물다.[3]

---

consolidation)나 '부분적 제도화'(partial institutionalization)라는 표현이 이미 오래전부터 사용된 바 있다. Guillermo O'Donnell, "Partial Institutionalization: Latin America and Elsewhere", Journal of Democracy, 12:3 (1995), pp.37-47.

2   한국은 민주화이후 지금까지 '우에서 좌'로 그리고 '좌에서 우'로 두 차례에 걸친 수평적 권력이동을 겪었다는 점에서 민주주의의 공고화에 성공한 경우이다. 헌팅톤은 제3파 민주화 국가들 중에서 민주주의로의 이행이후 성공한 나라로 스페인, 포르투갈, 그리스를 꼽은 바 있다. Samuel P. Huntington, The Third Wave: Democratization in the Late Twentieth Century, Norman: University of Oklahoma Press (1991) 참조.

3   비록 비교 개념과 수준의 차이가 있지만, 김병국, 『분단과 혁명: 멕시코와 한국의 정치경제』(서울: 나남, 1990), Young Jo Lee, "Legitimation, Accumulation and Exclusionary Authoritarianism: Political Economy of South Korea and Brazil" (Harvard University 박사학위논문, 1990); Jin-Young Chung, "Political Development and Industrialization in Brazil" (University of Illinois at Urbana-Champaign 박사학위논문, 1990) 등의 연구가 선구적이다. 최근의 것으로 Jorge I. Dominguez, "The Perfect Dictatorship:

이 책은 박정희의 집권기간 중에서 10월유신의 전후 시기인 제1기(1961∼1972)와 제2기(1972∼1979) 사이의 구분이 가능하다는 전제아래 두 시기 중 특히 유신체제에 주목하여 박정희 정권의 지배양식과 발전경험을 비교발전론적 관점에서 살펴보려는 목적을 지니고 있다. 박정희 정권의 최종적인 완결태(完決態)로서 유신체제에 대한 기존의 평가는 극단적으로 엇갈린다. 유신체제가 당시 국내외의 도전에 대한 불가피한 응전이었다는 옹호론(擁護論)에서부터 박정희 개인의 집권연장을 위한 도구로서 독재체재에 불과했다는 비판론(批判論), 그리고 당시의 급변하는 내외정세를 고려한다 할지라도 유신체제가 필연적으로 등장할 인과성은 적다는 절충론에 이르기까지 유신체제를 평가하는 입장은 다양하다.

유신체제는 박정희를 종신대통령으로 합법화해 정치적으로는 권위주의의 착근을 가속화했고, 경제적으로는 발전주의의 심화를 가져온 중대한 특징을 지닌다. 이러한 초권위주의의 성격과 관련해 정치체제 일반론 수준에서는 '독재',[4] 국가론의 차원에서는 '파시즘'으로 보기도 하고,[5] 그리고 라틴 아

Authoritarian Rule under Park Chung Hee, Compared to Latin American Cases"를 참고할 수 있다. 미발표 논문으로 Byung-Kook Kim, Ezra F., Vogel and Jai-Bong Hahm이 Harvard University Press에서 출간 예정으로 편집하고 있는 Contemporary Korean Politics 에 수록될 것이다.

4 독재도 군사독재와 개발독재로 나누어진다. 최장집, "한국 국가의 성격", 『한국민주주의의 이론』(한길사, 1993); 이수인·고성국·정관용, 『한국정치의 구조와 진로』(서울: 실천문학사, 1990).

5 김세균, "한국에서의 민주주의 논의에 대한 비판적 검토", 『사회비평』6 (1991); 이성형, "신식파시즘론의 이론구조", 『현실과 과학』2 (새길, 1988); 송주명, "신식민지 파시즘론의 테제들", 한국산업사회연구회 편, 『경제와 사회』가을 (한울, 1989); 조형제, "한국 국가에 대한 신식파시즘론의 적용", 한국산업사회연구회 편, 『경제와 사회』겨울 (한울, 1989); 조희연, 『현대 한국 사회운동과 조직』(한울, 1993); 손호철, "박정희 정권의 정치적 성격", 『역사비평』겨울호 (1993) 등이 대표적 보기이다.

메리카 경험에 유추하여 '관료권위주의'[6] 혹은 '군부권위주의'[7]로 파악하기도 한다. 나아가서 발전주의의 성격과 관련해 경제발전 일반론 수준에서는 '후발발전',[8] 발전전략의 측면에서는 '신중상주의적'으로 이해되기도 하고,[9] 그리고 라틴 아메리카경험에 기반하여 '종속적 발전'[10]으로 해석하기도 한다. 이러한 권위주의와 발전주의의 성격에 관한 논의는 박정희 시대의 사회구성을 자본주의론의 관점에서 총제적으로 접근해 '주변부 자본주의'와 '국가독점자본주의'의 사이의 논쟁으로 이어지기도 하였다.[11]

이 책의 목적은 박정희 시대의 발전경험에 대해 비교발전론적 시각에서 그 역학과 모순을 다루는데 있다. 라틴 아메리카 지역의 브라질, 멕시코, 아르헨티나, 칠레 등은 '권위주의적 자본주의'를 경험한 나라들로서 군부통치를 겪으면서 민주화로 나아간 매우 대표적인 사례에 해당한다. 이러한 제3세계의 동시대 발전경험을 대조함으로써 한국의 박정희 체제가 지니는 통치구조와 지배양식을 국가-사회-경제라는 삼각 분석틀에 의해 살펴볼 것이다. 이를 통해 박정희식 개발독재의 경험의 일반화를 통해 다른 개발도상국

---

6 강민, "관료적 권위주의의 한국적 생성", 『한국정치학회보』 17 (1983), 한상진, 『한국사회와 관료적 권위주의』 (서울: 문학과 지성사, 1988) 및 Hyug-Baeg Im, "The Rise of Bureaucratic Authoritarianism in South Korea", *World Politics*, 39:2 (1987)등이 있다.

7 이에 관해서는 한배호, 『한국의 정치과정과 변화』 (서울: 법문사, 1993).

8 Sang-chul Suh, *Growth and Structural Changes in the Korean Economy*, 1910~1940 (Cambridge: Cambridge University Press, 1979).

9 Jung-In Moon, "The State in Korean Development: Realist, Dependent or Neo-Mercantilist?" *World Politics*, 22:2, pp.55-66.

10 Hyun-Chin Lim, *Dependent Development in Korea*, 1963~1979 (Seoul: Seoul National University Press, 1985) 및 임현진, 『현대한국과 종속이론』 (서울: 서울대학교출판부, 1985)를 들 수 있다.

11 이 논쟁에 관해서는 비교적 문헌이 많으나, 조희연·박현채 편, 『한국사회 성격논쟁』 1-4 (서울: 풀빛, 1982)이 유용하다.

가들에게 적용될 수 있는가를 검토할 것이다. 따라서 먼저 박정희 정권의 성격을 '권위주의적 자본주의'의 맥락에서 분석하고, 다음으로 라틴 아메리카 경험과의 차이점과 유사점을 '국가와 사회', '국가와 경제', 그리고 '국가와 노동'이라는 관계의 측면에서 비교발전론적으로 검토할 것이다.

2. '권위주의적 자본주의'로서 박정희체제의 성격

박정희 정권의 성격은 여러 가지 이론적 전망들에 의해 설명 가능하다. 군사쿠테타라는 물리적 방법에 의해 권력을 장악했다는 측면에서 박정희 정권의 성격을 군부통치의 시각에서 접근하는 것이 일단 편리하다. 일반적으로, 군부통치는 개인 지도자가 군복을 입고 직접 참가하는 '제도화된 군부통치'(institutional military rule)와 개인 지도자가 전역후 민간인으로 참여하는 '유사민간화된 군부통치'(pesonalized military rule)의 두 유형이 있다.[12] 박정희는 전역후 민간인 신분으로 선거에 의해 권력의 수장이 되었다는 점에서 후자의 유형에 가깝다. 박정희 정권의 정치엘리트 충원은 1961~1963년 사이의 기간을 제외하면, 다수의 민간화된 군인들을 중심으로 여러 사회집단으로부터 광범위하게 이루어졌다. 그러므로 박정희 정권의 성격은 제도화된 군부통치라기보다 군부를 중요 권력기반으로 하는 유사민간화된 군부통치에 가까운 것으로 보인다.

지금까지 기존 연구에서 라틴 아메리카의 여러 군사정권을 지칭하는 '관료적 권위주의' 개념은 한국과의 많은 유사성에도 불구하고 박정희 정권의 특정 시기인 유신체제에 한정하고 있다. 이는 유신체제가 곧 관료적 권

위주의임을 의미하는 것이 아니라 다만 비교론적 함의의 차원에서 양자 사이에 많은 공통점이 발견된다는 것을 강조하는 것이다. 그러나 공통점보다 차이점이 오히려 더 중요하다.[13] 라틴 아메리카 지역에서 관료적 권위주의(bureaucratic-authoritarianism)는 산업화의 수직적 심화에 대한 요구에서 발단되었다면, 한국의 경우는 박정희 스스로가 1인 총통식 영구 집권을 획책하였다는 점에서 정치적 동기가 더욱 강하다. 한국에서 수직적 산업화는, 중화학공업의 유치에서 볼 수 있듯이, 유신체제 성립 이후 나타났다. 나아가 라틴 아메리카 민중주의의 유산인 노동자계급의 정치화가 유신체제 시기 한국에서는 찾아보기 어렵다는 것도 차이라고 할 수 있다. 이 점에서 라틴 아메리카 지역의 경험에 비춘 한국의 정치경제적 맥락이 매우 다르다고 볼 수 있다. 이는 정치권력의 재생산 과정에서 군부의 역할이 직접 혹은 간접이라는 다른 방식으로 나타나게 되었던 사실과 무관하지 않다.

박정희 정권, 특히 유신체제를 '국가조합주의'(state corporatism)로 보는 견해도 있다.[14] 그러나 이는 국가에 의한 노동자계급의 정치화가 어떤 형식으로든 이루어지는 것을 전제로 한다. 따라서 노동자계급의 정치화를 꾸준히 저지하는 정책을 추진했던 한국의 경우에는 그다지 적절치 못한 개념으로 보인다.[15] 라틴 아메리카의 경우에는 정부가 후원하는 노동조합의 설립에 의

---

13 커밍스가 보기에, 한국의 관료권위주의적 산업화 정권은 어떤 라틴 아메리카 국가(또는 지도자)가 상상할 수 있는 것 이상의 억압력(coercive capacity)을 가졌으며, 라틴 아메리카의 국가와는 달리 항상 배제적(exclusive)이었다. 또한 한국은 라틴 아메리카 국가들과는 전혀 다른 지역적 맥락에 놓여 있었다. Bruce Cumings, "The Abortive Abertura : South Korea in the Light of Latin American Experience", *New Left Review*, 173 (1989).

14 최장집, 『한국의 노동운동과 국가』(서울: 열음사, 1988).

15 한국의 국가·노동관계를 보는 대안적 시각으로는 국가단원주의라는 개념화나 시장기제적 통제로 보는 접근이 있다. 전자의 경우는 임현진·김병국, "노동의 좌절, 배반된 민주화: 국가·자본·노동관계의 한국적 현실", 『사상』 겨울호 (1991)을 후자의 경우는 송호

해 노동자의 체제 내 포섭이 이루어지는데 반해, 한국에서는 유인 없는 억압과 강제가 노동자계급에 적용되었다는 점에서 조합주의 개념을 사용하는데 한계가 있다.

이와 아울러 '국가주도 자본주의'(state-led capitalism) 개념[16] 역시 자본축적의 독자적 특성만을 과도하게 강조하는 개념이기 때문에 박정희 정권의 정치경제적 성격을 찾아내는 데에는 부족한 점이 많다. 물론 이 개념이 국가가 자본축적 과정에서 기업가 역할을 수행하고 있음을 포착한다는 점에서 장점을 지니고 있지만, 국가와 사회 사이의 관계를 포착하는데 일정한 한계를 지닌다.

1980년대 사회구성체론에서 제안한 '신식민지국가독점자본주의' 개념은 변혁지향적 열정을 간직하고는 있으나, 중심부화와 주변부화라는 이분법적 사고에 근거하고 있다. 원래 국가독점자본주의론이 서구경험을 준거로 한 자본주의 발전의 일반론이라면, 주변부자본주의론은 제3세계 현실을 바탕으로 한 자본주의 저발전의 특수론이다. 이러한 두 가지 입장을 종합한 신식민지국가독점자본주의론은 추상화 수준이 지나치게 높을 수밖에 없다. 또한 당시 개발도상국으로서 신흥공업국(Newly Industrializing Countries)이라는 한국의 위상을 과소평가할 수 있는 문제를 지니고 있다.[17]

이러한 문제점들을 고려하여, 일단 이 책에서는 박정희 정권, 특히 유신체제를 '권위주의적 자본주의'(authoritarian capitalism)라는 일반화된 개념으로 일단 정의하고자 한다. 권위주의는 민주주의나 전체주의와는 뚜렷이 구별되

근, 『한국의 노동정치와 시장』(서울: 나남, 1991) 참조.

16　김영명, "The Political Economy of Military Rule: A Comparative Study of Brazil, South Korea, Peru, and Egypt", (State University of New York at Buffalo 박사학위논문, 1984).

17　서울사회과학연구소 경제분과, 『한국에서의 자본주의 발전』(서울: 새길, 1991).

는 배타적 특성을 갖는다. 린츠(Linz)에 의하면, 권위주의는 민주주의와 전체주의의 연장선상에 위치시킬 수 없다. 권위주의는 양자를 혼합한 어떤 복합적 성격의 체제가 아니라, 오히려 두 가지 정치체제에서 발견되지 않는 독자적 특성을 내포한다. 이런 의미에서 권위주의를 제한적 민주주의(limited democracy)와 동일시하는 것도 옳지 못하다. 권위주의는 민주주의로 이행하는 과도기적 정치체제가 아니라 역사적·사회적 결정기제가 뚜렷한 하나의 독자적 정치체제라고 보는 것이 적합하다. 그리고 권위주의는 정권의 합법성이 취약하고, 이데올로기적 통합성의 정도가 매우 낮으며, 정치적 무관심을 조장하면서 부분적으로는 민주적 제도를 수용한다는 점에서 광범위한 정치참여와 이데올로기적 열망의 수준이 높은 전체주의와도 구별된다. 이점에서 린츠(Linz)의 다음과 같은 지적은 매우 유용하다.[18]

> 분석적 목적을 위하여 우리는 민주주의와 전체주의라는 연속체 개념으로 권위주의를 이해하려는 시각을 거부하고, 권위주의 체제의 배타적 특성을 강조한다. 권위주의의 독자적 특성과 발생조건 그리고 권력집단이 행사하는 권력 개념 등을 주의 깊게 고찰하지 않으면, 민주주의도 전체주의도 아닌 체제들은 단지 그러한 이념형적 정치체제의 파생물로 취급될 뿐이며, 그 체제들에 대한 체계적 비교분석이 불가능하게 된다.

이러한 고찰에 기대어 린츠는 권위주의의 특징으로 엘리트 집단의 이질성, 국가의 상대적 자율성, 제한적 다원주의, 이데올로기적 동의기반의 협소함, 정치적 활성화 요인의 제거, 그리고 일당지배의 정당구조를 제시한다. 펄뮤터(Perlmutter)는 린츠처럼 권위주의 정치체제를 분명하게 정의하고 있지

---

18   Juan Linz, "Totalitarian and Authoritarian Regime", in F. Greenstein and Nelson Polsby (eds.), *Handbook of Political Science* (Reading: Addison-Wesley, 1974).

는 않지만, 정치기구의 지배수단을 중심으로 이 체제의 특징을 설명하고 있다. 그에 의하면, 권위주의 정치체제는 개입과 감시의 수단으로서 단일 권위주의 정당, 관료·군부 복합체, 지배·동원·통제를 위한 병렬적 보조적 기구 등을 가지면서 과두적 정치 엘리트가 지배하는 체제를 의미한다.[19] 이런 의미에서 권위주의적 자본주의는 정치적 측면에서 권력행사의 양상과 경제적 측면에서 자본의 축적양상을 동시에 포착하게 해주는 개념으로 적절히 활용할 수 있다.[20]

그럼에도 권위주의적 자본주의는 일종의 포괄개념(umbrella concept)이어서 발견적 함의 이상의 것을 함축하지 못하는 단점이 있다. 스테판(Stepan)은 라틴 아메리카의 정치체제의 비교분석에서 권위주의·조합주의적 자본주의체제(authoritarian-corporatist capitalist regime)라는 포괄 개념을 제시하면서 각 국가의 정치체제 특성을 세분한 바 있다.[21] 마찬가지 논지에서 박정희 정권의 내부구조, 즉 권력행사의 제도와 구성, 경제적 기반을 중심으로 한 계급관계의 전반적 면모를 세분화하는 작업을 통하여 권위주의적 자본주의의 이념형적 함의를 더 세련화하는 것이 필요하다.[22]

19　Amos Perlmutter, *Modern Authoritarianism* (New Haven: Yale University Press, 1981). 이 책은 김문조·임현진 옮김, 『현대국가와 권위주의』(서울: 정음사, 1986)로 번역 출간되었음.

20　송호근, 앞의 책.

21　Alfred Stepan, *State and Society: Peru in Comparative Perspective* (Princeton: Princeton University Press, 1978).

22　대만의 지배양식을 군국주의(militarism)와 경제적 급진주의(economic radicalism)의 결합으로 보고, 그것의 정점에 병영국가(garrison state)가 위치한다고 보는 암스덴의 논의는 권위주의적 자본주의라는 일반화된 개념보다는 더 세분화된 것이지만, 체제의 구성과 작동양상 및 산업화 전략의 복합적 면모를 분석하는 데는 부적절하게 보인다. Alice Amsden, "The State and Taiwan? Economic Development," in Peter B. Evans, Deutrich Rueschmeyer and Theda Skocpol (eds.), *Bringing the State Book In*

    권위주의적 자본주의의 한국적 특성을 파악하려면, 박정희 정권과 관련하여 몇 가지 핵심적인 사항이 우선 정리되어야 한다.

    그것은 첫째, 1961년부터 1979년까지 19년간 존속한 정치체제의 시기별 특성이다. 정치체제와 자본축적의 유형을 중심으로 대체로 네 시기로 구분할 수 있다. ① 1961년 5·16 군사쿠데타 이후 1963년 민정이양까지의 군정시기, ② 1963~1967년 사이의 제한적 민주주의, ③ 1968~1972년 사이의 권위주의 이행기, 그리고 ④ 1972~1979년 사이의 초권위주의 시기가 그것이다. 각각의 시기는 국민경제에 대한 국가개입의 점진적 심화과정인 만큼 국가주도 자본주의아래 수출지향적 발전전략과 궤를 같이 하고 있다.

    둘째, 정치체제의 유지를 위한 계급관계도 각 시기별로 뚜렷한 변화양상을 보인다. 즉 ①과 ②시기에는 농민동원을 중심으로 한 민중부문의 지지획득에 기반을 두었으나, 노동자계급의 저항이 거세어지는 ③시기에는 점차 자본가계급으로 발전동맹의 목표를 전환하게 되었고, 그리고 ④시기에는 자본가계급과의 지배연합을 더욱 공고히 하고 민중부문의 전면적 배제와 탄압정책으로 전환했다.

    셋째, 자립과 종속이라는 발전전략의 차이에 관한 것이다. 국내의 자본축적이 취약한 상황에서 급속한 경제성장을 꾀하려던 박정희 정권은 막대한 규모의 외국차관에 의존할 수밖에 없었다. 특히 수출지향 발전전략을 위한 제도적 정비가 완료된 1968년을 기점으로 경제종속의 심화현상에 대한 우려가 폭 넓게 제기되기 시작하였으며, 1979년까지의 한국의 경제적 대외종속이 급속히 심화된 것을 부인하기 어렵다. 경제종속에 대한 범국민적 우려는 정부의 중화학공업 전략으로 인한 엄청난 양의 설비재 수입과 해외자본만큼이나 폭넓게 확산되었다. 그런데 박정희 정권의 경제체제는 종속이론에서 말하는 라틴 아메리카적 유형의 종속과는 여러 가지 점에서 다르다는 사실이 중요하다. 카르도소(Cardoso)의 종속적 발전 개념이 시사하듯이, 종속

(Cambridge : Cambridge University Press, 1979).

경제에는 실질적 자본축적을 수반하는 종속과 그렇지 못한 퇴행적 종속이 병존한다.[23]

한국은 전자의 전형적인 사례에 속한다.[24] 따라서 박정희 정권의 경제는 본질적으로 종속적이었지만, 경제자립을 지향했다는 의미에서 자립지향적인 연관종속적(associated-dependent) 경제라고 부르는 것이 적합할 것이다.[25]

넷째, 자립지향적 경제가 연관종속적 위치에 머물 수밖에 없었던 이유는 바로 전후 미국의 브레튼우즈 체제에 기반한 세계 무역과 금융의 지배 결과이다. 전후 미국의 헤게모니적 세계시장 전략을 신제국주의라고 부르는데, 한국은 급속한 경제성장을 꾀하기 위하여 미국의 정치적·경제적 헤게모니에 편입할 수밖에 없는 사정이 존재했다.[26] 미국의 헤게모니 아래 자본축적을 극대화하려 한 박정희 정권의 중상주의적 지향은 한국경제를 대미종속화시키는 원인이 되었지만, 동시에 이를 통해 이 기간 동안 자립지향적 산업화의 골격이 구축되었다는 사실은 부인할 수 없다. 그러므로 자립지향적인 연

---

23   Henri F Cardoso, "On the Characterization of Authoritarian Regime", David Collier (ed.), *The New Authoritarianism in Latin America* (Princeton: Princeton University Press, 1979).

24   Lim, *op. cit.*

25   4·19 혁명에 의해 열려진 민족민주혁명의 길이 5·16 군사정변에 의해 좌절되었다는 통념에 반해, 5·16 군사정변에 의해 성립되어 현재까지 이어져 온 정권 그 자체가 민족민주정권이라는 주장이 제기된 바 있다. 양우진, "한국사회 인식에서의 몇 가지 이론적 조류에 관하여",『한국자본주의 분석』(서울: 일빛, 1991) 참고.

26   주지하다시피, 한국은 1948년 미국이라는 중심부 국가에 의해 일제 식민지화로 단절되었던 국가형성이 복구되었지만, 그 직접적인 동인은 경제적 이해관계보다도 정치적·군사적 이해관계에 의해 주로 마련되었다. 서방세계의 주도국인 미국은 동북아지역에서의 공산주의 팽창에 대한 안보적 대처의 필요성, 더 나아가 자본주의 세계체제의 안정을 위하여 한국을 하나의 수혜국가로 복속시켰다. 미국이 한국에 부여하고 있는 이러한 안보적 의미는 1965년 일본과의 국교정상화를 가져오는 데도 중요한 배경으로 작용하게 된다. 임현진, "국가와 국제정치, 경제체제: 한국에서의 종속적 발전의 경험",『한국사회학 연구』7 (1984).

관종속적 경제가 배태한 제반 모순과 폐단이 어떤 통치전략으로 은폐되거나 연장될 수 있었는지를 분석하는 일이 매우 중요하다.

다섯째, 자본축적 전략의 변화와 그에 따른 경제구조 및 계급관계의 변화는 권위주의 국가의 경제와 사회에 대한 개입양식을 변화시킨다. 이러한 변화 과정에서 권위주의 국가는 억압적 정책의 성공적 수행을 위하여 경제를 직간접 개입의 대상으로 만들었고 사회의 어떠한 도전도 용납하지 않는 전면분쇄의 자세를 보였다. 재벌기업이 국민경제의 주축을 이루면서도 자립적 기반을 갖추지 못한 것이나 사회 안의 어떠한 조직화도 허용하지 않는 정책으로 오히려 역공을 당하게 된 것은 경제구조와 계급관계의 변화에 대한 무지에 기인하다.

여섯째, 권위주의 국가는 정책기조 자체를 꾸준히 바꾼다. 이는 기존의 지배 이데올로기의 내용까지를 과감하게 수정하는 것으로 이어진다. 지배 이데올로기의 내용 변화 내지 우선순위의 변동이 있게 되는 것은 이러한 이유에서이다. 집권 초기 박정희가 표방하였던 민족주의는 이상적 형태와 근접하는 것이었지만, 체제의 성숙에 따라 점차적으로 이념형적 민족주의와는 거리가 멀어지면서 체제합리화를 위한 하위수단으로 변질되어 갔다.[27]

---

27 5·16 군사정변의 구체적인 전개과정은 자립경제로 상징되는 쿠데타 주도세력의 소박한 소시민적 민족주의의 목표가 시민적 민족주의 본래의 구조적 한계, 소시민적 민족주의 내에서도 극히 우경적이었던 주체세력 자체의 성격, 한국전쟁의 결과로 극히 우경화·협애화되어 있던 한국사회의 이데올로기적 지형, 제국주의와 토착예속(독점) 자본의 구조적 규정력과 직접적인 개입, 종속적 자본주의 국가가 갖고 있는 국가의 상대적 자율성의 구조적 한계 등의 복합적인 작용으로 인해 변질되고 길들여지는 예정된 조응화 과정이었다고 평가할 수 있다. 손호철, "한국의 권위주의 정치체제와 자본주의의 발전", 『전환기의 한국정치』(서울: 창작과 비평사, 1993).

3. 제3세계와의 비교고찰을 위한 분석틀

오늘의 지구시대에 제3세계는 더 이상 존재하지 않는다. 냉전체제의 해체가 자본주의에 의한 전지구화를 가져오면서 동서갈등이 사라지고 남북문제만 남아 있기 때문이다. 남북문제의 차원에서 잘사는 제1세계와 가난한 제2세계가 있을 뿐이다.[28]

일반적으로 제3세계라 하면 과거 식민지 경험을 가진 아시아, 아프리카 및 라틴 아메리카 지역에서 세계2차대전 전후 새로 독립한 개발도상국가들을 통칭한다. 제3세계의 집합적 지향은 1955년 반둥회의를 효시로 하면서, 미국과 구소련의 제국주의적 패권에 대해 아시아와 아프리카 지역을 중심으로 한 비(非)동맹노선을 핵심으로 한다. 하지만 1967년 77그룹회의를 계기로 하여 라틴 아메리카 국가들이 대거 참여하게 됨에 따라, 제3세계는 남북문제에서 경제협력을 도모하는 것으로 성격이 바뀌게 된다. 비동맹으로부터 경제협력으로의 제3세계의 전환은 1974년 신경제질서(New International Economic Order) 공표이후 절정에 이른다. 이러한 제3세계는 동질적 정치경제 단위로 행동하기에는 내부적 결속력과 연대감도 부족하고 자본주의 중심부 국가들의 자본의 논리와 힘의 역학에 따른 분할지배 방식으로 독자적인 역량을 키우기 어려웠다.[29]

지구상의 200여개 국가들 중에서 거의 3/4를 차지하고 있는 옛 제3세계는 여섯 개 대륙 중 주로 아시아, 아프리카, 라틴 아메리카 지역에 걸쳐 있

---

28 그러나 지난날의 제3세계가 없어졌다고 하더라고 그 중에서도 희망을 잃어버린 나라들이 있으니 그 국가군을 제4세계라고 표현하기도 한다. 이점에서 제1세계라는 선진국과 제2세계라는 개도국 사이의 범주로서 지난날의 제3세계와는 다른 신흥국으로서 제3세계를 상정할 수 있다.

29 임현진, 『제3세계 연구: 종속, 발전 및 민주화』 (서울: 서울대학교 출판부, 1993), pp.6-7.

다. 이들이 세계체제의 변방으로서 과거 식민주의의 경험을 겪었고, 현재 신식민주의의 상황에 직면해 있음은 외형적으로 볼 때 공통적이다. 그러나 발전과 저발전의 내용에 있어서 서로 양상을 달리하고 있다. 라틴 아메리카의 경우 대부분의 나라들이 19세기에 걸쳐 정치적 독립을 얻기까지 스페인과 포르투갈의 지배아래 있었다. 독립 이후에도 미국의 대외정책에 직접·간접으로 영향을 받으면서 경제의 종속이 지속되어 왔다. 먼로독트린 이후 20세기 초의 테오드로 루즈벨트(Theodore Roosevelt)의 이른바 '곤봉정책'(Big Stick Policy) 아래에서 농업과두제의 정치 권력하에서 산업발전이 왜곡되고 지체되었다. 풍부한 자원과 노동력을 보유하고 있었지만 자본축적 기제의 외향성은 자본의 이전과 부의 불균등 분배를 가져왔다.

아시아의 식민체제는 제국주의열강에 의한 분할지배로서 프랑스에 의한 인도차이나의 통치, 일본에 의한 동북아시아 및 동남아시아 점거, 그리고 미국에 의한 필리핀 지배로 나누어졌다. 제2차 세계대전을 전기로 정치적 독립이 주어졌으나, 냉전체제아래에서 자본주의와 사회주의의 대결의 전초기지로서 미국과 소련의 강국정치의 영향권아래 빠지게 되었다. 중국과 대만, 남한과 북한, 그리고 남베트남과 북베트남 등이 그러한 첨예한 체제대립의 일면을 잘 보여준 바 있다. 그 어느 대륙보다도 지역 내의 격차가 심한 가운데 식민체제의 유산과 냉전체제의 질곡 속에서도 일부의 나라들에서는 괄목할만한 자본축적의 신장이 이루어진 곳으로 아시아를 들 수 있다.

옛 제3세계 중 라틴 아메리카 지역은 공간적으로 다양성과 통일성이 엇갈리면서 시간적으로 변화와 연속성이 맞물린 자못 독특한 지배양식과 발전경험을 지닌 곳이다. 이 지역의 거의 모든 나라들은 과거 군부통치를 겪으면서 국가발전을 시도하였으나 극심한 사회갈등과 정치균열을 나타낸 바 있다. 라틴 아메리카 지역에서 브라질, 멕시코, 아르헨티나, 페루 등 네 나라는 발전 경로와 경험에서 서로 차이가 있지만 군부통치아래 대외지향적 발전전략을 채택하였다는 점에서 공통점이 있다.

한국과 브라질, 멕시코, 아르헨티나, 페루와의 비교분석을 위해 나는 에 반스(Evans)와 스티븐스(Stephens)가 제안한 정치경제학적 비교발전론을 사용하고자 한다.[30] 이 나라들의 산업화 과정에서의 지배양식과 발전경험을 거시적이고 총체적으로 분석하기 위해서는 개인 행위의 합리성을 강조하는 자유주의 계열의 정치경제학과 구조환경의 결정성을 중시하는 맑스주의 계통의 정치경제학을 넘어서야 한다. 에반스와 스티븐스는 정치경제학적 비교발전론은 네 가지 영역에 관심을 가져야 한다고 제시한다. 국가와 시장, 발전과 민주주의, 축적과 분배, 그리고 세계정치경제와 국가발전이 그것이다. 나는 유럽의 고전적 근대화 경험을 바탕으로 하여 한국을 위시한 브라질, 멕시코, 아르헨티나, 페루의 현실을 서로 교차시키면 지배구조와 발전경험의 유사점과 차이점이 부각될 수 있다고 본다. 이 네 나라들과의 비교고찰을 위해 박정희 정권의 지배양식과 발전경험을 '국가와 사회', '국가와 경제', 그리고 '국가와 노동'이라는 관계의 측면에서 살펴볼 것이다.

1) 통치구조

박정희 정권의 최종적인 완결태로서 유신체제의 수립 원인을 설명하는 다양한 논의들이 있다. 이러한 논의에는 박정희 정권이 유신을 단행하게 되었던 정치적·경제적, 혹은 구조·행위 요인들로 남북관계의 긴장 조성, 경제적 위기와 공업화의 심화 필요성, 민중운동의 활성화, 집권자의 권력욕 등이 열거된다.

그러나 박정희가 유신을 단행하게 된 것을 1960년대 말과 1970년대 초

---

30 Peter B. Evans and John D. Stephens, "Development and the World Economy", in N. Smelser(ed.), *Handbook of Sociology* (Beverly Hills: Sage, 1988), pp.739-773.

에 제기된 국내외 문제 해결을 위한 필연적인 타개책으로 보는 것은 다중인과 관계를 구성한다는 점에서 설명력이 뒤떨어진다. 그러나 유신의 단행을 가까운 미래에 제기될 수밖에 없는, 체제에 위협이 될 수 있는 요소를 박정희가 '사전에' 제거하려한 시도로 보는 것은 일단 수긍할 수 있다. 예를 들어, 오도넬의 관료적 권위주의 이론을 통해 유신을 설명한 연구들[31]이 밝힌 라틴 아메리카 지역 국가들과 한국 사이의 차이점은 분명히 존재한다. 그럼에도 불구하고 라틴 아메리카 지역의 관료적 권위주의를 한국에 적용할 수 있다는 그러한 논지는 맥락의 대조를 통한 분석에 소홀함으로써 원인과 결과를 혼동하는 경향이 있다. 라틴 아메리카 지역과 비교했을 때 명시적인 경제위기가 존재하지 않았다는 사실, 또한 민중부문을 중심으로 한 시민사회의 저항이 그다지 크지 않았다는 사실은 박정희 정권이 당면의 국내외적 '위기'에 대한 대응이라는 차원에서 유신을 단행하지 않았음을 역설적으로 보여준다. 오히려 박정희가 유신을 단행한 데에는 집권연장을 통해 안정적으로 미래의 닥아 올 경제위기와 사회갈등을 미연에 모면하려고 한 성격이 강하다고 볼 수 있다.

그리고 식민지 경험, 한국전쟁 등으로 인해 군부관료체계가 과대성장한 결과 유신이 이루어졌다고 보는 견해[32]는 유신의 직접적인 계기였던 집권연장욕을 정확히 포착하지만, 유신체제의 등장 이후 경제에 대한 국가개입의 성격의 변화, 즉 자본축적과의 관련을 주목하지 못하는 약점이 있다. 1972년에 박정희 정권에 의해 취해진 일시적 사건으로 유신을 파악하는 것이 아

31　한상진, "관료적 권위주의와 한국사회", 서울대 사회학연구회 편, 『한국사회의 전통과 변화』 (서울: 법문사, 1983); 강민, "관료적 권위주의의 한국적 생성", 『한국정치학회보』 17 (1983); 김태일, "권위주의 등장 원인에 관한 사례 연구: 유신 권위주의체제의 성립을 중심으로", 최장집 편 (1985), 앞의 책 등 참고.

32　최장집, "과대성장국가의 형성과 정치균열의 구조", 『한국사회연구』 3 (서울: 한길사, 1985).

니라, 소위 유신 '체제'에 주목한다면 유신의 직접접인 계기는 그리 중요하지 않다. 더 나아가 국가의 과대성장을 포착하더라도 과대성장된 국가가 유신 체제 아래에서 어떻게 사회를 통제하고 규율하였는지, 또한 어떠한 방식으로 사회의 제반 영역에 개입하였는지가 오히려 더 중요하다고 볼 수 있다.

박정희 정권 전반을 들여다보면, 최고 권력자를 중심으로 권력기관들이 종적으로 배열되어 있는 형태의 통치구조가 발견된다. 중앙정보부, 내각, 군, 대통령 비서실, 공화당 등의 주요 권력기관들은 박정희 대통령과 수직적 위계관계를 형성하고 있었다. 이에 반해 권력기관들 사이의 횡적인 관계의 수립은 적극적으로 견제되었다. 박정희 대통령은 경쟁 관계에 있는 인물들을 권력기관의 책임자로 임명하는 방식을 통해 특정한 권력기관으로의 권력집중과 아울러 잠재적인 정치적 경쟁자의 출현을 막았다.[33]

따라서 각 권력기관들은 박정희 대통령의 직간접적인 통제의 영역 안에 배치되어 있었다. 박정희 대통령은 주요 권력기관의 책임자의 '충성'과 그들에 대한 '처벌'과 '보상'을 독점하면서 권력기관을 직접적으로 통제하였다. 아울러 박정희 대통령은 중앙정보부, 보안사령부, 대통령 비서실 등 친위기관들을 적극 활용하고 그것들에 우월한 권한을 부여해 여타의 권력기관들을 견제하였고, 종적·위계적으로 배열된 권력구조로부터 이탈을 막았다.[34] 대통령을 중심으로 한 권력기관들의 위계적 배치 이외에도 관료층의 동질성은 권력층 내부의 응집력을 강화시키는 요인이었다. 한국전쟁을 계기로 과대성장함으로써 한국에서 가장 근대화되고 조직화된 부문이었던 군부, 그중에서도 특히 영남지역의 군인사들이 정관계로 대거 진출하였기 때문에 박정

---

33 최완규, 『유신 권위주의체제의 성립요인에 관한 연구』 (경희대학교 박사학위논문, 1987), p.117.

34 대통령비서실의 기능이 주로 각각의 중앙정부 부처, 여야 정당 등 정치권 등에 제한되어 있었던 반면, 중앙정보부는 정치권을 비롯한 사회 전반을 통제하는 역할을 수행하였다.

희 정권의 내부의 응집도는 매우 높았다. 군 출신 관료들은 사회 전반에 대한 국가의 개입이 크게 늘어나면서 영향력이 큰 집단이 되었다. 국내 자본가들의 자립적 기반이 취약하고 시민사회의 성장이 매우 더딘 조건에서, 더욱이 유신체제의 등장으로 입법부 및 사법부가 사실상 형해화된 가운데 군 출신 관료들은 가장 두드러진 권력집단이 되었다.

사회적으로 유신체제는 민중부문을 체제에 포섭하기보다는 배제하는 방식을 선호하였다. 박정희 정권은 전국적으로 확대된 행정조직망과 중앙정보부, 군부, 경찰 등의 보안기관들을 활용하여 민중부문을 규제하고 억압했다. 행정조직은 통·반으로까지 확장되었고, 이는 부녀회, 청년회 등 준국가적 기구의 조직과 함께 일상적 삶의 공간으로까지 침투되었다. 한국노총, 농협 등 어용조직들은 민중부문이 체제반대세력으로 전환되는 것을 미연에 방지하였고, 정부는 이러한 조직들을 통해 각 부문의 상층부 인사들만을 선별적으로 체제 내로 포섭하였다. 특히 군부, 경찰, 중앙정보부 등 권력기관의 역할은 사회에 대한 유신체제의 지배방식이 동의나 포섭보다는 물리력에 의존하고 있음을 입증한다. 유신 이전의 각종 법률과 더불어 '국가보위법'(1971), '사회안전법'(1975), '형법' 개정(1975), '인신구속에 관한 임시 특례법'등은 개인의 신체적 자유를 제한함으로써 시민사회의 성장을 물리적으로 억제하는데 기여하였다. 19년간의 박정희 정권 기간 동안 계엄령 4회, 위수령 2회, 비상사태 1회, 긴급조치 9회가 선포되었고, 이는 박정희 정권이 최종적으로는 물리적 군사력에 의존하고 있음을 보여준다. 군부는 체제의 안전을 수호하는 최후의 보루였다.

2) 국가-사회 관계

한국에서 국가-사회 관계는 국가기구, 정치사회, 그리고 시민사회와 경제사회라는 네 가지 영역의 특징을 통해 접근할 수 있다. 우선 국가기구는 틸리의 정의에 따라 "정해진 영토 내에서 집중화된 권력수단을 통제하고 행사하는 합법적 조직"[35]이자 권력의 정점(頂點)으로 이해할 수 있다. 시민사회는 우선 좁게는 "국가의 통제로부터 상대적으로 자유로운 자발적 결사체의 영역"으로[36] 분석적으로 정의할 수 있으며, 다시금 이러한 결사체의 영역은 시장, 자본, 노동, 계급과 같은 경제적인 영역이라 할 경제사회와 공존할 수 있다.[37] 마지막으로 정치사회는 "공공권력과 국가기구를 통제하는 정당한 권리를 획득하기 위한 경쟁이 이루어지는 영역"으로[38] 이해할 수 있다. 말을 바꾸면 정치사회란 권력의 획득을 위해 경쟁이 벌어지는 정당정치의 영역으로 간주할 수 있다. 나아가 정치사회는 국가와 시민사회·정치사회를 매개하는 중요한 역할을 한다.

박정희 정권 아래에서 비대한 국가기구는 독주했고 법치주의는 무너져 있었다. 국가에 도전하는 시민사회는 약했고, 정치사회는 여야정당은 존재했으나 유명무실했다. 그렇다고 박정희 정권의 존속력이 전적으로 물리적 억압에서 나왔던 것은 아니다. 유신체제가 지속될 수 있었던 것은 남북분단과 한국전쟁, 5·16 군사쿠데타 등을 거치면서 사회운동이 억압되면서 시민사회가 거의 성장하지 못했기 때문이다.

---

35   Charles Tilly, "Social Movements as Historically Specific Clusters of Political Performances", Berkeley Journal of Sociology, Vol. 38(1994), p.5.

36   Jurgen Habermas, *Between Facts and Norms*, Massachusetts: MIT Press, 1996, p.367.

37   헤겔 이래 자유주의 전통에서는 시민사회를 사회적 노동 및 상품교환 등의 경제적 영역을 포괄하는 공간으로 이해했다. 이 책에서는 자발적 결사체에 초점을 두는 분석적 의미의 시민사회와 경제적 공간을 포괄하는 광의의 의미의 경제사회 개념을 사용하고자 한다.

38   Juan LInz and Alfred Stephan, "Towards Consolidated Democracies: Five Arenas and Three Surmountable Obstacles", A Paper Presented at *International Conference on Consolidating the Third Wave Democracies: Trends and Challenges*, August 27-30, 1995, Taipei, Taiwan R.O.C., p.8.

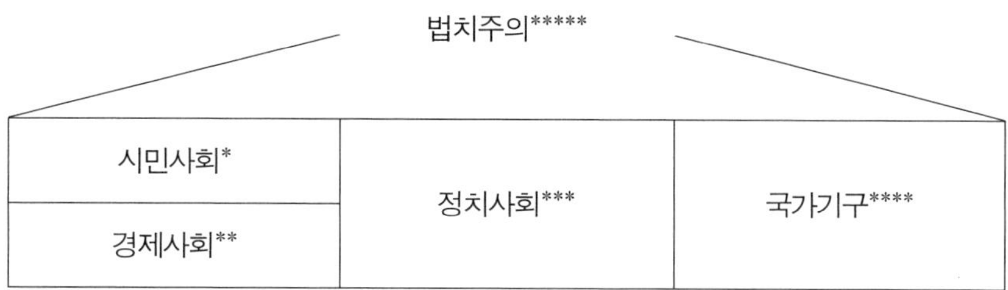

그림 1 국가기구, 시민사회, 경제사회 및 정치사회의 관계, 민주주의의 영역과 조직원리

*) 언론·집회·결사의 자유, **) 제도화된 시장, ***) 자유롭고 공정한 선거경쟁

****) 합리적·합법적 관료규범, *****) 입헌주의

Linz and Stepan, 앞의 글, pp.10-11에서 재구성

임현진, 1996, "사회과학에서의 근대성 논의: '근대화 프로젝트'를 중심으로"에서 재인용

실제 박정희 정권의 정당성은 매우 취약했으며 그것을 효율성으로 메우려 했다. 특히 유신체제에 대한 국민 대중의 지지는 높지 않았으며 물리적 강제력과 달리 이데올로기적 통합력은 낮았다.

그러나 동시에 박정희 정권은 '반공'과 '성장' 등의 언술들을 동원해 매우 강력하게 대중을 동원했다. 유신체제는 다양한 사회적 캠페인을 통해 노동자, 농민 등을 민중부문으로부터 탈정치화시키는데 주력했고, 그들을 경제적으로 동원하는데 초점을 맞추고 있었다. 국가의 캠페인 중 가장 전형적인 것이 '새마을운동'이었다. 1971년부터 시작된 새마을운동은 공장 새마을운동, 도시 새마을운동으로 확장되었다. 농촌 새마을운동은 도시-농촌 사이의 격차, 저곡가 정책 등 농촌과 관련한 문제들을 탈각시킨 채 농가의 소득향상, 농촌의 환경개선 등을 제기하였다. 농촌에 장려된 새마을공장은 농촌이 당면하고 있는 문제를 근본적으로 해결하는 것이 아니라 농촌 주변의 과잉인구를 흡수해 자본의 생산비 감소를 기도하는 것이었다. 공장 새마을운동은 계급 사이의 대립관계를 은폐시키고 이를 노사협력으로 대체한 것이었다.[39] 국가는 각종 캠페인과 각 부문의 지도층에 대한 제한적 포섭을 통해 민중부문을 탈정치화시키고 의사결정 과정에서 배제하였다. 이러한 상황에서 반공주의는 처벌에 대한 두려움을 일반 대중에게 내면화시켜 그들을 정치에 더욱더 무관심하게 만들었다. 유신체제는 경제적인 이슈와 관련해서만 선별적으로 대중을 동원했다. 사실상 박정희 정권의 유일한 명분이라고 할 수 있는 '경제성장' 이데올로기는 사회의 모든 부문이 탈정치화되고, 민중부문의 변혁적 힘이 부재했던 상황을 조건으로 해서 작동하였다. 정통성 기반이 매우 취약한 박정희 정권이 의존할 수 있었던 유일한 것이 '경제성장'이었듯이, 탈정치화된 대중들이 기대하는 유일한 목표 또한 '경제성장'이었다는 역설을 발견할 수 있다.

그러나 대중은 재정치화될 수밖에 없었다. 첫째, 분배를 무시한 왜곡된 경제성장은 그 자체가 한계가 있었기 때문에 '경제성장'에 대한 대중의 기대는 약화되어 갔다. 둘째, 산업화에 따라 노동자계급이 점차 증대하게 되었다. 셋째, 경제성장 과정에서 물질적 보상이 거의 없는 배제 정책은 중장기적으로 대중의 반발을 살 수 밖에 없었다. 박정희 대통령의 사망과 유신체제의 종결이 사회운동의 전개와 그에 따른 권력자들 간의 경쟁에서 비롯되었다는 사실이 이를 뒷받침한다.

39　"도시 대독점자본이 채택한 공장새마을운동은 노·사간의 대립에서의 자본-임노동이라는 본질적 문제를 은폐하고 환경개선이나 노사협력이라는 예방적 제 조치를 통해 모순의 둔화를 시도해 노동계급의 탈정치화를 사업장 수준에서 시도했던 것이다. 동시에 노-사가족주의가 갖는 봉건적, 온정적, 권위주의적 정향은 노동계급의 동원과 노동강도의 강화를, 노동자들의 반발을 극소화하면서 진행했던 경제적 동원의 메카니즘으로 작용했던 것이다." 고성국, "1970년대의 정치변동에 관한 연구: 유신체제의 성립과 붕괴과정", 최장집 편, 『한국자본주의와 국가』(서울: 한울, 1985), p.136.

3) 국가-경제 관계

발전국가론(developmental state)에 의하면 동아시아 지역의 국가는 다른 어느 대륙의 후발국보다 자원형성과 투자배분뿐만 아니라 금융, 시장, 조세, 가격 등 거의 전 영역을 통제해 국내산업과 국제경제와의 관계를 조절하는 모습을 두드러지게 보여 주었다. 에반스(Peter Evans)에 따르면, 발전주의 국가의 효과성은 배태된 자율성(embedded autonomy)에서 유래한다. 국가는 사회와 절연된 것이 아니라 연결되어 있다. 사회의 이해집단으로부터 영향을 받는 약탈국가(predatory state)와 달리, 발전국가는 자체의 충원과 승진의 원칙을 갖는 관료제에 의해 뒷받침되기 때문에 특정 집단이나 계급의 이해를 넘어 전체 사회를 향한 비교적 독자적인 정책을 추진할 수 있다. 배태성과 자율성이라는 서로 모순적인 성향에서 발전 국가를 설명하고 있는 것이다.[40]

한국의 경제성장 과정을 보면, 발전국가론의 일반적 설명에 일치하는 듯 보인다. 1970년대의 산업화 과정에서 국가의 역할은 절대적이었다. 1970년대 국가는 중화학 공업의 육성을 통해 고도성장을 도모하려 했다. 정부는 '종합무역상사 설치'(1975), '수출입은행 설립'(1976), 이외 각종 조세·관세 정책을 통해 중화학공업을 적극 육성하였다. 국가는 국민투자기금을 조성하고 5개 중화학공업단지 건설에 재정적인 지원을 제공하여 적극적인 투자 재정 정책을 실시하였다. 금융정책에서도 국가는 수출지원금융을 주축으로 정책금융을 크게 강화시켰다.[41]

---

40 임현진, "동아시아 발전의 현실과 신화", 『21세기 한국사회의 안과 밖: 세계체제에서 시민사회까지』(서울: 서울대학교출판부, 2001), pp.85-86; Peter Evans, *Embedded Autonomy: States and Industrial Transformation* (Princeton: Princeton University Press, 1995).

41 김호기, "경제개발과 국가의 역할에 관한 연구: 1960~70년대를 중심으로", 최장집 편, 『한국 자본주의와 국가』(서울: 한울, 1985), pp.195-196.

그림 2 발전국가의 기초적 성격

			베버주의 국가 구조 차원	
			국가 관료제의 합리화의 정도	
			높음 합리적-법적 관료제 이념형	낮음 세습 국가 이념형
맑스주의 계급 −국가차원	시민사회에서의 국가의 배태 성의 정도: 지배계급과의 연 결망 따위	높음	발전 국가	부르주아 위원회 국가
		낮음	과대성장 포스트 −식민 국가	약탈 국가

출처: 임현진, 2005. "비교발전 경험에 본 박정희의 유신체제(1)" p.282

그리고 한국, 대만 등 동아시아의 산업화와 관련해 국가 관료제의 효율적 작동을 강조하는 발전국가론의 설명은 1970, 80년대 한국의 대자본가 정책을 설명하는 데 적합한 일면이 있다. 이 시기 한국의 경제성장은 라틴 아메리카의 경험과는 달리 국가−국내자본−외국자본의 3자 동맹 보다는 국가−국내자본 간의 2자 동맹에 의해 특징지어진다. 외국자본의 직접투자 비중이 라틴 아메리카와 비교가 안 될 정도로 훨씬 적었으며, 국가는 수출에 주력하는 국내자본에 각종 특혜와 보호를 베풀었다. 국가와 국내자본의 관계에서 정부는 상위 파트너, 대기업은 하위 파트너이었으며, 국가는 각종 금융·세제·시장정책 등을 통해 국내자본을 규제하였다. 국가는 외자도입과 배분 과정에서 허가와 지불 보증을 통해 국내 자본을 통제하였다. 또한 산업자본의 은행 소유가 봉쇄된 가운데, 은행신용에 대한 독점을 통해 산업자본을 규제하였다. 이 시기 한국에서 국가는 단순한 부르주아지의 집행위원회가 아니었다.

그러나 이러한 유신국가의 상대적 자율성은 '구조적 자율성'이라기보다는 '도구적 자율성'에 가까웠다. 유신 국가는 한편으로 자본가에게 정치적 권력을 결정적으로 내맡기지 않고 그들을 통제하였다는 점에서 단순한 부르주아지의 집행위원회는 아니었지만, 다른 한편으로 부르주아지 전체의 이익을 위해 기능하였다.[42] 1960년대 말, 1970년대 초의 기업들의 수익성 하락에는 금융비용의 증가, 인건비 증가가 주요 요인이었다. 당시 전경련 등 국내자본은 정치우위의 경제풍토 개선, 긴축금융정책의 해소, 재정부분 축소, 금융자율화, 물가대책, 국가에 의한 노동통제 및 임금통제 등의 국가 개입을 요구하였다.[43] 경제위기가 유신의 직접적인 원인이지는 않았지만, 유신을 전후한 국가의 정책들은 이러한 국내자본의 요구에 반응한 것이었다. 국가는 '8·3 긴급경제조치'(1972), '기업공개촉진법 제정'(1972) 등을 통한 사채시장을 규제하고 이자부 자본의 활동을 강하게 억제해 이를 산업자본으로 전환시키려 하였다.[44] 그리고 국내 대자본(재벌)에 이를 장기저리의 산업자금으로 제공하였다. 또한 1970년을 전후로 하여 금융비용 부담이 없는 외국자본의 직접투자를 권장하기도 하였다.

한국의 산업화 과정에서 국가의 역할, 국가와 자본 사이의 관계를 설명하는데 발전국가론은 상당히 설득력이 있다. 발전국가론은 한국에서 국가와 국내자본 사이의 강한 연계와 자본에 대한 국가의 상대적 자율성, 특히 '도구적' 자율성을 정확히 짚어내고 있다. 그러나 발전 국가론은 첫째, 경제성장이 가능했던 국제적 여건을 고려하지 않는다는 점, 둘째, 경제성장의 내용에 대해서, 다시 말해 경제성장을 위한 불균형 전략이라던가 그 결과로서 이중부문이라는 내적 모순을 무시한다는 점에서 한계를 갖는다.

---

42 Hyun-Chin Lim and Woonsun Baek, "The State Autonomy in Modern Korea : Instrumental Possibilities and Structural Limits", Korea National Commission for UNESCO (ed.), *Korean Politics : Striving for Democracy and Unification* (Elizabeth and Seoul : Hallym, 2002), pp.323-343.

43 이성형, "국가개입에 관한 한 연구: 8·3 조치를 중심으로", (서울대학교 석사학위논문, 1985), pp.24-25.

44 이재희, "자본축적과 국가의 역할", 이대근·정운영 편, 『한국자본주의론』(서울: 까치, 1987); 이성형, 앞의 논문.

먼저 한국의 괄목한 경제성장의 이면에는 발전국가론이 주목하는 자본축적과 구조분화의 기제로서 국가의 역할 이외에 정치적·군사적 국제냉전구조의 영향이 매우 크다. 한국이 자본주의 세계경제의 일원이 된 데에는 국제분업적인 교환의 논리보다는 국제관계적인 힘의 논리가 보다 더 작용하였으며, 그 후견자인 미국의 한국에 대한 이해관계는 경제적인 것이라기보다는 정치적·군사적인 것이었다.[45] 이른바 '초청에 의한 상승'이라는 요인을 결코 무시할 수 없다.[46] 아울러 박정희 정권이 택한 중화학공업화 전략은 국제 무역환경의 변화, 그리고 일본자본의 역할과 긴밀히 연결되어 있었다. 1970년대를 전후하여 선진공업국은 고도의 자본과 기술을 필요로 하는 산업에 치중하고, 노동력을 많이 필요로 하거나 공해문제가 심각한 업종은 후진국에 넘겨주는 산업간 국제 이동이 있었다. 특히 일본자본은 한국에 직접투자, 차관제공을 통해 철강, 알루미늄, 플라스틱, 전자, 조선 등과 같은 산업들을 육성하여 양국 간의 분업체계를 형성하려 했다.[47]

다음으로 이러한 한국의 발전 과정은 소위 '발전 딜레마'라고 명명할 수 있는 다양한 구조적 문제들을 낳았다. 이병천에 의하면, 한국의 발전 딜레마는 국가의 취약한 규율과 권위주의적 성장지상주의, 권위주의적 재량주의, 수직적 권위주의 구조 등에 의한 산업정책의 문란, 재벌 가문의 족벌 지배에 바탕을 둔 기업지배금융, 관치금융과 정책금융체제로 인한 금융의 불구화,

---

45 임현진, "종속적 발전에 따른 국가의 변모", 박현채 외 편, 『한국사회의 재인식 1』(서울: 한울, 1984), p.271.

46 Immanuel Wallerstein, "Dependence in an Interdependent World", In *The Capitalist World Economy* (Cambridge: Cambridge University Press, 1979).

47 김태일, "권위주의 등장 원인에 관한 사례 연구: 유신 권위주의체제의 성립을 중심으로", 최장집 편, 『한국 자본주의와 국가』(서울: 한울, 1985), pp.51-53.

노동의 배제와 재벌의 사회적 힘의 강화 등으로 요약될 수 있다.[48] 따라서 국가와 국내 대자본 사이의 연합으로 가능했던 산업화는 그 성장의 한계를 구조적으로 잉태하고 있었다고 볼 수 있다. 유신체제아래 산업화 과정의 가장 큰 특징으로 인식되고 있는 중화학공업화 또한 국내 산업부문간의 균형과 조화와는 거리가 멀었다. 중화학공업화는 거의 대부분 수출산업으로 육성되었고, 그 재원은 거의 외자에 의해 조달되었다. 따라서 이러한 방식으로는 기초소재와 중간재, 자본재의 국내생산을 통한 여러 산업부문 사이의 연계에서 나오는 시너지 효과를 충분히 극대화시키기 어려웠다.[49] 따라서 '발전국가'라는 이념형은 한국의 발전 모델의 성공은 가늠할 수 있어도 그 실패라는 구조적 문제를 적확히 포착할 수 없는 한계가 있다.

분명 정경유착, 지대추구, 부정부패, 정책혼란 등은 박정희식 한국의 발전모델과 전혀 동떨어져 있지 않았다. 더욱이 국내 대자본 편향적인 산업정책을 통해 재벌집단의 힘은 확대되어 갔고, 1980년대 중후반 이후 국가가 우위에 섰던 국가-자본간의 관계는 점차 역전되어갔다. 그러나 궁극적으로 유신체제아래 산업화는 철저히 노동을 배제하고 억압하는 상황에서 국내자본의 협애한 이해에 부응하여 진행되었다. 산업화와 더불어 노동자계급이 형성되고 분화되는 과정 속에서 한국의 발전모델은 그 구조적 모순의 가장 커다란 피해자인 노동과 정면으로 대면할 수밖에 없었다.

48　이병천, "발전국가 자본주의와 발전 딜레마: 경제위기에 의한 국가주의적 동원형 발전체제의 재조명", 이병천·김균 편, 『위기, 그리고 대전환: 새로운 한국 경제 패러다임을 찾아서』 (서울: 당대, 1998), pp.60-69.

49　이러한 맥락에서 이재희는 국내산업 부문과의 연관이 결여된 상태에서 기계설비나 중간재를 해외에서 조달하여 진행된 점, 그리고 수출산업으로 육성된 점 등에서 이 시기 중화학공업화는 1960년대 축적기구의 연장과 확대에 불과하며, 그것이 수입의 대폭적인 증대 나아가 외채상환부담의 급증으로 귀결된 것은 당연하다고 지적한다. 이재희. 앞의 논문, p.218.

4) 국가-노동 관계

한국의 노동통제 방식을 적확히 이해하기 위해서는 노조 조직의 형태와 권력의 흐름이라는 두 가지 기준에 의거하여 다음과 같은 네 가지 노동정치의 이념형을 제시할 수 있다. 이러한 이념형은 슈미터(Schmitter)의 조합주의와 다원주의라는 일차원적 이분법의 한계를 보완하는 것이다.

슈미터는 주로 노동부문의 조직성격에 초점을 맞추어 조합주의와 다원주의를 분류하고, 전자를 다시 국가조합주의와 사회조합주의로 구분한다. 조합주의와 다원주의는 이익대표의 체계가 취해야 할 제도적 형태에 대해 각기 다른 처방을 제공한다. 즉 다원주의는 이익집단의 자연발생적 형성·진화·확대 및 경쟁적 상호작용에 기대를 걸면서 여러 정치세력의 조화 혹은 균형에 대한 믿음을 강조하는 반면에, 조합주의는 이익집단의 인위적 출현·수적 제한·수직적 통합 및 비경쟁적 상호보완을 중시하면서 여러 정치세력이 유기적으로 서로 의존하는 기능적인 적응에 호소한다.[50]

라틴 아메리카 지역에서 현대적 의미의 국가조합주의가 등장한 시기는 1930년대였다. 당시에 라틴 아메리카는 대공황의 충격 속에서 지역·계급·부문 간 갈등의 심화를 겪고 있었다. 이에 대한 제도적 해결책으로 등장한 것이 바로 국가조합주의였다.

---

50   슈미터는 이익집단의 제도적 형태에 치우친 나머지 첫째, 다원주의와 사회조합주의간의 현실적 차이를 너무 강조하고, 둘째, 국가조합주의가 총체적 분석틀에서 다원주의 및 사회조합주의와 어떠한 이론적 관계를 맺고 있는가를 명확하게 설명하지 못하고 있다. 사회조합주의가 서부 유럽에서, 국가조합주의가 라틴 아메리카의 후발 자본주의국가에서 등장하는 것을 고려하면, 시민사회의 자율적 역할이 인정되고 있다는 점에서 다원주의와 사회 조합주의는 거의 흡사한 형태가 된다. 또한 국가조합주의는 이익집단의 종속성이라는 측면에서 그것들과 대립되는 것으로 파악될 뿐이다. Phillip C Schmitter, "Still the Century of Corporatism?" Phillip C. Schmitter and Gerhard Lehmbruch (eds), *Trends toward Corporatist Intermediation* (Beverly Hills: Sage Publication, 1979).

권력의 흐름 ／ 노조조직	집중	분산
상 → 하	국가조합주의	국가단원주의
하 → 상	사회조합주의	사회다원주의

출처: 임현진, 2005, "비교발전 경험에 본 박정희의 유신체제(1)", p.285

라틴 아메리카에서 국가조합주의는 보수와 혁신의 기운이 치열하게 경쟁하면서 제3의 변증법적 조화를 이루는 서구형 민주주의가 아니었다. 거대한 이익집단을 구성하여 통제하려는 국가조합주의는 처음부터 지배의 방법이었다.

국가조합주의는 국가가 나서서 계급갈등을 조정해 지배 권력을 방어하려는 전략이다. 정치적 개방이 방종을 통해 계층·집단 간의 소모전을 자초하고 억압이 저항을 불러와 전면전을 야기할 것을 우려해 그 중간 지점에서 국가가 선택적 '유인과 제재'(incentives and constraints)라는 처방책[51]을 스스로 제기하였던 것이다. 따라서 라틴 아메리카 국가는 다양한 관제기구 아래 갈등을 제도화하면서 인위적으로 계층·집단 간의 견제와 균형을 유지하는 데 주력하였다.

여기서 국가조합주의를 통한 지배방법에서 주목해야할 단위는 공식노조였다. 라틴 아메리카 국가는 수많은 노조를 만들었다. 노조는 저항의 역량을 과시한 운동세력에게 정치적 참여의 길을 터주면서 반체제적 비판의식의 확산을 방지하는 포섭 및 통제의 기제였던 것이다. 주로 국가 전략산업 내의 노조나 정부 공무원이 주 대상이었다. 국가는 노동자계급에게 공식노조

---

51 R. B. Collier & D. Collier, "Inducements versus Constraints: Disaggregating Co rporatism", *American Political Science Review*, 73:4 (1979), pp.967-986.

를 '선사'하면서 그들의 독자적 조직역량의 형성 기회를 사전에 박탈하는 선점 전략을 썼던 것이다. 또한 국가는 노동자계급을 분할 통치의 논리에 따라 다양한 조직으로 나누어 배타적 견제심리를 부추기면서 시민사회 내의 힘의 수평적 결집을 방지하려 했던 것이었다.

그러나 이러한 국가조합주의는 세 가지 측면에서 결함을 내재하고 있다. 첫째, 국가가 공식노조 지지를 확보·유지하기 위해서 엄청난 경제적 비용을 치러야 했고, 국가는 곧 재정팽창의 함정에 빠지게 되었다. 둘째, 국가는 위로부터의 힘에 의해 인위적으로 갈등을 해소했기 때문에 정통성의 문제를 해결할 수 없었다. 셋째, 국가 내의 지배세력이 분열되어 그 안에 경쟁관계가 성립될 때 정권붕괴의 위험이 높아졌다. 이는 지배세력 내의 어느 한 분파가 권력투쟁에서 이기기 위하여 대중을 동원하기 시작하면, 다른 분파 역시 유사한 전략을 취하기 때문이었다.

국가단원주의는 시민사회에 대한 국가의 비대칭적 통제력을 구축하는데 목적이 있다는 점에서 국가조합주의와 매우 유사하다. 그러나 그 방법은 상이하다. 국가가 시민사회 내의 어떠한 자생적 혹은 인위적 조직도 인정하지 않는 특징을 지니고 있는 것이 국가단원주의다. 국가단원주의는 시장에 대한 사회의 본능적 방어심리를 철저히 억압한다. 그것은 조직정비에 나선 이익집단을 적절히 달래면서 시장의 심판 기능을 차단하거나 손질하는 국가조합주의와는 전혀 다른 형태의 제도이다. 무엇보다 거기에는 시민사회를 억압하여 시장을 지키려는 경향이 있다. 그러므로 국가단원주의는 이념적·조직적으로 노동을 무장해제한 후 이들을 냉혹한 국제경쟁의 현실로 내던지면서 물량적 성장의 기반을 조성한다. 국가는 중간집단의 등장을 배제하면서 노동부문을 산산이 쪼개버린다. 이를 위해 엄청난 국가권력의 투입이 요구됨은 물론이다.

이러한 국가단원주의는 한국에서 비교적 손쉽게 자리 잡을 수 있었다. 왜

냐하면 해방 직후 폭발적으로 성장했던 노동운동 세력이 한국전쟁을 경유하
면서 매우 약화될 수밖에 없었고, 이후 반공이데올로기는 노동부문을 축소
시키는 환경이 되었기 때문이다. 그러나 한국의 노동통제 방식이 순수하게
국가단원주의적 방식으로 이루어진 것은 아니었다. 그 보다는 최소한 국가
조합주의의 외형을 갖춘 다음에야 제 기능을 발휘하는 아주 취약한 형태의
통제조직이었다. 개입국가는 진보적·혁신적 노동운동이 활성화되기 이전에
정치투쟁의 공간을 제도적으로 봉인하여 사실상 폐쇄시켰다. 그 수단은 다
름 아닌 한국노총이었다. 1980년대 중반 이전까지 조직된 전국 규모의 노
조는 대다수의 기층 노동자와 절연된 채 밀실에서 자본축적의 길을 돕는 어
용노조였다. 아울러 국가단원주의는 보상 및 회유의 정치를 단순히 전국 수
준의 노동지도자에 한정시킨 채 이를 일반 노동대중의 차원으로 확산시키지
않았다.

유신체제를 전후한 시기의 노동 정책을 구체적으로 살펴보자면, 우선
1969년 12월에 정부는 "외국인 투자기업의 노동조합 및 노동쟁의 조정에
관한 임시특례법"을 제정하여, 외국인 투자회사에서의 노동조합 결성을 행
정적으로 대단히 어렵게 만들었고, 노동쟁의가 발생하면, 노사협의의 결과
를 해당 장관에게 보고토록 하여 노동행위의 발생을 억제하였다.[52] 또한 노
동쟁의조정위원회(이하 조정위)를 설치하여, 노동위원회가 맡던 기능을 대신
맡도록 하였는데, 조정위에는 노동자 대표, 공익 대표, 사용자 대표 이외에
정부관리가 참여하도록 하였다. 조정위는 노동쟁의가 적법하다고 판정되면,
즉시 조정을 개시하되, 조정이 20일 안에 성립되지 아니하면, 중앙노동위원
회의 중재에 회부하여, 노동자들이 파업 등의 쟁의행위를 사실상 할 수 없도

52　이영철, "1970년대 초의 노동정책의 변화: 정치제도와 노동관계제도의 이중적 힘", 『한
　　국정치학회보』 38:2 여름 (2004), pp.143-165.

록 만들었다.

이어, 1971년 12월, 정부는 국가비상사태를 선포하였고, "국가 보위에 관한 특별조치법"을 만들었다. 이 "국가보위법"은 국가비상 사태 하에서 노동자들은 단체협상이나 단체행동을 하기 전에 행정부서에 조정을 요구해야 하며, 정부부서의 조정안을 따를 것을 요구하였다. 그리고 정부기관, 공사, 공공 서비스 기업, 경제에 큰 영향을 미치는 대기업의 노동자들에게는 특별한 조치를 취할 수 있다고 규정하여 대기업 노동자들의 단체행동권을 제약하였다. 한편, 노동청이 노사분규를 조정하도록 했으나 조정을 기피하여, 노사협의회를 통해서 단체협상을 벌이도록 유도하였다. 이로써 노동자-공익-사용자 대표 3자 동수의 원칙에 따라 구성되어 1960년대에 비교적 중립적인 역할을 하였던 노동위원회는 유명무실해지고, 노동자의 단체행동권은 심각하게 제약되었다.

유신헌법은 노동자의 결사, 단체협상, 단체행동권을 "법이 정한 범위 안에서만" 보장하였고, 주요 공공단체와 대규모 기업의 단체행동권을 제약하거나 인정하지 않았다. 또 대통령은 긴급조치권에 의해 법적인 제약 없이 노동권을 제한할 수 있었다. 1973년과 1974년에 유신헌법에 따라 노동조합법을 개정하였는데, 정부는 이를 통해, ① 노사협의회의 기능을 상세히 규정하여, 노동조합을 대신할 수 없도록 하였고, ② 노사분규에 대한 결정을 노동자의 대의원회의가 아니고, 전체회의에서 결정토록 하여, 노조 지도부의 영향을 약화시켰으며, ③ 전국적인 산업별 노조를 언급하지 않음으로써 산별 노조가 노사분규의 합법적인 참여자가 되지 못하도록 하였다.

자본축적과 관련하여 유신체제의 또 다른 특징은 임금 인상을 억제하고, 이를 위해 강력한 노동통제 정책을 실시한 데 있다. '외국인 투자기업의 노동조합 및 노동쟁의조정에 관한 임시 특별법'(1970), '수출자유지역설치법'(1971), '국가보위에 관한 특별조치법'(1971), '유신헌법'(1972), '노동관계법' 개정(1973) 등은 이를 위한 입법의 예로 볼 수 있다.

이러한 국가단원주의는 다음과 같은 세 가지 측면에서 문제를 지니고 있었다. 첫째, 국가가 노조다운 노조를 절대 허용하지 않았기 때문에 결과적으로 계급갈등을 심화·누적시켰다. 둘째, 국가가 노동운동을 억압하는 한 노동운동은 처음부터 정치투쟁의 성격을 지닐 수밖에 없었다. 셋째, 국가가 대중적 차원의 물질적 보상 및 회유의 정치를 구사하지 않았기 때문에 노동자계급에 대한 관제노조의 통제력은 매우 취약한 것이었다. 국가는 일반 노동대중에게 억압자이었을 뿐 그 어떤 이념적 헤게모니도 행사하지 못했다. 따라서 국가단원주의는 유인 없는 제재를 통해 노동자계급을 소외시켰고, 개입국가는 노동의 독자적 조직화와 이념적 급진화에 직면하게 되었다.

4. 책의 구성

이 책의 목적은 박정희 정권의 지배양식과 발전경험에 대해 비교발전론적 시각에서 그 역학과 모순을 다루는데 있다. 라틴 아메리카 지역의 브라질, 멕시코, 아르헨티나, 칠레 등 제3세계의 동시대 국가들의 지배양식과 발전경험을 대조함으로서 한국의 박정희 정권이 지니는 특징을 국가-사회-경제라는 삼각 분석틀에 의해 살펴볼 것이다.

첫째, 국가-사회 관계는 국가기구, 정치사회, 그리고 시민사회와 경제사회라는 네 가지 영역에 의해 특징 지워진다. 국가기구는 입법부, 사법부, 행정부를 기본으로 국가권력기구를 포함한다. 시민사회는 국가의 통제로부터 상대적으로 자유로운 자발적 결사체의 영역이고, 경제사회는 자본의 논리에 의해 운영되는 기업과 시장의 영역이다. 이러한 시민사회·경제사회와 국가기구를 연결하는 정치사회는 정당과 국회로 구성된다. 둘째, 국가-경제 관계는 발전주의 국가가 시민사회·경제사회에 연결되어 있지만 그것으로부터 비교적 자유롭게 정책을 집행할 수 있는 배태된 자율성에 이해 설명될 수 있다. 발전국가는 자체의 충원과 승진의 원칙을 갖는 관료제에 의해 특정 집단이나 계급의 이해를 넘어 전체 사회의 이해를 관장할 수 있다. 셋째, 국가-노동 관계는 사회다원주의와 사회조합주의에 의해 설명되기 어렵다. 국가단원주의는 시민사회에 대한 국가의 비대칭적 통제력을 구축한다는 점에서 국가조합주의와 매우 유사하다. 그러나 국가가 시민사회 안의 이익집단을 만들어내는 국가조합주의와 달리 국가단원주의는 어떠한 자생적 혹은 인위적 조직도 인정하지 않는다.

이 책에서 나는 박정희 정권을 하나의 역사적 구조로 이해한다. 유신을 전후로 한 박정희체제의 지배양식과 발전경험에 나타나는 역학과 모순을 파악하기 위해 그것을 구체적인 시공간에 위치시키는 접근방법을 취할 것이다. 첫째, 박정희 체제를 현대 한국이라는 역사적 흐름에 의한 시간의 종축(縱軸) 위에서 조망하려고 한다. 둘째, 유신체제를 비슷한 시기에 공통의 경험을 가졌던 나라들과 비교해 공간적 횡축(橫軸)에서 입체적으로 접근하려고 한다. 즉 라틴 아메리카 국가들의 경험을 통해 국가-사회-경제 관계를 파악하여 박정희체제의 지배양식과 발전경험의 특징을 규명할 것이다.

박정희 체제의 지배양식과 발전경험의 독특성을 적확히 이해, 파악하기 위해서는 비교연구가 필요하다. 한국이라는 단일사례에 기반한 횡단적 연구 (a single, cross-sectional study)로는 인과관계의 구성이 어렵기 때문이다.[53] 라틴 아메리카의 브라질, 멕시코, 아르헨티나, 칠레를 비교사례로 도입한 이유는 라틴 아메리카와 아시아라는 지역적 차이에도 불구하고 한국을 비롯한

---

53 Neil J. Slemser, *Comparative Methods in the Social Sciences*, (Englewood-Cliffs, N. J.: Prentice-Hall, 1976), pp.1-30 참조.

다섯 국가가 지니는 맥락의 대조를 통해 당시 '권위주의적 자본주의'가 지녔던 일련의 공통점을 찾으려는 의도이다. 이 책은 틸리(Tilly)의 비교사 연구의 관점에서 주로 2차연구 자료에 입각하여 포괄화(encompassing)라는 방법론적 전략을 사용하고 있다.[54] 다섯 나라들이 서로 다른 사례들이지만 제3세계의 후발 발전이라는 문맥에서 차이점과 유사점을 설명하려는 것이다. 한국을 설명하기 위해 동원된 여러 이론들을 브라질, 멕시코, 아르헨티나, 칠레에 적용함으로써 다양성 속아래 수렴점을 찾고 있는 것이다.

이 책은 크게 두 부분으로 나누어져 있다. 제1부에서는 아시아의 한국의 박정희 정권아래 지배양식과 발전경험을 다루며, 제2부에서는 라틴 아메리카의 브라질, 멕시코, 아르헨티나, 페루의 발전경험을 국가-사회-경제라는 삼각 분석틀에 입각하여 살펴보고 있다.

제1부 제1장에서는 박정희 체제아래의 지배이데올로기가 반공 이데올로기를 정점으로 성장이데올로기와 권위주의 이데올로기과 결합하여 있음을 밝히고 있다. 특히 반공 이데올로기는 성장과 반공주의의 한계로 인한 지배체제의 위기를 막아주는 최후의 안전판으로 기능했다. 제2장은 박정희 체제아래 대외의존아래 이루어진 자본축적이 외채의 누증이라는 탈절과 노동자의 희생이라는 배제를 가져왔음을 알려주고 있다. 제3장은 박정희 체제아래 국가는 권력중심으로서 지배계급의 이해를 대변하면서도 일종의 '상대적 자율성'을 통해 그것을 조정해 왔지만, 종속적 자본축적의 기제로 인해 세계체제 안에서의 구조적 자율성은 비교적 취약했다. 그러나 국가가 자본가계급의 사적 축적에 대한 의존도를 높여가면 도구적 자율성도 점차로 약화시켜 주었다. 제4장은 박정희 체제는 '유사민간화된 군사정권'의 성격을 지님으

---

54 Charles Tilly, *Big Structures, Large Processes, Huge Comparisons* (New York: Russel Sage, 1984), 제4장.

로써 라틴 아메리카의 '제도화된 군사정권'과 달리 민간정부의 외양을 지녔기 때문에 군인출신 지도자의 죽음 없이 퇴각이 잘 이루어지지 않는다는 사실을 알려주고 있다. 특히 전두환 정권과 노태우 정권으로의 7년이라는 지연된 붕괴는 박정희 체제가 강력한 권위주의 체제였기에 대안세력이 쉽게 성장하지 못하였기 때문이다.

제2부에서 다루는 브라질, 멕시코, 아르헨티나, 칠레는 1960년대 전후로 하여 여러번 군부 쿠데타를 겪었다. 제2장에서 이 나라들 중 군부 권위주의 체제를 제도화시키는 데 성공한 경우로 멕시코를 분석한다. 멕시코는 제도혁명당을 지지기반으로 하여 국가조합주의에 의해 대중동원에 성공했다. '멕시코의 기적'은 국가가 자본의 도구로 기능하기보다 이익동맹 체제의 차원에서 경쟁적인 동반자 관계를 유지했음을 보여준다. 제3장의 브라질은 멕시코에 비할 때 대중동원을 추구하지도 않았지만, 시민사회를 억압하지도 않았다. 브라질도 국가조합주의아래 노동을 통제하면서 국가-다국적 기업-자본가라는 '삼자동맹'에 의해 경제성장을 이끌 수 있었다. 제3장에서 혼란스러운 아르헨티나의 모습을 설명하고 있다. 국가는 노동에 대한 민중주의적 정책을 포기하고 국가권력을 집중함으로써 억압적으로 나아갔다. 그러나 경제성장이 지체되고 사회갈등이 심화되었다. 제4장에서 칠레는 브라질과 멕시코와는 확연히 다른 모습을 보여주고 있다. 사회에 대해 매우 적대적이었지만 저항세력의 분열로 인한 무기력으로 인해 피노체트 정권이 유지되었음을 알려주고 있다. 이 시기 칠레의 노동정책은 다른 남미 국가들과 달리 매우 국가조합주의보다는 국가단원주의에 가까운 것이었다.

제1부

아시아의 한국

제1장

박정희 체제의 지배 이데올로기

1. 권력, 이데올로기 및 지배 이데올로기

'지배 이데올로기'(dominant ideology)는 일정 시대에 특정한 사회집단이 담지하는 거시적 이념체계를 지칭하는 용어이다. 애버크롬비(Abercrombie)와 그의 동료들은 지배 이데올로기의 존재를 결코 부정하지는 않지만, 이데올로기가 과연 사회에 결집력을 부여하는 중요한 수단인지에 대해서는 회의적이다. 그러한 이데올로기는 지배계급을 효과적으로 통합시킬 것이다. 그러나 그들의 주장에 의하면, 이데올로기는 보통 종속자들의 의식에 침투하는 데 있어 훨씬 성공적이지 못하다.[1] 이에 비해 '지배계급 이데올로기'(ruling-class ideology)는 지배계급의 통치이념을 뜻한다. 그러므로 지배 이데올로기

---

1   Nicholas Abercrombie, Sthphen Hill and Bryan S. Turner, *The Dominant Ideology Thesis*, Allen & Unwin, 1984.

는 체제의 정치·경제적 구조 및 문화적 속성에 의해 규정됨과 동시에 지배 계급의 배타적 이해관심을 집약해준다.[2] 지배 이데올로기는 권력집단이 권력을 행사하기 위하여 고안한 제도적 기제들의 작용을 지원하며, 사회적 불만과 저항요인들을 체제 내부로 용해하여 갈등을 최소화하는 역할을 수행한다. 이데올로기가 사회집단간 연대력을 증진시키는 사회적 접착제의 역할을 수행한다는 것은 이러한 의미에서이다. 알튀세르(Althusser)의 용어를 빌리면, 지배 이데올로기는 권력행사의 제도적 기제를 물질적 기초로 하여 사회적 생산관계를 재생산하는 기능을 수행한다.[3]

지배 이데올로기의 접근방법으로는 두 가지가 있다. 구조주의적 시각은 경제구조에 의해 분회된 계급관계와 계급 간 이해관심의 상호연계를 관할하는 지배체제구성(regime)의 측면을 중시한다.[4] 마르크스의 결정론적·반영론적 시각의 제약을 극복하면서, 체제구축과 권력재생산에 있어 권력집단의 자율성에 주목하고자 하는 구조주의적 시각은 이데올로기의 능동적 기능을 부각시키는 데 공헌하였다. 예컨대 국가의 재정위기를 분석하는 오코너(O'Connor)는, 계급관계의 반영으로서의 국가가 자본주의 사회에서 정당화 및 자본축적의 모순을 해결하는 과정에서 사회적 자본(social capital)의 창출 주체로 기능하면서 지배 이데올로기의 물질적 조건을 충족시켜 나간다는 점을 밝혔다.[5] 구조주의적 시각은 국가·계급관계·체제관리라는 거시적 요인

2　그람시에 따르면, 지배계급은 두 가지 측면에서 지배적(dominant)이어야 한다. 다시 말해 '지배적'이면서 '통치하는' 측면을 지녀야 한다는 것이다. 그것은 동맹계급을 통치하며 적대계급을 지배한다. Chantal Mouffe, ed., *Gramsci and Marxist Theory*, Routledge & Kegan Paul, 1979(장상철·이기웅 옮김, 『그람시와 마르크스주의 이론』, 녹두, 1992).

3　Louis Althusser, *Lenin and Philoshphy and Other Essays*, Verso (1977).

4　Althusser (1977), 위의 책; Nicos Poulantzas, *Political Power and Social Class*, NLB, 1973; James O'Connor, *The Fiscal Crisis of State*, St. Martin's Press (1973).

5　O'Connor (1973), 위의 책.

의 연결과정을 이데올로기의 작동방식과 연계시키는 분석틀을 제공해 주었지만, 정치체제의 위기국면에서 체제 내부의 제도적 균열의 구체적 메커니즘을 분석하는 데는 일정한 한계를 갖는다. 이에 비하여 체제 내부의 구성적 측면에 관심을 집중시키는 제도론적 시각은 이데올로기의 물질적 기반으로서의 제도의 작용양상을 정밀 분석하는 데 유용한 접근방법으로서 제도 형성과 균열, 위기관리와 체제붕괴 등의 복합적 현상을 파악하는 데 장점을 갖는다.[6] 그러나 이 시각은 특정 체제의 횡단면적 특성 분석에 강점을 보이는 대신, 종단면적 변화과정을 추적하는 데는 일정한 한계가 있다. 왜냐하면 제도의 복합적 구조를 따라 충돌하거나 화합하기도 하는 행위자(집단이든 개인이든)와 각각의 행위자들이 주장하는 이념의 갈등양상에 주된 관심이 주어져서 체제의 성숙과 쇠퇴에 의해 변화되는 거시적 경제구조의 영향력이 과소평가될 소지가 있기 때문이다.

이러한 점을 감안하여 이 연구에서는 두 시각의 장점을 적절히 접합시키는 절충적 방식을 취하고자 한다. 즉, 구조주의 시각으로부터는 계급관계의 반영으로서의 체제구성의 관심을, 제도론적 시각으로부터는 체제 내부의 제도적 메커니즘에 대한 관심을 각각 차용하여 지배 이데올로기의 총체적 특성을 규정하고, 그것의 거시적·미시적 차원의 작용양상을 분석하고자 하는 것이다. 그리하여 이 연구는 지배 이데올로기를 지배양식(mode of domination)

---

6 Peter Hall, *Governing the Market* (Oxford University Press, 1985); Byoung-Sun Choi, "Institutionizing A Liberal Economic Order in Korea; The Strategic Management of Economic Change", Unpublished Ph. D. dissertation(Harvard University, 1987); Stephan Haggar, *Pathways From The Periphery: The Politics of Growth in the Newly Industralizing Countries* (Cornell University Press, 1990), 박건영·강문구·양길현 옮김, 『주변부로부터의 오솔길』, 문학과 지성사, 1994); 김병국, "무정형의 시민사회와 정당정치의 붕당성", 한배호 외, 『한국의 자본주의와 민주주의』(법문사, 1992).

의 핵심구성 요인으로 파악한다.[7] 정치권력이 행사되고 정당화되는 방식, 지배계급과 피지배계급 간 이해관심의 상호작용이 구조화되는 방식, 그리고 정치권력의 재생산이 이루어지는 방식 등을 포괄하여 지배양식이라고 부른다면, 지배 이데올로기는 지배양식의 정체성(identity)을 강화하고 사회집단 및 계급 간 상호접합을 촉진시키는 이념체계로 정의할 수 있을 것이다.

2. 박정희 체제 지배 이데올로기의 내용분석

박정희 체제의 지배 이데올로기는 시기별로 다양한 변화양상을 보이지만 대체로 보아 반공주의(anti-communism), 성장주의(developmentalism), 권위주의(authoritarianism)라는 세 개의 이념적 요소로 짜여있다. 반공주의는 제2차 세계대전 이후 한반도에 미·소의 패권 하에 자본주의와 사회주의라는 두 개의 상이한 사회체제로 국가 간 체계가 재편성되는 과정에서 외부로부터 부과된 것이다. 일제 말 미군정기부터 형성된 반공 이데올로기가 한국사회의 지배 이데올로기로 자리 잡게 된 것은 한국전쟁이란 동족상잔의 엄청난 비극을 겪은 다음부터였다.[8] 한국전쟁은 해방정국에서의 '좌경반쪽지형'이라고 할 수 있는 이데올로기 지형을 '우경반쪽지형'으로 바꾸어 놓았으며, 이후 한국의 지배계급과 국가로 하여금 민중부문의 저항이나 이를 막기 위한 정당화 기능을 상대적으로 염려할 필요 없이 고착취와 자본축적에만 전념할

7　Samuel Huntington, *Political Order in Changing Societies*, Yale University Press, 1968; Stepan (1978), 앞의 책.

8　정영태, "일제말 미군정기 반공 이데올로기의 형성", 『역사비평』 봄 (1992); 김동춘, "한국전쟁과 지배 이데올로기의 변화", 한국사회학회 편, 『한국전쟁과 한국사회 변동』 (풀빛, 1992); 손호철, "한국전쟁과 이데올로기 지형", 경남대 극동문제연구소, 『한국과 국제정치』 가을 (1990).

수 있게 함으로써 성공적인 자본주의적 산업화를 가능케 해주었다. 한국전쟁의 결과로 생겨난 반공 이데올로기의 확산이 단순한 국가의 폭력적 억압에 대한 피해의식에 입각한 수동적 동의였는지 아니면 완전한 이데올로기적 침투에 의한 능동적 동의였는지에 대해서는 조금 더 찬찬히 따져볼 필요가 있겠으나, 한국전쟁의 결과로 국가기구 중 특히 억압적 국가기구가 팽창하고 억압적 국가기구 내부에서도 군의 중요성이 경찰에 비해 상대적으로 급속히 부상한 점, 또한 한국전쟁으로 말미암아 국가기구 중 입법부의 역할이 대폭 축소되고 행정부의 강화를 가져옴으로써 이후 독재체제의 지속을 용이하게 만들었다는 점에 대해서는 이견이 없어 보인다. 한국전쟁에서의 상처와 좌절이라는 역사적 경험은 북한사람들에게는 미국에 대한 적대의식으로 이데올로기화되었고, 남한사람들에게는 반공주의로 의미 부여되었다. 반미와 반공은 이들의 체험을 설명해 주는 각각의 해석체계였고 세계를 바라보는 데 필요한 매개체가 되었다고 볼 수 있다. 성공적 이데올로기는 강요된 환영 이상의 것이어야 하며, 그 비일관성에도 불구하고 주체에게 간단하게 즉석에서 거부할 수 없을 정도로 현실적이고 인식 가능한 사회적 현실의 한 유형을 전달해야 한다. 주체의 산 경험과 혼합되는 데 전적으로 실패한 지배 이데올로기는 지극히 취약할 것이다. 지배 이데올로기는 대안적인 사상과 투쟁한다기보다는, 이들을 사고 가능성의 변경 너머로 밀쳐내어 버린다. 이데올로기가 존재하는 이유는, 그것에 대한 언급은 고사하고 결코 그것에 대해 생각조차도 해서는 안 되는 것이기 때문이다.[9] 반공 이데올로기는 미국 주도하의 세계자본주의 체제를 이루고 있는 지배연합 공통의 이익을 지키기 위한 합의를 내포하고 있다. 또한 반공 이데올로기는 민족해방운동이 활발하고 그를 통해 자주적 노선을 택할 가능성이 있는 제3세계 일반에 대한 세

9　Terry Eagleton, *Ideology: An Introduction*, Verso (1991).

계전략적 대응으로 나타난다. 그러나 여타의 제3세계 지역에서와 달리 우리 사회의 경우, 분단국가라는 현실과 한국전쟁의 경험을 통해 반공 이데올로기가 현실적 힘을 획득할 수 있는 기반이 존재한다는 점을 들 수 있다. 그러나 또한 반공 이데올로기의 형성이 전적으로 전쟁경험에 기초한 자발적 동의에 의해 이루어진 것은 아니다. 오히려 반공 이데올로기는 늘 강제력 행사에 의해 뒷받침됨으로써 그 효력을 발휘해 왔다. 이는 종속적 자본주의 발전의 결과, 타협을 통해 대립의 해소를 이끌어낼 수 있는 물적 토대를 결여하고 있었기 때문이다.[10]

성장주의는 박정희 정권이 쿠데타로 정권을 장악하는 과정에서 표출된 정치적 합리성의 취약함을 보완하고 동시에 경제적 풍요를 창출하기 위한 의지의 표현이었다. 오랜 빈곤에 시달린 국민들이게 풍요로운 사회라는 약속은 대단히 설득력이 있어서 정당성이 취약한 국가에게 운신의 폭을 넓혀주었다. 박정희 시대 전반을 통하여 국민적 지지를 동원하는 데 가장 큰 역할을 하였던 '조국근대화'라는 기치는 바로 반공주의와 성장주의의 결합체였다. 1960년대 이래 자본주의적 산업화 과정에서 박정희 정권은 양적인 경제성장을 내용으로 하는 성장 이데올로기를 반공 이데올로기에 하위결합시킴으로써, 피지배 민중을 정치적으로는 억압과 통제의 대상이면서 동시에 경제적으로는 적극적인 동원화 대상으로 파악해 왔다.[11]

한편 권위주의는 '취약한 시민사회-강한 국가'[12]의 불균형적 상황에서 고도성장의 성취와 체제공고화를 위해 권력행사의 효율성을 추구하는 과정에서 배태된 지배계급의 집단의지의 표현이었다. 물론 권위주의를 박정희의

---

10 한국정치연구회 (1989), 앞의 책.

11 임영일 (1992), 앞의 글.

12 최장집, "과대성장국가의 형성과 정치균열의 전개", 『한국 현대정치의 구조와 변화』 (까치, 1989).

독단적 성격과 권력의자라는 개인적 요인으로 돌릴 수 있지만, 오히려 조국 근대화의 과정에서 급속히 주도된 지배계급이 권력독점을 꾀하기 위한 전략적 선택의 결과라고 보는 편이 적합하다. 사실상 권위주의는 장기집권의 과욕이 가시화되던 1968년부터 점차 정치적 현안으로 등장하였는데, 이 때부터 반공주의와 성장주의의 합리적 가치는 점차 권력독점을 위한 수단적 가치로 변질되었던 것이다.

박정희 체제의 지배양식(mode of domination)이 초기의 '제한적 민주주의'로부터 '권위주의'로 이행함에 따라 세 가지 이념적 요소는 서로 비중을 달리하면서 결합되었다는 사실이 중요하다. 말하자면 정권 초기에는 반공을 국시로 하면서도 일정한 정도의 민족주의적 가치로 채색된 성장주의가 지배 이데올로기로 등장하였던 반면, 중기와 후기에는 권위주의로 체제의 목적이 이동하면서 반공주의와 성장주의의 내용과 목적 자체가 변질되었다. 그러므로 박정희 체제 전반을 통하여 이 세 가지 이념적 요소들을 운영하였던 기본 원리는 '불균형을 통한 효율성'(efficiency through disparity)이라고 요약할 수 있다. 세 가지 이념적 요소 중 특정 요소를 전면에 부각시키는 방식의 전략적 선택이 '불균형'의 측면을 설명한다면, '가치합리성'보다는 '목적합리성'이 지배 이데올로기의 형성과 변질과정 전반을 이끌었던 핵심추진력이었다는 점이 '효율성'의 측면을 설명해 준다. '불균형을 통한 효율성 추구'는 1970년대 중화학공업화 정책에서 가장 두드러지지만, 공정경쟁의 제도적 기제들을 폐쇄시키면서 정치참여의 폭을 제한하였던 정치시장 조직전략도 이 원칙에 의하여 규제되었다.

권위주의적 자본주의는 불평등과 비합리성을 민주주의의 핵심가치인 평등-합리지향적 이념으로 채색하는 것이 일반적이다. 박정희 체제는 합리를 위하여 비합리를, 평등을 위하여 불평등을, 공정경쟁을 위하여 독점경쟁을 추진하였던 전형적인 예에 속한다. 그러므로 이 시대의 지배 이데올로기는 외면적 가치합리성과 내면적 목적합리성을 절묘하게 접합시켜주는 '정당화 이데올로기'(ideology of legitimization)였다.

이 세 가지 이념들은 다음과 같은 세부 요소로 구성되었다.

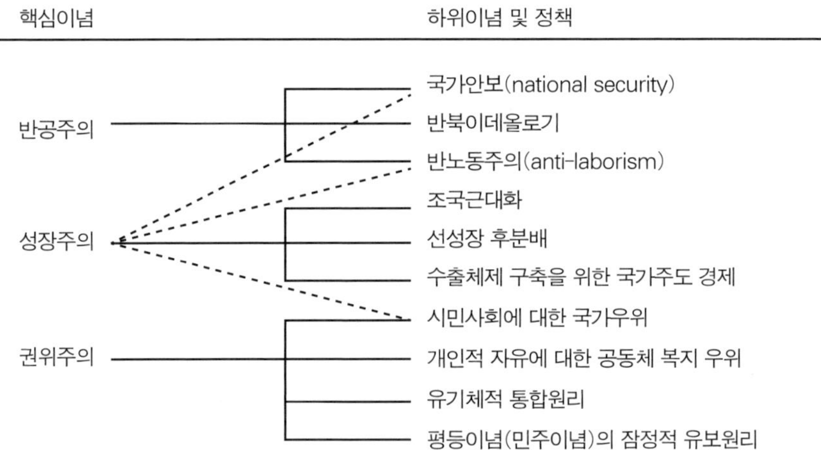

그림 1-1 지배 이데올로기의 내용분석

박정희 체제의 지배 이데올로기는 경제시장에서의 성장주의와 정치시장에서의 권위주의가 사회적 통합원리인 반공주의적 가치체계로 수용되는 방식으로 체계화되었다. 그런데 초기의 이러한 면모는 앞에서 지적한 바와 같이, 권위주의의 점진적 부상과 함께 '균형 결합'에서 '불균형 결합'의 구조로 전환되었던 것이다. 그리하여 유신체제와 같은 권위주의적 자본주의의 본격적 전개과정에서 권력독점을 향한 억압적 국가개입이 주요한 지배양식으로 정착되는 결과를 낳게 되었다. 박정희 체제의 지배 이데올로기는 위에서 열거한 미시적 차원의 구성요소들을 정권 유지와 재생산의 필요성에 따라 적절히 혼합해 온 지배계급의 전략선택의 산물에 지나지 않는다.

3. 변화와 연속성

4·19 혁명 이후 민의를 기반으로 수립된 장면 정권을 힘으로 전복시킨 군부가 당면했던 가장 큰 과제는, 우선 쿠데타를 정당화하고 민정이양에 대비하여 권력기반을 공고히 하는 것이었다. 사회안정·부패척결·경제부흥·반공강화와 같은 이념이 쿠데타의 외관을 장식하였으나, 군부의 정치개입에 대한 미국의 강력한 반대는 쿠데타 주도세력으로 하여금 대의민주 정부의 수립을 위해 군정을 종식시키는 것으로 방향을 잡게 하였다. 따라서 쿠데타 주도세력은 군부의 결속을 위하여 자체 숙청을 감행한 연후에, 민간정부를 겨냥한 통치의 사회·경제적 기반을 확충하기 위한 법적·제도적 준비 작업에 착수하였던 것이다.

군사정부를 배경으로 하여 쿠데타 주도세력은 민정수립 과정에서 용이하게 권력을 장악할 수 있었다. '정치정화법'에 의해 경쟁적인 정치세력이 제거된 가운데 육사 8기생을 핵심으로 정치인·지식인·관료 등을 민주공화당에 흡수시켰고, '통화개혁'을 단행하여 반대적인 정치세력이 활용할 수 있는 자금원을 봉쇄한 가운데 시장기제의 조작을 통하여 조직 확대와 선거수행을 위한 재원을 확보하였던 것이다. 대중적 지지기반의 확대가 민주 공화당의 구성을 통해 조직적으로 추진되었다면, 새롭게 설립된 중앙정보부는 군·경의 물리적 통제능력을 최종적으로 조절하는 가장 중요한 제도적인 권력장치로 시민사회 안의 정치적 저항을 제어하였다.

기실 박정희 정권은 쿠데타를 배경으로 법제력의 장악을 통해 그 권력기반을 집권 초기에 공고화시켜 왔지만 비교적 낮은 정치적 권위를 지니고 있었다. 따라서 위로부터 창출된 경제개발의 가치는 국가의 강력한 개입과 역할에 의해서 지시적으로 구현될 수밖에 없었던 것이다.

박정희 정권은 교도자본주의를 추진함에 있어 아무런 불편함이 없었다.

집권 초기에 국가는 시민사회로부터 상당한 정도의 자율성을 지니고 있었기 때문이다. 대부분의 라틴 아메리카 국가들은 군은 독립전쟁을 거친 후 주로 영토분쟁과 관련된 국토방위를 최우선시하면서 국방문제와 관련된 대외적 안보문제만을 담당하게 되었던 반면에, 한국의 군은 창설 초기에는 국방의 문제가 아닌 국내의 여러 가지 정치적 문제에 대해 국가의 억압기구로서의 위상을 부여받으면서 출발했던 것이다.[13] 산업자본가나 민중부문 그 어느 것도 시민사회 안에 지배력을 확보하고 있을 정도로 계급구조는 분화되어 있지 않았다. 민중부문의 다수는 노동자라기보다 농민들이었으며, 이들은 모두 자발적으로 이익집단으로 조직화되기 이전에 국가로부터 강력한 계도와 통제를 받았다. 또한 원조경제 아래에서 정부의 특혜금융과 시장보호를 받으면서 독점적으로 성장한 산업자본가는 토착적인 기반을 갖지 못했다. 이들의 대부분은 오히려 군정에 의한 부정축재 환수 과정에서 국가에 합법적인 동맹세력으로 등장함으로써 이후 민중부문과는 상반되는 경제적 이해관계를 정치적으로 표명하게 되었던 것이다.[14]

5·16 군사쿠데타로 집권한 박정희 정권이 민정이양 후 당면해야 했던 정치적 상황은 박정희 정권에게 호의적이지 않았다. 여기서 정치적 상황이라 함은 정권이 당면한 문제들과 또한 정권에 대해 지지나 반대하는 집단, 세력 또는 계급을 포함하는 것이며, 그러한 정치적 상황을 다루는 데 군사정권 2년 반의 기간은 그다지 성공적이지 못했다. 부정부패를 일소하겠다던 군사정권의 공약은 4대 의혹사건으로 무색해졌으며, 최고회의 내부에서 치열한 권력싸움이 계속되자 국민의 실망과 비난도 컸다. 중앙정보부의 권력남용과

---

13 Bruce Cumings, The Origins do Korean War, Princeton University Press, 1981(김자동 옮김, 『한국전쟁의 기원』, 일월서각, 1983); 강문구, 『한국 민주주의의 구조와 진로』 (한울, 1994).

14 임현진, "종속적 발전에 따른 국가의 변모", 『한국사회의 재인식』 1 (한울, 1985).

비리도 군사정권에 대한 국민의 신망과 기대를 크게 떨어뜨리게 한 요인이었다.

이처럼 군사정권에 대한 인식이 매우 부정적이었기 때문에 선거라는 요식행위를 통해 재집권한 후, 박정희 정권이 당면한 최우선 과제는 국민적 지지를 확보하는 일이었다. 즉, 법적 차원이 아니라 실적에 의해서 그 정권의 정당성을 입증해야 한다는 절실한 정치적 필요성을 충족시켜야만 했다. 그런 점에서 1963년 10월 대통령선거 후 출범한 박정희가 이끈 정권은 그 이전의 이승만 정권이나 장면 정권과 비교해 볼 대 단일의 뚜렷한 목표를 가지고 출발했고, 그것을 달성하는 데 비교적 성공한 정권으로 평가받을 수 있다. 그 목표란 경제발전이었고 때로는 '조국근대화'라는 표현으로 나타나기도 했으나, 내용은 결국 부국강병이라는 명치 일본의 과두지배세력이 지향했던 것과 흡사하였다. 그리고 이 목표를 실현할 구체적인 수단방법이 산업화였다.[15] 경제기획원은 그 후 대통령 비서실과의 긴밀한 관련 하에 산업화과정을 추진해 가는 엔진으로 결정적인 역할을 담당하게 된다.[16]

적어도 1960년대 초의 박정희 정권은 대내적으로 높은 수준의 자율성(autonomy)을 갖게 되었고, 과거보다 확대된 국가적 능력을 확보하였다고 볼 수 있으나 적어도 대외적 측면에서 본다면 종속적 관계에서 오는 구조적 제약을 벗어나지 못하고 있었다.[17]

쿠데타 직후인 1961년 7월 최고회의는 종합경제재건계획이라는 제1차 5개년 경제개발계획을 수립한 바 있었으나 집행은 난관에 부닥쳤다. 박정희를 위시하여 5·16 군사쿠데타 주도세력은 이승만 정권이나 장면 정권 때까

15　한배호 (1993), 앞의 책.

16　김병국 (1992), 앞의 글.

17　임현진, "현대 한국의 국가자율성: 도구적 가능성과 구조적 한계", 『현대자본주의와 공동체이론』 (한길사, 1987).

지의 미국의 대한경제원조정책에 대한 막연하지만 매우 비판적인 견해를 가지고 있었으며, 한국경제의 대미의존도가 너무나 크기 때문에 한국정부가 아무 발언권도 갖지 못했다는 사실을 절감하고 있었다.[18] 박정희는 자립경제의 당위성을 주장하면서 소비재 중심의 미국의 경제원조가 한국의 기간산업, 중소기업 등 국내 생산공업을 답보상태에 머무르게 한 주요 요인이라고 비판하면서 자립경제를 건설하기 위해서는 기간산업의 발전이 시급하다는 것을 역설한 바 있었다. 그러나 5·16 군사쿠데타를 주도한 박정희나 주도세력이 경제에 대한 구체적인 비전을 가지고 있었던 것은 아니었으며, 다만 막연하게 미국원조에 의존한 한국경제를 자립경제로 전환시켜야겠다는 의지만이 확고했던 것으로 보인다.

박정희와 그의 군정에 대한 평가에서 경제개발정책은 매우 큰 비중을 차지하고 있으며, 흔히 정치적 억압이라는 부정적 측면과 대비하여 긍정적 이미지를 부각시키는 방편으로 활용되어 왔다. 더 구체적으로는, 박정희에 의해 경제개발계획이 처음으로 실시되어 한국경제에는 돌파구가 마련되었고, 경제개발의 성공으로 한국경제가 비약적으로 발전하여 오늘의 '풍요'가 마련되었을 뿐 아니라, 후발국들이 부러워하고 추종하고자 하는 '발전 모델'을 제시하였다는 것이다.[19]

박정희 정권이 들어서면서 짧은 시간 내에 경제개발계획안을 확정하고, 곧 실시에 들어갈 수 있었던 것은 이미 민주당 정부의 안이 마련되어 있었기 때문이다. 이리하여 1962년부터 한국에는 경제개발의 시대가 열리게 되었는데, 박정희 정권이 서둘러 경제개발계획을 실시하게 된 배경으로는 당

18　정윤형, "한국 경제개발계획의 체제적 성격", 한국기독교사회문제연구소 편, 『한국 사회 변동 연구』 1 (민중사, 1984).

19　김대환, "박정희 경제개발정책의 현재적 조명", 『역사비평』 여름 (1993).

시의 열악한 경제적 사정을 무시할 수 없다. 그러나 그러한 사정은 이전부터 존재하였고 이 때문에 민주당 정권도 '경제제일주의'를 내걸고 경제개발에 주력하고자 하였던 것이다. 따라서 더 직접적인 배경은, 당시 합헌정부를 무너뜨리고 집권한 군사정부가 그 정통성 결여를 보완할 거의 유일한 대안으로서 경제개발을 서두를 필요성이 절실하였다는 데서 찾아야할 것이다. 이것은 무엇보다도 박정희 시대를 통틀어 경제개발계획이 '지상명령'으로 강력히 추진된 데서 증명된다.[20]

최고회의는 1962년 6월 내자동원을 위한 한 가지 방안으로 통화개혁을 미국 측과 상의 없이 단독으로 강행했다. 이것은 군사정부 내에서 내포적 공업화 전략을 추진했던 세력이 미국으로부터 외자지원을 얻고자 했던 시도가 실패하게 되면서 찾아낸 마지막 돌파구였다고 할 수 있다. 그러나 통화개혁을 통해 산업자금을 확보하려던 이들의 시도는 미국이 강력한 반대와 국내 기업들의 반발을 이겨내지 못한 채 실패하고 말았다. 그리고 이것은 중화학 공업 건설을 통해 조속한 시일 내에 경제자립을 실현해 보겠다던 내포적 공업화 전략 추진세력의 발전방향이 결정적으로 좌절을 겪게 되었음을 의미하며, 이제는 야심적이고 기존의 경제구조에도 일대 변화를 가져오고 재정팽창을 수반할 개발방향이 아니라 그 대안으로서 재정안정을 우선시하면서 경공업 중심으로나마 수출산업의 육성을 통해 실업문제를 해결하고 서서히 경제성장을 달성해 가는 외연적 공업화만이 경제정책이 선택지로 잔존하게 되었음을 시사하는 것이다.[21]

제3공화국이 출범한 1964년 초까지 제1차 경제개발 5개년계획을 둘러싸고 전개된 박정희 정권과 미국 정부 사이의 갈등과 대립은 한국경제정책의

20　김대환, "박정희 정권의 경제개발: 신화와 현실", 『역사비평』, 겨울 (1993).

21　Stephan Haggard (1990), 앞의 책.

기본방향에 대한 갈등이기도 했다.

최고회의가 처음에 의도했던 내포적 공업화 전략이 실패로 돌아가게 된 원인으로는 다음과 같은 이유를 들 수 있다. ① 군사정부 내 권력기반의 취약성과 불안정성, ② 민간기업들의 반대, ③ 밑으로부터의 민족주의와의 결별, ④ 미국 정부의 거부권, 그리고 ⑤ 외자도입 다각화 기도의 한계 등이 그것이다.[22]

내포적 공업화 전략은 어느 면에서는 제2공화국 시절부터 분출하기 시작하여 주로 진보적 정치세력에 의해 표출된 밑으로부터의 민족주의적 요구와 공통된 주장을 지니는 것이었다. 즉, 내포적 공업화의 기본전제가 되는 냉전 이데올로기보다 국익을 우선시해야 한다는 자세, 종전의 미국의 대한원조정책을 비판하고 대미자주의 자세를 강조한 점, 그리고 국제분업체제 안의 비교우위보다 국민경제로서의 완결성을 촉구하려는 자세, 쿠데타 초기에 농어촌고리채 정리령이나 통화개혁에서 보인 쿠데타 주도세력의 일종의 민중주의적 성향 등은 군사정부가 지녔던 밑으로부터의 민족주의가 내포적 공업화 전략의 밑바닥에 깔려 있었음을 암시해 준다.[23]

그러나 반면에 군사정부는 반공을 국시로 삼고 진보세력에 대한 철저한 탄압도 주저하지 않았다. 이것은 밑으로부터의 민족주의와 완전히 상이한 입장을 나타내는 것이기도 했다. 오히려 군사정부는 그러한 모순 속에서 위로부터의 민족주의로서의 제약을 벗어날 수 없었으며, 밑으로부터의 민족주의를 충분히 동원하여 내포적 공업화를 추진할 수 있는 충분한 능력을 갖추지 못하고 있었던 것이다. 이러한 여러 가지 이유로 해서 내포적 공업화 전

---

22 기미야 다다시(大宮正史), 『한국의 내포적 공업화 전략의 좌절: 5·16 군사정권의 국가 자율성의 구조와 한계』, 고려대학교 박사학위 논문 (1991).

23 정윤형 (1985), 앞의 글.

략은 실패로 돌아가고 제1차 경제개발 5개년계획은 대폭적인 수정·보완 과
정을 겪게 된다.

외국차관이 궁극적으로 특정 국가에게 문제가 되기도 했지만 동시에 그
것은 국가의 역할을 크게 팽창시키는 데 결정적으로 작용하기도 했다. 외국
차관은 특정 국가를 종속적인 위치에만 놓이게 하는 것이 아니라 국가의 자
율성을 높이고 산업화 과정에서 주도적이고 통제력을 발휘하게 하는 효과도
아울러 지니고 있는 것이다. 외국차관은 토착 부르주아에 대한 국가의 권력
강화에 크게 도움을 줄 수 있다. 우선 국가가 국내의 사적 엘리트 자원에 의
존할 필요가 줄어든다. 특히 이 점은 국내 엘리트의 일부를 교체시킬 수도
있는 대규모적인 변질을 가져올 경제 프로젝트를 추진하려는 국가 엘리트에
게는 매우 중요한 의미를 지닌다. 그래서 외국차관은 국내 부르주아의 제약
을 받지 않으면서 국가의 장기 개발정책을 추구하려는 정권에게 필요한 자
원을 제공해 주는 효과뿐만 아니라 사기업체들이 자기들의 투자계획을 추진
해 가는데도 국가가 외국차관에 대한 통제력을 확보하고 있다는 것은 매우
안정되고 필요한 조건이 된다.

한국은 분단이라는 특수성 때문에 일찍부터 국가가 사회에 군림할 수도
있도록 하는 물질적 기반을 조성할 수 있었다. 즉, 민간부문을 국가에 종속
하도록 만들었던 해방 후나 단독정부 수립 후, 그리고 한국전쟁을 통해서 계
속된 미국의 대한국가경제원조가 그러한 작용을 했다고 할 수 있다. 따라서
민간부문이나 한국전쟁 이후 철저하게 배제된 민중부문은 물론, 자본가세력
으로부터의 큰 도전도 받지 않으면서 박정희 정권은 국가가 주도적 역할을
수행하는 교도자본주의의 제도적 틀을 쉽사리 만들 수가 있었던 것이다.

군부권위주의 정권의 대두는 일부가 주장하듯이 경제적 종속 때문이라는
경제결정론에 의해 설명되는 것이 아니며, 오히려 지연된 산업화와 식민통
치 속에서 미분화와 미발달 상태에 있었던 허약한 시민사회와 그것이 조성

한 일련의 구조·문화적 조건들 때문에 용이하게 집권할 수 있었던 군부에 의해 형성된 지배양식으로 설명될 수 있다. 그러므로 군부권위주의 지배는 정치적 상황의 산물이었다고 볼 수 있다.[24] 다시 말해서 한국의 경우에도 다른 후발국가들처럼 권위주의 정권의 대두를 용이하게 해주는 구조·문화적 조건이 존재하였고, 그것에 추가해서 한국이 겪은 특수한 역사·맥락적 조건 속에서 군부가 폭력으로 집권하게 되면서 심각할 정도로 취약해진 정당성의 회복을 위한 주요 수단으로 경제발전을 추진하게 된 것이며, 그 결과로 '교도자본주의'라고 부를 수 있는 국가와 재발이 긴밀한 파트너십을 형성한 자본주의 형태를 형성하게 된 것이다.[25]

토착적인 부르주아가 부재하는 상황에서는 서구 자본주의 사회에서 나타난 것처럼, 자본주의적 사회로의 전환기에 주도적인 역할을 하면서 이데올로기적인 헤게모니를 장악하고 시민사회를 형성해 가는 사회세력도 존재할 수 없다. 즉, 부르주아가 전체 사회에 대한 이데올로기적 통제력을 행사하지 못하기 때문에 시민사회를 구성할 다원적인 집단들이나 제도들에 대한 헤게모니도 행사하지 못한다. 오히려 이들 각종의 사적 제도들이나 조직체는 국가로부터 직접적인 통제를 받게 된다. 즉, 노동단체, 이익단체, 종교단체, 교육기관 등은 자율성을 갖지 못하고 국가의 통제와 규제를 받으면서 오로지 국가의 통제 속에서라도 생존에만 관심을 쏟을 뿐이다.

박정희 정권이 정치생명을 걸고 감행한 한·일국교 정상화를 둘러싼 일대

---

24 한국에서의 군부집권은 거의 전적으로 정치적 모순, 즉 부패한 이승만 정권 및 무능한 장면 정권과 고도로 동원된 신중간계급의 민주주의적 이상 사이의 모순이 빚은 경과로 간주될 수 있다. 이 경우 문제는 분명히 경제적이었다기보다는 정치적이었는데, 이는 당시 한국의 정치적 혼란이 특정 자본주의 발전단계의 직접적 소산이 아니었음을 의미한다. Lim (1985), 앞의 책; 김영명 (1985), 앞의 책.

25 한배호 (1993), 앞의 책.

정치적 대결이 박정희 정권의 강압적인 탄압으로 인하여 일방적인 처리로 끝나고, 이어서 미국 정부의 요청을 받아들여 베트남에 한국군을 파병하기로 결정을 보게 되면서 쿠데타로 집권할 때부터 일부 국민과 특히 야당세력의 저항과 반대에 부딪혀 그 장래가 불투명했던 박정희의 권위주의 지배는 점차 확고한 기반을 갖추어 나아가기 시작했다. 즉, 그의 군부권위주의 지배가 공고화(consolidation) 단계로 접어들게 되면서 국가·사회관계의 틀도 더 뚜렷하고 국가의 대시민사회적 우위성을 반영하는 형태로 자리 잡기 시작했다. 박정희 정권은 시장에 적극적으로 개입하여 자원을 추출하고 새로운 성장기업을 모색하는 등 실천주의적 행위주체의 역할을 수행했다. 박정희 정권은 국가로 시장을 대치하기보다 시장의 원리에 따라 인적·물적 자원을 동원하는 시장형성 정책을 추진했던 정권이었다. 말하자면 박정희 정권은 국가가 시장을 앞서가면서 기업들의 국제경쟁력을 확보하는 식의 시장형성 전략을 쓴 정권이었다. 그러나 이러한 국가의 개입주의는 시장구조의 틀을 확장시키고 시장 중심의 경제체제를 구축하는 데 기여한 바 있지만 또한 경제에서의 독점적 또는 독과점적 경향과 정치에서의 과두지배 경향이 결합되면서 시장의 순조로운 운영 자체를 저해하는 문제를 야기시켜 놓기도 했다.

강권과 힘에 의존한 것이긴 했지만, 한·일국교 정상화의 관철은 박정희 정권에게 상당한 자신감을 갖다 주었다고 할 수 있다. 그것은 또한 친여세력에게도 박정희 정권은 물론 쿠데타 자체의 정당성을 강화시키는 데 크게 기여한 것으로 인식되었다. 즉, 국교 정상화의 당위성을 주장해 온 친여세력의 입장에서 볼 때 과거 역대 정권 중 어느 것도 해결하지 못한 어려운 과제인 국교 정상화를 박정희 정권과 같은 군사정권이 아니고서는 해낼 수 없다는 것을 확인시켜 주는 것이기 때문이다.

6·3 사태나 한·일협정 체결 전에 야당과 학생의 반대운동을 다루는 과정에서 얻은 박정희 정권의 자신감은 그 후 야당이나 반대세력의 모든 반정부

운동에 대처해 나아가는 데서도 중요한 준거점으로 작용했다고 볼 수 있다. 한·일협정과 같이 한국국민의 감정을 크게 자극하여 정권의 와해를 자초할 수도 있을 정도로 심각한 쟁점을 놓고 격돌한 박정희 정권과 야당 및 반대세력과의 싸움에서 이긴 박정희 정권으로서는, 다른 어떤 쟁점을 둘러싼 여야 간의 대립에서도 이길 수 있다는 자신감을 가질 만한 것이었다고 할 수 있다. 그리고 6·3 사태를 통해 박정희 정권이 얻은 중요한 교훈은 야당을 다루는 데서도 힘으로 대처하는 것이 가장 효율적이라는 사실이었다. 또한 한·일국교 정상화를 둘러싼 대야투쟁의 경험으로부터 박정희 정권은 반대세력에 대한 권위주의적 대응을 정당화시키는 데 적절하고 좋은 하나의 선례를 만들어 놓은 것이다. 실제로 그 후 박정희 정권은 작은 정치적 사건에서 큰 것에 이르기까지 박정희 정권의 존속이나 정권 연장을 관철하려는 의도 때문에 부딪치는 야당과의 싸움에서 필요하면 위수령이나 계엄령을 발동시켜 무력과 강권에 의존하여 야당이나 광범위한 반대세력을 제압하는 능력을 여러 번 과시하게 되었다.[26] 한·일국교 정상화라는 결정이나 한국군의 베트남 파병 결정처럼 해방 후의 한국으로서는 처음 겪는 역사적이고 중대한 결정들을 한꺼번에 같이 다루면서도 박정희 정권은 야당과 반대세력의 저항을 무시한 채 두 가지 결정을 강행해 나갔다. 이 모든 과정에서 입법부보다 행정부와 군부는 물론 중앙정보부라는 평행적인 권위주의 지배의 보조적 구조의 역할이 두드러지게 나타났다. 그리고 정치권력이 대통령인 박정희에게는 물론 그의 청와대 비서실과 행정부 부처로 집중되기 시작했으며, 상대적으로 공화당의 위치는 저하되기에 이르렀다. 이러한 추세는 박정희 정권이 1967년부터 시작되는 제2차 경제개발 5개년계획(1967~1971)을 추진하면

26　김태일, "권위주의 체제 등장원인에 관한 사례연구", 최장집 편, 『한국 자본주의와 국가』 (한울, 1985).

서 더욱 확고한 형태로 나타나게 된다.

박정희 정권의 군부권위주의적 지배는 고도의 대시민사회적 우위성을 확보하고 사회세력으로부터 최대의 자율성을 누리면서 산업화 과정을 추진하였으나 그러한 과정에서 산업화는 더 성숙한 시민사회의 구비조건이라 할 수 있는 여러 가지 차원의 조건들을 배태시키는 과정을 아울러 밟았다고 할 수 있다.[27] 그것들은 후에 1970년대와 1980년대에 이르러서는 군부권위주의 지배에 대해 정면으로 대항하는 인권운동과 민주운동의 중추세력을 형성한 지식인집단과 노동세력에 의해 대표되는 방대한 시민사회적 계층을 형성하기에 이른다. 그러나 적어도 1960~1970년대를 통해서 박정희 정권의 교도자본주의적 산업화 전략은 사회에 대한 압도적인 우위성을 과시한 실천지향적인 국가가 기존의 사회구조에도 큰 변화를 가져왔을 뿐 아니라, 국가가 경제 및 정치적 자원에 대한 광범위한 통제력을 발휘하는 지배양식으로 변하면서 종전에 없었던 고도의 일방적이고 불균형한 국가·사회관계를 형성하게 되었다. 분명한 사실은 산업화가 완성된 후 그것 때문에 발생하는 위기에 대처하기 위한 방편으로 권위주의 정권이 형성된 것이 아니라 군부권위주의 정권에 의해 산업화가 처음으로 본격적으로 추진되기 시작한 것이다. 이 점이 한국이 남미의 군부권위주의나 1930년대 파시즘이 등장했던 유럽 산업중심부에서 떨어진 주변부 국가로서의 이탈리아, 에스파냐, 포르투갈의 권위주의 정권의 대두를 둘러싼 주위 사정들과 근본적으로 다른 점이라 할 수 있다.

대통령의 권한도 과거보다 강화되었으며 대통령이 행정부의 결정(특히 경제적 결정)에 깊이 개입하였고 직접 진두에 나서서 장기 경제개발정책의 집행을 추진하였다. 이전과 가장 대조적인 것은 중앙정보부라는 방대한 구조

---

27 박태순·김동춘, 『1960년대의 사회운동』(까치, 1991).

가 정부구조와 평행적인 위치를 차지하여 정부활동을 감시하고 조정하는 일을 맡게 되었으며, 광범위하게 대사회 사찰활동을 펴나갔다는 점이다. 그리고 반정부운동을 전개하는 야당이나 반대세력을 전형적인 전투형식으로 폭력과 무력으로 제압했다. 경제개발을 추진하기 위해서는 정치안정을 확보할 필요가 있다는 구호를 내세우면서 모든 반정부활동을 원천적으로 봉쇄하는 데 주력하기 시작했다. 군부권위주의 정권의 테두리가 한·일협정의 위기를 치른 후 뚜렷한 내용을 갖추게 된 것이다.

박정희 정권의 경제적으로 제1차 경제개발 5개년계획이 끝나는 1967년 현재로 국민생산률이 연평균 8.5%로 급성장하였고, 수출도 50%나 증대하였으며 제조업 부문의 생산도 연 14%의 성장률을 기록하였다. 이러한 고도성장을 가능케 한 것은 일본자본의 유입도 중요하지만 베트남전쟁에 참가한 한국군과 기업체들이 벌어들인 엄청난 외화액 때문이었다. 박정희는 이러한 경제적 업적을 토대로, 그리고 그것을 재집권의 명분으로 내세워 1967년 대통령선거에서 야당후보인 윤보선을 압도적으로 누르면서 제6대 대통령으로 당선될 수 있었다.

박정희 정권은 5·16 군사쿠데타로 권력을 잡은 직후에는 반공주의를 강조하였다고 볼 수 있다. 쿠데타의 정당성을 확보하기 위해서는 당위론적이고 추상적인 반공주의가 설득력이 있었기 때문이었다고 생각할 수 있다. 반공주의를 실현하는 방법으로 원조경제로부터 자립경제로의 이행을 들고 있고, 성장주의를 수단으로 간주한다. 이 시기 권위주의는 반공이념을 부각하고 기존 정권의 파행정치 극복을 통하여 정치안정을 추구하는 것이 내용의 중심을 이룬다. 그러나 성장에 대한 구체적인 청사진도 없고, 관료체제의 분권화도 주장하는 등 성장주의나 권위주의는 내용이 뚜렷하지 않고, 전반적으로 반공주의의 틀 속에 포함되고 있다고 볼 수 있다.

그러나 제3공화국이 성립된 이후에는 경제성장을 첫 번째 정책목표로 내세움에 따라 점차 성장주의가 주도적인 위치를 점하게 된다. 반공주의는 북한과의 경쟁이라는 측면에서 표방되지만 근본적으로 성장주의에 귀속되고 있다고 할 수 있다. 권위주의는 경제개발의 필요성이라는 차원에서 언급되어 성장주의의 수단적인 성격을 띠고 있다. 하지만 6·3 사태를 계기로 정권에 대한 비판이 가열되자, 군이 개입하고 언론과 학원에 대한 제재가 시도됨에 따라[28] 권위주의는 점차 강화된다.

제3공화국 후반기에 들어서는 수출과 공업화와 고도성장이 추구되면서 성장주의가 지속적으로 강조되고 있다고 할 수 있다. 그러나 3선개헌을 고비로 여당인 민주공화당이 약화되고, 장기집권이 가능해짐에 따라 상대적으로 권위주의가 강조된다. 권위주의의 강조는 외환위기와 부실기업 양산 등 당시의 경제문제와도 연관된다. 구조적 경제문제를 해결하는 과정에서 국가가 주도적인 역할을 수행하였고, 이것은 권력집중화를 정당화하는 결과를 초래하였다고 볼 수 있다. 이 시기 권위주의는 베트남전 참가, 그리고 북한에 의한 도발적인 사건이 증대함에 따라 반공주의와 동일시된다.

유신 이후 제4공화국 시기에는 '한국적 민주주의'의 실현을 주장하며 권위주의가 전면에 부각된다.[29] 물론 지속적인 고도성장을 위해 중화학공업 중심으로 산업구조를 개편하면서 성장주의는 여전히 중요한 지배 이데올로기

---

28 학원안정법과 언론윤리위원회법의 제정을 시도하려고 한 것을 말한다. 학원안정법은 입법되지 않았고, 언론윤리위언회법은 입법되었으나 시행령을 마련하지 않음으로써 실효되었다.

29 유신권위주의 체제는 시민사회를 대표하는 공식적 대의기구를 제거하고 그것을 기술관료적 지도력으로 대체했다. 유신 선포 직후에 박정희는 국가를 정치적·경제적·문화적으로 재구조화하고자 했다. 정치적 재구조화의 핵심은 인격화된 독재의 제도화였으며, 이데올로기적으로는 국가안보를 강조하고 권위주의적인 성장주의를 강조하는 것이었다. 그리고 경제적 재구조화는 야심적인 중화학공업화로 집약된다. Hyug-Baeg Im, "Politics of Transition: Democratic Transition from Authoritarian Rule in South Korea", Ph. Dissertation, Chicago University (1989).

로 활용되고 있다. 그러나 노동문제, 도시문제 등이 발생하고, 물가가 급등하는 등 급속한 경제성장의 부작용이 두드러짐에 따라 균형성장과 물가안정 등이 강조되어 성장주의는 이전 시기보다 약화되었다고 할 수 있다. 상대적으로 이전 시기에 비해 반공주의는 다시 부각되는 경향이 있다. 왜냐하면 유신에서 추구하는 한국적 민주주의의 정당성을 주장하기 위해서는 서구 민주주의가 한국사회에 부적합하며 남한은 북한과의 체제경쟁이라고 하는 특수한 맥락에 처해 있다는 것을 강조할 필요가 있었기 때문이다. 이와 동시에 베트남의 사회주의적 통일, 미·중의 화해, 그리고 자원민족주의화 등의 국제환경 변화도 반공주의를 강조하는 조건이 되었다고 할 수 있다. 그러나 장기집권에 따른 반발세력의 활동이 활발해짐에 따라 점차 권위주의가 궁극적인 사회안정의 목표로 되는 경향이 두드러진다. 따라서 반공주의는 권위주의의 정당성을 보장해 주는 근거로서, 그리고 성장주의는 권위주의의 정당화를 위한 명분으로서 작용하게 된다.

지배 이데올로기가 지배양식을 강화하는 이념체계라는 점을 감안한다면 지배 이데올로기가 변화하였다는 것은 그것이 속해 있는 지배양식이 변하였기 때문이라고 할 수 있다. 그런데 지배양식의 변화는 크게 두 가지 차원에서 비롯될 수 있다. 하나는 정치제도의 메커니즘이 변화하는 것이며, 다른 하나는 지배양식을 규정하는 경제구조의 변화이다. 이러한 맥락에서 두 번째 임기가 시작되는 1968년은 박정희 정권의 첫 번째 전환점이라고 할 수 있다.

3년에 걸친 군정과 1963년의 선거를 통하여 법적인 정통성을 확보하였지만, 1967년까지 박정희 정권의 정치적 기반은 취약하였다고 볼 수 있다. 1963년의 대통령선거에서도 고전을 하였고,[30] 사전 조작이라는 물의를 빚었

---

30 1963년의 제5대 대통령선거에서 박정희는 차점자인 윤보선에 비해서 단지 15만여 표를

음에도 불구하고 쿠데타 세력의 분열로 집권 민주공화당은 박정희나 쿠데타 주도세력이 비판하였던 기존의 정치인을 포용할 수밖에 없었고, 행정능력이 부족하였던 군인들은 군정기간 내내 무능함을 표출하여 기존의 관료들과 타협할 수밖에 없었다. 더구나 그들이 쿠데타의 명분으로 내세웠던 경제성장이 단기간에 가시화되기에는 기존의 경제적 토대는 대단히 빈약하였다. 따라서 쿠데타 주도세력, 기존의 정치인과 관료, 그리고 재벌들의 지배집단을 구성하고 권력을 공유하고 있는 상태였다고 할 수 있다. 더욱이 반공주의 이회에 뚜렷한 이념적 지향성도 없는 상황에서 서구의 민주주의 원칙에 충실한 헌법을 채택하였기 때문에 이 시기의 정치제도는 외면적으로는 권력분산에 따른 민주주의적 특징을 띠고 있었다고 볼 수 있다. 비록 3년간의 군정기간 동안 억압적인 통치가 이루어졌으며, 중앙정보부와 같은 물리적 통제기구가 출현하였으나 충분한 역할을 수행하지 못하고 있었다. 이러한 정치제도의 한 단면이 표출된 것이 6·3 사태라고 할 수 있다. 한·일협정이 조인되고 발효됨으로써 결과적으로 6·3 사태는 민중이 패배하였다고 할 수 있으나, 대다수 민중이 조직화되어 정치적 의사를 표현할 수 있었다는 사실이 이시기 정치제도의 특성을 극명하게 보여주는 것이라고 할 수 있다.

이와 같은 환경에서 권력을 정당화하고 일반 민중을 포섭하기 위한 이념체제로서 반공주의를 전면적으로 강조하는 것은 자연스러웠으며, 동시에 대단히 효율적이었다고 할 수 있다. 한국전쟁 이래 이승만 정권에서 증폭시킨 레드 콤플렉스를 적절히 활용하고, 지배양식을 정당화시키는 과정에서 반공주의는 대단한 설득력이 있었다. 반면에 성장주의를 주장하기에는 실질적 경제성장이 미미하였으며, 4·19의 계승을 명분으로 삼은 지배집단으로서는 권위주의를 표방하는 데 논리적 모순이 있는데다가 당시의 권력분산 정

더 얻었을 뿐이다.

도를 고려한다면 권위주의를 강조하는 것 자체가 저항을 초래할 위험이 있었다고 볼 수 있다. 그러나 1967년 대통령선거는 새로운 정치환경이 조성될 수 있는 하나의 계기가 되었다. 야당의 실질적 단일후보인 윤보선과의 표차가 100만 표 이상이 남으로써 박정희의 개인적 영향력을 극대화했을 뿐 아니라 국회의원선거에서 집권 민주공화당은 개헌선인 국회의원 정원 3분의 2를 14명이나 초과하는 정치적 승리를 거두었다. 이러한 정치적 승리는 근본적으로 경제성장에 힘입었다고 할 수 있다. 1960년에 80달러에 불과했던 개인소득이 1966년에는 125달러가 되었고, GNP성장률도 7%에 달해 고도성장에 진입하게 된다.

구조적인 문제점을 내포하고 있다고 하더라도 급속한 경제성장은 박정희 정권의 정치적 정당성을 공고히 하는 데 일조하였을 뿐만 아니라, 전반적인 정치제도 자체를 변화시켰다고 할 수 있다. 정치적 부작용을 감수하면서까지 추진한 한·일협정이 대변하듯이 당시의 경제성장은 대외지향적이었다. 특히 중요한 것은 외국자본의 유입이었다. 국내자본이 취약하였기 때문에 해외자본의 영입이 불가피하였는데, 이 과정에서 국가의 주도적 역할이 강화되었다. 군정기에는 쿠데타 주도세력의 처벌위협에도 불구하고 박정희와 타협할 수 있었던 재벌들도 외자의 분배권을 갖고 있는 국가의 권위에 종속될 수밖에 없었다고 할 수 있다.[31] 뿐만 아니라 중앙정보부와 같은 대통령이

---

31 정통적인 내수기반의 재벌들 중에서는 몰락하는 기업집단이 생겨나기도 하고, 수출공업화에 편승한 새로운 재벌들이 탄생하기도 하였다. 이러한 급격한 경제환경의 변화과정에서 기존의 재벌이나 새로운 재벌들이 상대적으로 국가에 피종속적인 태도를 견지할 수밖에 없었다고 할 수 있다. 이승만 정권시절에는 적산재산이나 원조물자의 배분을 기회로 대자본가 집단이 생겨날 수 있었다. 이 경우에는 국가가 자본을 직접 제공하였기 때문에 관료자본이라고 할 수 있다. 그러나 이 시기에는 차관의 배분이라는 점에서 이전 시기와는 구별해야 할 것이다.

직접 관할하는 통제기구의 기능이 점차 확대된 반면,[32] 여당이나 야당은 내부분열로 정치적 역량이 감소하였다.[33] 더구나 3선개헌이 청와대나 중앙정보부로 진행되어 지배집단 내에서도 권력의 균형이 급속히 변화하였다고 할 수 있다. 민중부문의 사회운동도 전시기보다 활발하지 못하였다. '민족주의비교연구회'와 같은 지식인집단의 저항운동이 있었으나 6·3 사태와 비교해 볼 때 상대적으로 조직이나 활동이 모두 미비하였다.

경제적으로는 외형적인 차원에서는 고도성장과 대외지향적인 경제구조가 정립되었고, 내부적으로는 국가의 역할 증대가 중요한 변화양상이라고 볼 수 있다. 총재정규모는 연평균 29.4%씩 증가하였고, 공단이나 수출자유지역 등을 포함한 사회간접시설을 국가가 직접 건설하거나 제공하였다. 1968년을 고비로 경작지가 감소하는 등 농업부문의 중요성이 감소되어 공업국가의 면모를 띠기 시작하였다. 전후 베이비붐 세대 시대의 산물로 노동력이 풍부하여 실질임금은 상승되었다고 하나, 임금상승률은 노동생산성의 상승비율에 미치지 못하였다. 따라서 노동자의 사회·경제적 지위가 상승되었다고 보기는 어렵다.

전반적으로 1968년부터는 박정희에로의 권력집중이 현상적으로 진행되었으나 제도상의 변화가 뚜렷하지는 않았다고 볼 수 있다. 3선개헌이 갖는 정치적 함의는 중요하지만 그 자체가 제도상의 변화라고 보기는 어렵다. 근본적인 변화는 없었으나 정치·경제적 조건은 지배양식의 변화를 요구하고

---

32 예를 들어 대통령 비서실의 경우 1968년에 1명이었던 장관급의 숫자가 이듬해에는 9명이 되었고, 예산은 2배로, 대통령 공관 운영비는 20배로 증액된다. 또한 민주공화당의 정치자금도 비서실을 통해 지급되기 시작한다.

33 민주공화당에서는 김종필과 소위 4인체제의 갈등이 격화되었고, 야당은 한·일협정 비준에 따른 분열, 제6대 대통령후보 선출과정에서의 갈등, 그리고 두 차례에 걸친 '진산파동'으로 정치적 견제세력으로 힘을 결집하지 못하였다.

있었으며, 따라서 이 시기는 외형적 민주주의 체제에서 권위주의 체제로의 전환기라고 할 수 있다. 그리고 이러한 조건변화를 선도한 것은 경제성장이었다. 경제성장을 추구하는 과정에서 국가의 역할이 증대되었고 효율적인 자원분배를 명목으로 권력의 집중화가 진행되었으며, 민주주의적 원칙이 유보되는 것도 성장주의를 강조함으로써 국민들을 설득시킬 수 있었다. 이와 같은 이유에서 지배 이데올로기에서 성장주의가 핵심적인 역할을 수행하게 되었다고 볼 수 있다.

1972년의 유신체제는 이전 시기와는 분명히 질적인 차이를 갖는 새로운 지배양식이라고 볼 수 있다. 대통령이 대의기관이라고 할 수 있는 국회의 의원 1/3을 지명할 수 있을 뿐만 아니라, 실질적인 대통령선거도 철폐되었고, 사법권에 대한 권한도 대폭 강화되어 제도적으로 권력집중이 정당화되었다. 이러한 제도변화가 가능했던 것은 몇 가지 차원에서 설명이 가능하다. 첫째, 민주공화당의 주요 정치세력이 몰락했기 때문이다. 3선개헌으로 김종필계가 정치적 타격을 입었지만, 이를 주도한 소위 4인체제도 1971년 항명파동으로 정치적 영향력을 상실하였다. 상대적으로 청와대의 비서실, 경호실 및 중앙정보부의 기능은 점차 확대되었다. 둘째, 1960년대 말부터 차관기업의 부실화로 도산기업이 속출하였으며, 베트남 특수의 상실, 유류파동으로 인한 세계경제구조의 불안정은 만성적인 인플레이션과 같은 경제위기를 심화시켰다. 이는 경제적인 차원에서 국가가 주도하는 구조개혁이 필요하게 되었음을 의미한다.[34] 셋째, 저임금 및 농업분야의 희생을 바탕으로 한 불균형성장의 결과로 민중부문의 저항이 격화되었다는 점이다. 1970년의 전태

---

34 중공업 중심으로의 산업재편, 8·3조처 등을 생각할 수 있다. 이러한 구조조정 이외에도 여전히 국가가 국민경제에서 차지하는 비중은 컸다. 1970년대에 공공부분이 GNP에서 차지하는 비율은 연평균 38.6%나 된다. 장달중, "경제성장과 정치변화", 『한국사회의 변화와 문제』(법문사, 1986).

일 분신사건 및 광주 대단지 사건과 같은 상징적인 저항운동 이외에도 1960년대 말부터 노동현장에서의 쟁의도 활발해졌다고 할 수 있다. 변화하는 정치·경제적 조건은 유신을 초래하였고, 유신체제는 권위주의 체제라고 할 수 있다. 권력이 개인에게 집중되고 박정희 정권의 정치적 기반은 정보기관과 군부와 같은 물리적 통제기구가 되었다. 집권 민주공화당이나 대통령의 지명으로 구성된 유신정우회는 부차적인 권력기관이 되었다. 재벌과 같은 독점자본은 강력한 국가의 권위에 비해 상대적으로 열등한 정치·사회적 지위를 점할 수밖에 없었다.

더욱이 자본가계급은 격화하는 노동운동을 탄압하기 위해서는 국가의 물리력이 절실하였고, 재벌의 흥망에 국가의 영향력은 여전히 지대하였기 때문에,[35] 유신치제를 지지하는 입장에 서 있었다. 물리적 억압기구의 역할이 중요해짐에 따라 이를 정당화하고 통제를 원활히 하기 위해서 지배 이데올로기도 변질되지 않을 수 없었다. 즉, 지배양식이 권위주의 체제적인 특성을 띰에 따라 박정희의 지배이념에서도 권위주의적인 요소가 강조되었고, 특히 이 중에서도 시민사회에 대한 국가의 우위나 개인의 권리유보가 중시되었다. 이러한 경향은 민청학련사건을 비롯하여 종교계를 포함한 재야의 반체제운동이 격화됨에 따라 점차 심화되어 박정희가 죽는 1979년까지 지속된다고 할 수 있다.

지금까지 논의한 박정희 체제의 지배 이데올로기 변화양상을 정리해 보면 그림 2와 같다.

박정희 시대의 그림자는 현재에도 짙게 드리워져 있다. 특히 그 시대에 나부끼던 깃발에 선명히 새겨져 있던 반공·성장·'한국적 민주주의' 등의 구호

35　1960년대의 대표적인 기업인 동명목재의 도산이나 연합철강의 몰락이 하나의 예가 될 수 있다.

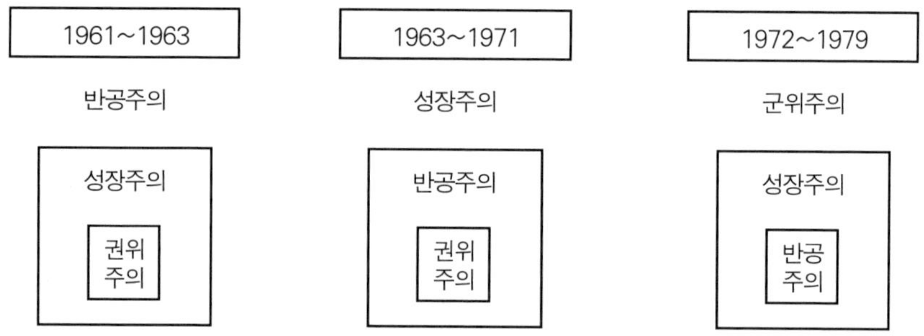

그림 2 박정희 체제의 지배 이데올로기 변화양상

는 문민정부시대에 들어서도 여전히 맹위를 떨쳤다. 박정희 시대에 대한 그리움은 단순히 그 시대의 기득권층에게만 애틋한 것이 아니라 "우리도 한번 잘 살아보자"는 구호 아래 숨 가쁘게 그 시대를 달려온 대부분의 기성세대에게 야릇한 향수로 남아 있는 듯싶다. 박정희 시대에 대한 사회과학적인 연구와 평가가 부진한 만큼 박정희 시대의 신화는 더욱 횡행하고 있다. 죽은 박정희가 산 김영삼을 쫓는 듯한 형국이 때로는 언론의 수면위로 드러나기도 했다.

한 사회에서 이데올로기의 형성은 역사적이며 동시에 사회적·물질적 조건에 의해 크게 규정받는다. 그것이 역사적인 까닭은 모든 이데올로기는 생성, 표출양태, 사회적 기능들과 영향력의 정도에서 역사적인 형태, 즉 특정 이념의 담지자로서 사회적 집단과 세력의 형성을 전제로 하기 때문이다. 또 그것이 물질적인 까닭은 특정이념의 기능, 작용, 재생산이 물질적 기반과 구체적인 기제(apparatus)를 통하여 기능하기 때문이다. 그러므로 한국사회 이데올로기의 형성과 특성은 근대국가의 형성과 자본주의 산업화라는 두 역사적 과정과 이들의 상호작용과 직접적인 관계를 가진다.[36]

---

36   최장집 (1989), 앞의 글.

　지배 이데올로기의 형성과 재생산, 그리고 계급정책으로서의 이데올로기 정책의 구사를 통한 그것의 관철은 지배계급의 구성과 그 변화, 국가와 지배계급간의 관계 변화, 나아가 지배·피지배의 계급관계 전체를 반영하는 것이다. 계급지배는 사회의 토대를 이루는 경제적 사회구성의 내용에 상응하여 형성되는 계급관계의 유지와 안정적 재생산을 도모하려는 지배계급의 경제적·정치적·사회문화적 및 이데올로기적 계급지배 정책의 내용과 형식의 총체로 인식된다. 지배계급의 이러한 계급정책은 우선적으로는 국가의 행위를 통해 가장 구체적·명시적으로 드러나는 것이지만, 국민국가의 형식을 취하고 있는 자본주의 국가라는 것이 단순히 지배계급의 수중에 장악된 도구에 불과한 것이 아닌 이상, 이 지배 메커니즘은 단순한 국가의 행위로만 환원될 수 없는 복합적이고 다차원적인 것이다. 이러한 복합성은 무엇보다도 계급지배의 구조와 국가와의 복합적 관계 그 자체의 반영이다.

　국민국가의 외양을 취하고 있는 자본주의 국가는 다양한 종류의 계급정책들을 통해 국가가 특정한 계급이나 계급분파 혹은 역사적으로 형성된 지배블록의 독점적 이해관계를 배타적으로 옹호하는 것이 아니라 보편계급적 성격을 가지는 중립적 실체로 인식되게 하는 데 일차적인 관심을 가진다. 마르크스와 엥겔스의 주장에 의하면 "그 이전의 지배계급을 대체하는 새로운 지배계급은 각각 단순히 자신의 목적을 수행하기 위하여 자신의 이해를 사회의 모든 성원의 공통적 이해로, 즉 이상적 형태로 표현된 것으로 재현하지 않을 수 없다. 즉, 그것은 자신의 사상에 보편성의 형태를 부여해야 하며, 그것을 유일하게 합리적이고 보편적인 가치를 지니고 있는 것으로 재현해야 한다."[37] 새로이 출현하는 혁명적 계급의 이해는 실제로 다른 모든 비지배계급의 공통적 이해와 관련될 가능성이 있다고 언급한다. 하나의 사회계급이

37　K. Marx and F. Engels, 김대웅 옮김, 『독일 이데올로기』 (두레, 1989).

아직 생성중일 때는, 그것은 자신의 파당적 이해를 공고히 할 지지를 확보하는 데 쏟는다. 그들이 일단 권력을 확보하면, 자신의 이기적 이해가 조금 더 분명해지는 경향이 있으며, 그 이전의 지지자들의 눈으로 볼 때, 보편적 입장으로부터 특수한 입장으로 전환하게끔 유도된다. 계급의식은 한 계급이 아직 혁명적 단계에 있을 때는 이데올로기적이지 않지만, 후에 자신의 이해와 전체 사회의 이해와의 모순을 감출 필요가 있을 때 그렇게 된다.

이상에서 살펴보았듯이 박정희 정권 하에서의 지배 이데올로기는 반공 이데올로기를 정점으로 성장 이데올로기와 권위주의 이데올로기가 접합되어 그 기능을 발휘하였다고 볼 수 있다. 특히 이 시기 반공 이데올로기는 여타의 지배 이데올로기가 취약해지는 상황에서 초래될 지배체제에 대한 위기국면을 대사회통제력의 물리적 정당화를 통해 파국적으로 종결되지 않도록 하는 최후의 안전판으로 작용했다.[38]

그러나 이러한 이데올로기적 경직성은 토대의 발전과정에 조응하는 계급분화와 그에 따른 사회갈등구조를 정당화하는 부르주아 민주주의로서의 지배 이데올로기 확립에 실패함으로써 권위주의적 자본주의 체제의 강화과정을 통해 단지 단말마적으로만 존속할 수 있었다. 그 결과 안정적 동의기반을 제대로 창출해내지 못한 지배계급은 그 지배 이데올로기의 취약함으로 인하여 권위주의적 자본주의 체제를 부분적으로 개방하지 않을 수 없었다. 박정희 정권이 끝내 제도화되지 못한 권위주의 정권에 머물고 만 것은 이데올로기적인 지향을 가질 수 없었기 때문이다. 권위주의 체제는 항상적인 '위기'의 소용돌이에 휘말려 있는데, 이는 가시적인 경제적·사회적·정치적 위기라는 측면에서가 아니라 민주적 방식으로 자본축적을 순탄히 이루어갈 수 없는 '재생산의 위기'로 이해되어야 한다. 주체의 산 경험과 혼합되는 데 전

38　김혜진, "박정희 정권기 반공 이데올로기의 정치경제적 기능", 『역사비평』 봄(1992).

적으로 실패한 지배 이데올로기는 지극히 취약한 것이다. 따라서 우리가 적어도 이데올로기적 담론이라고 부르는 것 중의 어떤 것은, 어떤 차원에서는 사실이지만 그 힘은 기만적이거나 혹은 표면적 의미에서는 사실이지만 그 밑에 깔린 가정에 있어서 틀린 것으로 보인다. 사실 대다수의 사람들은 자신의 권리와 이해에 대해 상당히 날카로운 눈을 가지고 있으며, 또한 심각하게 부당한 삶의 형태에 소속되어 있다는 생각으로 인해 불안감을 느낀다. 따라서 그들은 이러한 불의가 개혁중이거나 더 큰 혜택에 의해 보상되거나, 그것이 불가피하거나 혹은 그것이 전혀 불의가 아니라고 믿을 수밖에 없다. 이러한 믿음을 각인하는 것이 지배 이데올로기의 기능의 일부이다. 지배 이데올로기가 이것을 수행할 수 있는 방편은 사회현실을 호도하고, 달갑지 않은 측면을 억압하고 제외하거나 혹은 그러한 측면이 불가피함을 암시하는 데 있다. 만일 사람들이 그들을 억압하는 정치체제에 대항하여 적극적으로 투쟁하지 않는다고 하더라도, 그것은 그들이 단지 온순하게 지배적 가치를 흡수했기 때문만은 아닐 것이다. 아마도 그들은 하루의 일에 너무 힘을 탕진해서 정치적 활동에 관여할 여력이 없거나, 또는 그러한 활동의 의의를 인식하기에는 너무 숙명론적이거나 무관심해서 그럴지도 모른다. 그들은 정체(政體)에 반대함으로써 빚어질 결과를 두려워하거나 혹은 그것을 숙고하기에는 그들의 일과 은행빚과 소득세 신고 등을 걱정하느라 너무 낳은 시간을 보내는지도 모른다. 지배계급은 이러한 사회통제의 '부정적인' 수단을 많이 보유하고 있는데, 이것은 사회의 주체들에게 그들이 지배종족에 속한다고 설득하든가, 국가의 운명과 일체감을 갖도록 권고하는 것보다 훨씬 더 산문적이며 물질적이다.[39]

　박정희 체제의 지배 이데올로기는 그 시대의 물질적·정신적 재생산구조

39　Eagleton (1991), 앞의 책.

에서 단지 부분적인 역할밖에 수행하지 못하였으며, 더 많은 부분은 결코 정
당화될 수 없었던 폭력에 의해 담보될 수밖에 없었다. 박정희의 비극적 말로
(암살)야말로 박정희 지배체제의 본질과 일단을 드러내 보여준 것이다.

제2장

종속적 발전에 따른 국가의 변모

1. 해방과 종속

해방 이후의 역사를 되돌아보면 현대 한국은 '전통'의 한계를 능동적으로 극복하기에 앞서, '근대화'로의 도전에 수동적으로 직면함으로써 체제내외의 문제에 연속적으로 시달려온 것으로 생각된다. 국제정치·경제체제 안에서 자생적 기반이 취약한 가운데 자본주의적 발전을 추진해 오는 과정에서, 한국은 바깥으로는 대외의존의 심화와 안으로는 국가와 시민사회의 단절을 줄곧 경험해오고 있는 것이다.

이의 이면에는 최소한 몇 가지의 중요한 원인이 개재되어 있다. 이른바 세계적 대변혁기의 시기에 있어 조선왕조체제는 생산관계의 모순을 극복할 수 있는 내생적 변동의 힘을 자본주의적 발전의 테두리 안에서 키우지 못했던 것이다. 근대 국가의 형성을 위한 애초의 기회는, 오히려 외세의 제국주의적 침투와 압력 아래에서 민족주체의 역량부족으로 인해 일본에 의한 식민지 지배로 귀결되었던 것이다.

해방은 그 성격이 타율적인 만큼 미국과 소련의 개입에 의한 남북분단을 수반함으로써 국민국가 건설을 위한 하부구조적 기반을 붕괴시켜버렸던 것이다. 이러한 형편 아래에서 현대 한국의 종속적인 발전에 연관된 세계체제의 힘과 교환의 역학과 사회구성의 탈절과 배제의 논리는 복합적으로 시민사회의 성숙을 지체시켜온 것이다.

한국전쟁 종료 이후 지금에 이르기까지 한국이 통일, 풍요, 민주로운 사회를 위한 부단한 시도를 하였지만, 그 성과가 외화내빈의 성격을 탈피하지 못해 온 기본적 연유도, 사실은 그러한 대외의존의 심화와 국가와 시민사회의 단절에 따른 발전의 파행성에 있다고 볼 수 있다. 국민경제는 외국으로부터의 자본, 상품, 기술, 원료의 지속적인 투입에 의해 유지되어 왔으며, 민족부르조아나 민중부문의 취약은 성장과 분배의 과정에서 국가의 독주를 야기해 왔던 것이다. 자유와 평등의 이상은, 민주주의의 제도적 틀 안에서 시민사회 안의 공동이해에 기반한 자율적인 동력을 바탕으로 내실화되지 못하였던 것이다. 특히 1960년대 초반이후 국가의 강력한 주도아래 이루어진 대외지향적 개발정책의 수행과정에서 나타난 경제우선주의는 지배의 효율성과 정당성 사이의 간극을 초래함으로써 정치와 경제면의 발전을 균등하게 이끌어주지 못해왔던 것이다.

이 장에서는 현대 한국의 정치경제적 변화를 종합적으로 조명하는데 있다. 다루어질 시기는 고도성장이 이우러진 60년대 초반부터 80년대 초반까지의 약 20여 년이 될 것이나, 제3공화국에서 제4공화국에 이르기까지의 기간에 초점이 놓일 것이다. 여기서 논의 방식은 한 개의 화살을 가지고 두 개의 과녁을 목표로 하여 이루어진다. 화살은 후가-후발 발전의 논리이고, 과녁은 하나의 종속적 자본축적의 과정이며, 다른 하나는 현대적 권위주의의 등장이다. 후기-후발형 종속적 자본주의적 발전의 맥락에 위치될 수 있는 한국의 경험은 경제와 정치면의 상호연관된 변화를 동시에 살필 수 있는 좋은 연구의 소재이다.

2. 후기-후발 발전의 논리

현대 한국의 정치경제적 변화는 종속적 자본부의를 모태로 한 후기-후발형 발전의 테두리 안에서 이루어져 왔다는데 본질적인 특성이 있다. 선진 자본주의 국가들의 고전적인 경험과 비교해볼 때, 한국의 경우는 시기적으로 제2차 세계대전 이후에 뒤늦게 전개된 자본주의적 발전의 한 유형으로서 외국의 자본, 상품, 기술, 원료에 크게 의존하는 종속적인 면모를 지니고 있는 것이다.

제3세계의 다양한 지평에서 보면 후기-후발형 발전이라고 해서 모두 종속적 자본주의의 성격을 지니고 있다고 단정할 수 있는 없지만, 종속적 자본주의가 가장 현저하게 작용하고 있는 경우가 바로 후기-후발형 발전이라고 추론할 수 있다. 바꾸어 말하자면, 오늘날의 아시아, 아프리카, 그리고 라틴 아메리카의 상당수 나라들의 경험에 비추어볼 때 종속적 자본주의는 후기-후발형 발전의 필수적인 요건이 되고 있는 것이다.

식민주의와 신식민주의의 기시기를 통틀어 세계체제의 변방에서 전개되어 오고 있는 종속적 자본주의는 그 동력이 중심부의 정치경제적 팽창·수축에 의해 조건 지워진다는데 무엇보다도 주요한 특징이 있다.[1] 변방의 자본주의적 발정은 Amin의 지적대로 자심적(autocentric)이라기보다는 외향적

1　Dos Santos는 이것을 종속의 외부관계와 내구조의 면에서 복합적으로 보고 있다. T. Dos Santos, "Structure of Dependence", *The American Economic Review* 60 (1970), pp.231-236 참조.

(extravert)으로 이루어진다.[2] 국민경제는 세계경제 안에서 자본, 상품, 기술, 원료의 교환에 입각한 대외의존에 의하여 기능하게 된다. 따라서 세계시장의 경기변동과 국제자본의 이해관계가 불가피하게 국민경제의 발달을 제약하게 되는 것이다.

원래 변방에 위치하는 국가군은, 세계체제의 중심부적 운영을 위한 실리와 명분에 의해 만들어진 산물에 가깝다.[3] 이들은 자본주의의 국제화 과정에서 식민지의 처지로 전락하였으며, 이후 탈식민화의 추세 아래에서 정치적 독립은 획득하였을망정 경제적 침투를 여전히 겪는 곳이다. 이곳에서의 자본주의의 확대는 국제분업의 결과로서 외생적으로 이루어지기 때문에 사회구성상 한 가지 생산양식에 의한 통일화 현상이 나타나지 않는다. 전자본주의적 생산양식으로서 노예적·봉건적·공물적·소상품적인 것들이 파괴되지 않은 채 잔존하면서 세계적인 차원에서 지배적인 생산양식이라고 할 수 있는 자본주의적인 것에 예속되어지는 것이다.[4]

일반적으로 종속적 자본주의는 그 움직임이 정체적이고, 역동적이지 못하다. 국민경제의 대외의존성으로 인하여 사회경제적 기반은 매우 취약하다. 자급자족부문, 수출지향 1차 부문, 내수공업부문, 해외공업부문은 불균등하고 비정상적으로 성장하기 때문에 서로 간에 내적인 연과성이 결여되어 있다. 그런데 자본주의 세계경제 안의 지배-종속관계는 평등한 비교우위가 아니라 불평등한 국제특화에 입각하고 있기 때문에 잉여의 수치 및 충용이 내

---

2   S. Amin, "The theoretical Model of Capitalist Accumulation", *Review of African Political Economy* 1 (1974), pp.23-63.

3   R.D. Duvall & J.R. Freeman, "The state and dependent capitalism", W.L. Hollist and J. N. Roseneau (eds), *World System Structure: Continuity and Change* (Sage, 1981), p.123.

4   S. Amin, Accumulation on a World Scale (New York: Monthly Review Press, 1974), p.139.

부적으로 뿐만 아니라 외부적으로 일어난다. 중심과는 다른, 생산성과 임금 수준의 차이는 생산부문 사이의 격차를 바탕으로 잉여가치의 이전을 변방에서 가져오게 하는 것이다.[5]

　이러한 면에 비추어 볼 때, 제3세계의 일부 후기-후발형 나라들에서 1960년대 중반 이후부터 '저개발의 심화'가 아닌 '종속적 발전'이 나타나고 있음은 매우 흥미롭다.[6] 한국, 대만, 브라질, 멕시코, 아르헨티나 같은 신흥공업국가들의 경우 비록 '발전없는 성장'[7]이긴 하지만 괄목할 만한 자본축적이 생산구조의 분화와 더불어 나타났던 것이다. 사실상, 1960년대와 1970년대에 걸쳐 이 다섯 나라의 1인당 GNP 평균성장률은 중소득 수준의 개발도상국이나 선진국의 그것을 훨씬 상회하였다. 경제서장은 2차 부문의 팽창에 의해 주도되었음은 주지의 사실이다. 예컨대, 신흥공업국가들은 1963년에서 1977년 사이에 세계 공업생산에서 차지하는 비중을 5.4%에서 9.3%로 신장시켰으며, 수출에서의 공산품의 몫을 2.6%에서 7.1%로 증가시켰던 것이다.[8] 이러한 후기-후발형 국가들은 수출발판전략(export platform strategy)

5　Amin은 자본주의 세계경제 안에서의 중심과 주변사이의 부등가교환은 노동에 대한 보수의 차이가 생산성의 차이보다 더 클 때 나타난다고 본다. 즉, 임금의 차이와 생산성의 차이가 세계적 불균등 발전의 원인과 결과로서 불평등한 국제특화를 가져오는 것이다. S. Amin, *Unequal Development*(New York: Monthly Review Press, 1976), p.151. 여기에 관해서는 이각범, "신국제분업 명제에 관한 이론적 고찰", 『한국사회학』 17집 (1983), pp.82-83 참조.

6　이에 한걸음 더 나아가, Warren은 전후의 제국주의 아래에서의 산업화가 '자립적 발전'의 가능성을 제시하고 있다는 주장을 했다. 그의 논지는 국가가 다국적기업을 통제한다면 외국자본에 의한 발전이 토착자본의 발전을 보완하게 된다는 것이다. B. Warren, "Imperialism and Capitalist Industrialization", New Left Review 81 (1973), pp.3-46 참조.

7　이것은 국민경제의 자립이 분배의 평준화와 지배의 민주화와 더불어 나타나지 않음을 의미한다.

8　The World Bank, *World Development Report* (Washington, 1970), p.8 및 OECD, *The*

을 기반으로 하여 중심의 제국주의를 극복하고 주변부에 대해서는 아제국주의(sub-imperialism)를 강화시키려는 시도를 하면서 국제계층구조 안에서 반주변부의 위치를 확보해온 것이다.

이러한 반주변부의 종속적 자본주의에서 발견할 수 있는 역동성은 자본주의 세계경제의 구조변화에 따른 국가의 대응성에 그 요체가 있다. 원래 주변부의 국가는 Frank의 말처럼 해외자본의 이해관계를 반영하는 매판자본가의 득세로 인하여 매우 허약하다.[9] 토착 자본가는 자본, 기술, 경영상의 열세로 인하여 해외자본과 대등하게 경쟁할 수 없기 때문에 그들과 제휴하는 방식을 택하게 된다. 해외부문과 연관된 지주, 상인, 기업가들은 결국 과두적 결속아래에서 국가의 구조를 잠심하고 기능을 제약하게 되는 것이다. 그러나 제2차 세계대전 이후의 동서체제의 갈등과 자본주의 중심부의 다원화는 주변부의 국가들에게 정치적, 경제적 교섭능력을 증진시킬 수 있는 외부여건을 조성해주었다. 주변부가 공산진영에 대해 지니는 안보적 위치는 종속에 대항할 수 있는 협상력을 주어 왔으며, 국제자본의 독점성은 자본주의 중심부 사이의 경쟁으로 인해 이완되어 왔던 것이다. 다국적 기업이 투자환경의 차이에 따른 수익성의 고려에 의거하여서만 참여하기에는 주변부의 상황이 많이 바뀌어진 것이다. 물론 여기에는 국내적으로 분배적 악화에 따른 계급반목을 은폐시키기 위하여 국가가 표명했던 의도적인 민족주의적 자본축적의 논리에 의해 다국적 기업의 진출이 제한되었다는 사실도 개재되어 있다. 국가는 다국적기업을 경제적으로 필요로 했지만 정치적으로는 그렇지

Impact of the Newly Industrializing Countries on Production and Trade in Manufactures (1980), pp.180-190.

9 A. G. Frank, *Lumpenbourgeoisie: Lumpendevelopment* (Monthly Review Press, 1972), p.13.

않았다.[10]

　라틴 아메리카 나라들의 경험을 다소 일반화시켜보면, 국가는 다국적 기업과의 일방적 연합과 토착자본가와의 점진적 제휴를 통해 경제성장과 정치안정을 도모해온 것으로 여겨진다. Evans의 적절한 설명대로, 종속적 발전의 과정에서 다국적기업은 경제적으로 필수적이고 토착자본가는 정치적으로 긴용하다.[11] 다국적기업은 국가의 정치적 기반이 될 수 없지만 국내자본이 미약하기 때문에 성장을 위해서 조력이 요청되는 것이다. 반면에 토착자본가는 국가의 경제적 기반을 마련해주지 못하지만 해외자본이 주도권을 잡는다면 안정이 저해되기 때문에 동반이 필요한 것이다. 이제 국가는 이들의 상충된 이해관계를 효율적으로 조정하면서 자신의 정당성을 확보하기 위해서는 자본축적의 표면에 나서야된다. 제국주의적 사업화를 추진하기 위해서는 국가가 이러한 삼각동맹의 지배적인 핵심으로 부상하게 되는 것이다.

　흔히 제3세계에서 조합주의적(corporatist)[12] 내지 기업가적(entrepreneurial)[13]이라고 불리우는 새로운 의미의 국가는, 바로 그것이 다국적기업과 토착자본가의 삼각동맹 아래에서 비교적 강력한 지배력을 행사하는 경우를 포괄적으로 지칭하는 것이다. 이러한 국가는 세계체제 안의 불평등교환에 따른 종

10　P. Evans, "Industrialization and Imperialism: Growth and Stagnation on the Pheriphery", *Berkeley Journal of Sociology* 20 1975~1976 (1975), pp.113-145. 김호진 편역, 『제3세계의 정치경제학』 (한울출판사, 1984), pp.363-384. Wallerstein은 반주변부는 수출상품, 임금수준, 그리고 이윤폭의 이중성으로 인하여 국내 및 국제시장을 통제해야 하므로 강력한 국가기구가 출현한다고 말하고 있다. I. Wallerstein, "Dependence in an Interdependent World", I. Wallerstein, *The Capitalist World-Economy* (Cambridge University Press, 1979), pp.71-72.

11　Evans 앞의 글, p.384.

12　P.C. Schmitter, "Still the century of corporatism", P.C. Schmitter and G. Lemburch(eds), *Trends Toward Corporatist Intermediation*(Sage, 1979), pp.7-92.

13　Duvall and Freeman 앞의 논문.

속의 제약 아래서 자본축적을 도모해야하기 때문에 경제와 사회에 대한 주도권의 장악을 통해 기업부르조아와 행정관료제의 역할을 동시에 수행하게 된다. 비단 민간부문에 대한 통제의 확대를 꾀할 뿐만 아니라 직접 생산활동에 참여하기도 하며, 관제화된 이익집단 안에 대중을 수용함으로써 잉여배제에 따른 시민사회로부터의 정치적 저항을 제도적으로 저지하는 것이다. 이러한 개입적 성향은 국가자본주의의 측면에서 논의될 수도 있다. 생산수단의 사적 소유를 원칙으로 하는 자본주의적 생산관계가 공적 소유에 의해 부분적으로 이루어지며, 자본축적의 방향과 정도에 대한 결정은 혼합경제의 기반위에서 국가자체에 의해 또는 다국적기업이나 토착자본가와 같은 민간부문과의 협상에 의해 정부주도 아래 '지시적'(indicative)으로 이루어지는 것이다.[14]

이렇듯 종속적 발전의 경우 국가개입의 증대가 나타난다는 점은 산업화의 시기가 늦을수록 국가의 역할이 증대한다는 Gerschenkron의 고전적 명제와 표면상 매우 상통한다.[15] 그러나 내용적으로 보면 그 과정에는 상이한 경제적, 정치적 현상이 발견된다.[16] Hirshman이 논의한 것처럼, 라틴 아메리카에서는 단순 소비재를 최종적으로 가공하는 수입대체산업화를 시발로 하여 내구성 소비재와 이어서 중간재 및 생산재를 국내 조립·생산하는 국면으로 산업화가 진전되었다.[17] 이 점은 독일이나 일본과 같은 후발형의 경우처럼 중

---

14 앞의 논문, p.227.

15 제도적 포괄성가 강제성이 높아진다는 말이다. A. Gerschenkron, Economic *Backwardness in Historical Perspective* (Harvard University Press, 1962), p.354.

16 물론 은행의 강도 높은 역할이나 산업생산체의 독점계약과 같은 것은 동일하게 나타났다.

17 A.O. Hirshman, *A Bias for Hope* (Yale University Press, 1979), p.95. Gerschenkron 과 Hirshman에 대한 유럽과 라틴 아메리카의 경험에 입각한 비교검토로는 J.R. Kurth, "Industrial Change and Political Change: European Perspective", D.Collier(ed) *The New Authoritarianism in Latin America* (Princeton University Press, 1979), pp.319–

간재 및 생산재가 내구성 소비재보다 강조되면서 철도, 통신, 동력의 하부구조가 건설되었던 사실과는 매우 대조적이다. 물론 그러한 하부구조의 건설은 라틴 아메리카에서도 어느 정도 병행되었지만 산업화의 초점은 비내구성에서 내구성 소비재로의 생산에 의한 국내 수이요의 충족에 있었다. 따라서 산업화는 급격하게보다는 완만하게 이루어졌던 것이다.

비내구성 소비재가 강조되었다는 것은 금융·산업적 종속아래 소비성향이 지속되었음을 말하는 것이며, 중간재·생산재에 앞선 내구성 소비재의 중시는 기술·산업적 종속 아래에서 다국적기업에 의한 이윤극대화의 놀 리가 작용했음을 의미하는 것이다. 민중주의적 정권이 산업자본가 및 노동자와의 제휴를 통해 비내구성 및 내구성 소비재를 중심으로 한 수평적 산업화에서 경제적 해답을 찾았다면, 관료·권위주의적 정권은 산업자본가 및 다국적기업과의 연합을 통해 내구성 소비재와 중간재·생산재를 중심으로 한 수직적 산업화에서 자본축적의 신장을 도모했던 것이다.

O'Donnell에 의하면, 관료·권위주의적 정권의 등장은 제국주의적 산업화를 추진하기 위해서는 불기피하게 일어나는 현상으로 파악된다.[18] 국내시장에서의 수입대체산업화의 소진은 중간재·자본재의 수입에 따른 국제수지의 악화, 외채증가, 그리고 인플레 상승을 초래함으로써 이를 상쇄하기 위한 산업화의 심화를 요청한다. 그러나 산업화의 심화는 다국적기업으로부터 선진된 자본·기술·경영을 필요로 하므로 국가는 민간관료와 군부관료의 결탁을 통해 이들에게 유리한 투자환경을 조성해주기 위하여 노동자들의 임금을 억제하고 요구를 억압하게 되는 것이다.

362가 유용하다.

18   G.A. O'Donnell, *Modernization and Bureaucratic-Authoritarianism: Studies in South American Politics* (University of California Press, 1984). 이에 관한 광범위한 소개·비판으로는 한상진 편저, 『제3세계 정치체제와 관료적 권위주의』 (한울, 1984) 참조.

　　종속적 발전의 과정에서 국가는 매우 미묘한 위치에 놓인다. 그것은 자본주의 세계경제와의 밀접한 연관 아래에서 민족주의적 자본축적을 시도하며, 명확한 계급적 기반이 없으면서도 매우 강력한 힘을 행사하고 있다. 이러한 힘의 대내적 기반은 시민사회안의 민족부르조아의 취약에 있다. 외국자본에 의한 경제적 침투와 민중부문의 정치적 도전으로 토착자본가는 시민사회안의 헤게모니를 장악할 수 있을 정도로 성장해 있지 못한 것이다. 오히려 국가는 독자적인 이해관계를 갖는 군부와 민간의 기술관료를 중심으로 Cardoso가 국가부르조아라고 부를 ‘계급’과 ‘관료’의 중간에 위치하는 기묘한 집단으로 응집되면서 시민사회를 통제하는 것이다.[19] Evans에 의하면 이러한 국가는 자본가계급의 이해관계를 위해 봉사하지만 그들에게 정치적 권력의 열쇠를 궁극적으로 내맡기지 않는다는 점에서 ‘관료화된 보나파르트주의’(bureaucratizied Bonapartism)의 성격을 갖는다.[20] 종속이 대내외적 위기에 대한 ‘새로운 직업주의’(new professionalism)에 바탕을 둔 군부의 정치참여에 의해 종종 이루어지는, 위의 성격을 지니는 국가는 제국주의적 산업화의 과정에서 나타나는 다양한 결과이기도 하다. 그것은 시민사회 안에 이렇다 할 경쟁력이 결여된 구조적 상황 아래에서 군부 엘리트가 그것의 정치적 영향력의 극대화를 통해 정치안정과 경제성장을 도모하려할 때 나타나는 것이다. 이러한 국가의 정치적 권위가 제도화되어 있지 못하기 때문에 권력의 독점을 유지하기 위하여 선거과정을 제거하기도 하며, 투표과정을 조작하기도 한다. 민주주의의 외피아래 권위주의의 속살을 갖고 있는 것이다.

　　오늘날 아시아, 아프리카, 그리고 라틴 아메리카의 많은 나라들에서 관료화된 보나파르트적인 국가는 여러 가지 모습을 띠고 나타나고 있다. ‘현대적

19　Evans 앞의 논문.

20　Evans 앞의 논문.

권위주의'의 범주아래 묶을 수 있는 관료화된 보나파르트적 국가는 거의 모두 군부의 정치참여를 바탕으로 자본축적 과정에서 구심적 역할을 수행하며, 시민사회의 이해결집을 자의적으로 통제하고 있는 것이다. Perlmutter는 집정관 체제(praetorian system)라는 테두리 안에서 그러한 새로운 권위주의 국가를 전제적, 과두적, 그리고 조합주의적인 것으로 분류하고 있다.[21]

1인의 군인에 의해 폭군적인 정치가 행사되는 전제적인 집정관 체제가 있는가하면(예컨대, 우가나의 이디 아민 정권), 소수의 군출신 인사들에 의해 군부를 기반으로 이루어지는 과두적인 집정관 체제도 있다(예컨대, 인도네시아의 수카르토 정권). 이에 대조적으로 조합주의적인 집정관 체제는 군부와 민간관료의 제휴에 의해 시민사회에 지배력을 행사하면서 제국주의적 산업화를 추진하는 가장 선진된 군사정권을 말한다. O'Donnell이 말하는 관료·권위주의 정권은 바로 배제적인 조합주의(exclusive corporatism)에 의거한 집정관 체제인 것이다. 이러한 체제는 현재 브라질이나 과거 아르헨티나의 경우에서 볼 수 있듯이 정치적 권위의 사회경제적 기반이 부실하다. 그렇게 때문에 정치안정은 탄압에 의해 유지되며, 경제성장은 배제에 근거하게 된다.

3. 1960년대 이후 한국의 발전과 저개발-종속적 발전의 과정

이미 지적한 바와 같이, 한국이 1960년대 초반 이래 경험해온 자본축적의 과정은 종속적 발전(dependent development)의 한 사례에 해당한다.[22] 국가

---

21 A. Perlmutter, Modern Authoritarianism: A Comparative Institutuional Analysis (Yale University Press, 1981), pp.128-132.

22 브라질의 1960년대 중반 이후 발전경험에 입각하여 종속적 발전모델은 Cardoso에 의해 최초로 지적되었으며, 이후 Evans에 의해 정립되었다. F.H. Cardoso, "Associated Dependent Development: Theoretical and Practical Implication", A. Stepan(ed.),

의 주도에 의해 해외자본과 국내자본의 연계 아래 이루어지는 종속적 발전은, 한편으로 괄목할 만한 경제성장과 구조분화를 결과하지만 다른 한편으로 사회구조와 기술의 탈절과 민중부문의 경제적, 정치적 배제를 야기하는데서 한국의 경우에 유의미한 수준에서 적용될 수 있을 것이다.[23]

우리는 우선 여러 가지 경제적 지표에 의하여 종속적 발전의 단면을 확인할 수 있다. 1963년에서 1982년 사이에 도입된 총 250억 달러의 외국자본은 국내 총자본 형성의 10%~30% 내외로 거의 매해 기여해왔으며, 투자재원으로서의 활용은 점차로 원리금상환으로 이용되어 왔다. 수출입을 총괄한 무역의존도도 1963년의 21.2%의 수준에서 1982년의 90.8%의 수준으로 거의 지속적으로 증가하여 왔다. 그러나 공산품의 수출이 증가하는 만큼 농산품, 원유, 자본재의 수입수요는 거의 비례적으로 늘어남으로써 무역적자는 지속되어 오고 있다. 외국기술의 도입에 따른 특허권 사용료로 인한 해외지출이 공산품부문의 경우 1970년대 종반부터 총매출의 10%내외에 해당하였다는 사실을 감안한다면 상당히 높은 수준의 기술의존도로 발전할 수 있다.[24]

그럼에도 불구하고, 한국경제는 1961년에서 1982년에 이르는 기간 동안 연평균 8.3%라는 놀라운 GNP 성장률을 나타내어 왔다. 산업화는 주로 공산품 부문의 신장에 의해 도모되었는바, 그것은 위의 기간 동안 경제성장에 12.7%~52.6% 사이를 기여하였으며, 수출상품의 51.7%~93.7% 사이를

Authoritarian Brazil: Origins, Policies and Future (Yale University Press, 1979), pp.142-178 및 P. Evans, *Dependent Development: The Alliance of Multinational, the State and Local Capital in Brazil* (Princeton University Press, 1979) 참조.

23 이에 대한 명료한 분석으로는 김성국 "세계체제와 한국의 정치경제", 『현대사회』 여름호 (1984), pp.53-70 참조.

24 경제기획원, 『주요 경제지표』 (1983), p.7, 24, 54, 224에 근거.

산출하였다. 특히 산업구조 면에서 보면, 1960년대 초반의 식품, 섬유, 목재와 같은 전통산업이 1970년대 중반부터는 기계, 전자, 중화학 등의 근대산업에 의해 그 골격이 대체되어 왔다.[25]

이러한 산업화의 심화과정에서 한국은 지속적인 무역적자에 따른 국제수주의 약화를 겪어왔다. 수출자체를 위한 덤핑수출과 그 원자재의 확보를 위한 과도한 지출로 인해 1963년에서 1982년 사이의 기간 동안 심한 해에는 50억 달러 이상의 무역적자를 야기하였으며, 국제수지도 1977년의 경우를 제외하고는 항시 적자로 일관되어 왔다. 이의 상쇄와 지속적인 산업화의 추진을 위한 외국자본의 도입은, 비록 국제공인 위험수위인 20% 미만의 부채상환부담률을 매년 안겨주고 있지만, 그 절대액에 있어서는 1983년 현 세계 4강의 끄트머리로 부상시켜 왔던 것이다.[26] 소득분배의 불균등도 크게 개선되지 못하였다. 국민소득의 분포 비율에서 보면 상위 1/10의 부유층이 하위 1/10의 빈곤층에 대해 1965년에는 20배에 가까운 몫을 차지하였으나 1970년대에는 9배로 줄어들었고 197년에는 다시 15배로 늘어났다. 이것은 이 기간 동안 경제활동인구 중에서 임금노동자의 수효가 차지하는 비율이 2배 이상으로 증가하였으나 그들이 국민소득에서 차지하는 몫은 그에 상응하는 변화를 보이지 못한 것과도 일치한다.[27] 경제성장의열매로부터 소외된 민중부문(특히 임금노동자)의 정당한 분배의 몫에 대한 요구는 1972년의 유신을 전기로 하여 제도적으로 거의 차단되었다. 유신은 장기집권의 합리화를 위한 제도적 장치로서 종속적 발전의 과정에서 나타난 배제의 모순과 결부하여 민주주의의 이상을 권위주의의 현실로 대치시켰던 것이다.

25　위의 책, p.23, 24, 27 및 한국은행,『경제통계연감』(1978), pp.262-263에 입각하고 있다.

26　경제기획원 (1983), 앞의 책, pp.219-220.

27　주학중,『한국의 소득분배와 결정요인』(상), (한국개발연구원, 1979), p.91 및 경제기획원 (1982), 앞의 책, p.13, 39.

그러나 이러한 대외의존 아래의 성장과정에서 자본축적의 기축은 국가였으나 다국적기업보다는 국내자본가에 의해 자본주의 세계경제에 연관되고 의존하였다는 점에서 한국은 브라질과 같은 종속절 반의 원형과는 특색을 달리하고 있다. Cardoso가 간파하였듯이, 브라질의 경우에는 종속적 발전의 발단은 수입대체 산업화의 시기로부터 점차적으로 형성되어 온 도시 중·상층의 수요를 겨냥한 다국적기업에 의한 내수시장에서의 소비재의 제조와 판매에 의해 마련되었다.[28] 다국적기업의 지속적인 직접투자에 의해 제국주의적 산업화는 '국내시장의 국제화'(internalization of internal market)의 시기에 정체가 아닌 성장을 가져왔다. 그러나 한국의 경우에는 국제분업이 주변부에서의 공산품 생산으로 그 생산주기가[29] 바뀌던 시기에 국가가 토착자본가와 제휴하여 다국적기업의 직접투자보다는 공공·상업차관과 같은 간접투자에 의해 자본축적의 신장을 도모했던 것이다. 성장의 동력은 토착자본가의 국제화를 통해 내수시장보다는 해외시장을 기반으로 일어나 공산품의 수출확대에 의해 마련되던 것이다. 국가는 국가주의적 자본축적의 논리에 의해 다국적기업보다는 국내자본가를 선호하면서 산업화의 심화를 시도했던 것이다.

사실상 한국의 종속상황은 브라질과 현저하게 다르다. 한국이 자본주의 세계경제의 일원이 된 데에는 국제분업적인 교환의 논리보다는 국제관계적인 힘의 논리가 보다 더 작용하였으며,[30] 그 후견자로서 미국의 한국에 대한

---

28 Cardoso (1979), 앞의 논문, pp.149, 156-157.

29 공산품의 경우, 기술의 일상화에 따라 새로운 품목의 생산이 시간격차를 가지면서 그 비용의 절감을 위해 중심에서 노동력이 풍부하고 저려한 변방으로 이동함을 뜻한다. R. Vernon, "International Investment and International Trade in the Product Cycle", *Quarterly Journal of Economics* 80 (1966), pp.190-207.

30 종속이론이나 세계체제이론에서는 일반적으로 분업이나 힘의 역학이 자본주의의 국제적 확대재생산을 위하여 통합된 세계체제의 구조를 형성하고 있는 것으로 여기나,

이해관계는 경제적인 것이라기보다는 정치적, 군사적인 것이었다. 제2차 세계대전 종료 이후 세계질서의 동서 이분화로의 개편과정에서 동북아지역에서의 소련, 중국, 북한 등 공산주의의 팽창에 대한 발본적 대처의 필요성은 서방세계의 주도국인 미국으로 하여금 자본주의 세계경제의 안정된 유지를 위하여 한국을 하나의 피보호국가로 그것에 의존시켰다. 따라서 미국과 한국이라는 중심-주변관계는 단순한 '지배-종속관계'라기 보다는 그 기저에 '후원-수혜관계'(patron-client relationship)가[31] 종속적 발전의 과정에서 줄곧 배면논리로 작용했다고 볼 수 있다. 물론 후원-수혜관계 아래에서도 미국의 경제적 관심은 원조나 직·간접투자를 통해 유지되었지만, 일반적인 종속의 수탈적 결과는 완화된 모습으로 나타났다. 미국의 후원이 갖는 중요한 의미는 오히려 정치적인 데에 있다. 조악한 북한 공산주의의 도전 아래에서 생존을 위한 자립경제와 자주국방의 동력이 미약한 상태에고 안정·성장·발전을 위한 미국의 조력은(실제로 1946년에서 1976년에 이르는 동안 미국은 한국에 약 125억 달러의 경제 및 군사원조를 했다)[32] 한국을 그 영향권 아래에서 통제할 수 있는 충분한 정치적 지렛대로서 기능해오면서, 한국의 국내외적인 정치적 진로에 있어 비록 제한적이긴 하지만 비교적 커다란 힘을 행사했던 것이다. 단적인 예로, 5·16 군사정권의 민간화, 월남적 개입유도, 그리

Skocpol은 국가들이 사이의 정치적, 군사적 관계의 망으로 구성된 세계정치는 세계경제와는 다른 지배와 복종의 기능을 행사하는 별도의 초국가적 구조를 이룬다고 본다. T. Skocpol, *States and Social Revolutions: A Comparative Analysis of France, Russia and China* (Cambridge University Press, 1979), pp.19-24.

31 이것은 한쌍의 국가들이 힘의 우열에 따라 충성과 안정을 교환하는 원초적 관계를 말한다. 이에 대해서는 J. C. Scott, "Patron-Client Politics and Political Change in South East Asia," *American Political Science Review*, 66 (1972), pp.92-113을 참조.

32 E. S. Mason et al., *The Economic and Social Modernization of Republic Korea* (Harvard University Press, 1980), p.182.

고 일본과의 국교정상화 등에서 볼 수 있는 미국의 결정적인 압력이 그것이다. 특히 미국이 일본을 한국에 끌어들인 일은 종속적 발전의 경로에 두 중심부가 중요한 변수로 작용하게끔 만들었다.

한국의 대외의존에 있어 자본과 무역창구의 다변화를 시도하였지만 미국과 일본은 실제로 가장 중요한 상대국으로 존재했다. 총 250억 달러에 달하는 외국자본 중에서 미국은 대략 32%를, 일본은 20%의 몫을 차지하고 있는바, 이것은 전체의 절반 이상에 해당한다.[33] 무역거래에서도 미국과 일본은 1980년 이후를 제외하고는 수출입 양면에서 매년 50%~75% 사이의 큰 몫을 치지하였다.[34] 한국이 미국과의 교역에서는 주로 공산품의 수출과 원자재, 자본재의 수입을 통해 적자가 점차 흑자로 전화되어 왔다면, 일본과의 교역에서는 주로 원자재의 수출과 공산품, 자본재의 수입을 통해 적자의 폭이 지속적으로 증대하였다. 특히 한국의 일본에 대한 경제의존도가 점점 더 커지고 있는 현실에서 이는 지금까지의 종속관계의 성격적 전환을 가져올 수 있다는 우려는 던져주었다. 일본은 미국의 점진적인 아시아 철수전략에 발맞추어 한국에 대해 경제적 조력을 구실로 미국에 대신하는 정치적 지배를 행사하려고 나설 수도 있었다.[35]

1) 5·16과 국가개입의 증대

한국에서 종속적 발전의 시발은 1961년 5월 16일에 일어났던 군사 쿠데타에 의하여 마련되었다고 볼 수 있다. 5·16 군사 쿠데타는 사회와 경제면에서 국가역할의 점진적 변화를 통하여 종속적인 자본축적의 과정을 강화시

---

33   재무부, 『외국인 투자 인가현황』(1984) 및 재무부, 『외국인 차관현황』(1984) 참조.

34   경제기획원(1983), 앞의 책, p.214, 216, pp.231-232.

35   김성국(1984), 앞의 논문, p.12.

키는 계기가 되었던 것이다.

4·19 학생의거 이후 민의를 기반으로 수립된 장면 정권을 힘으로 전복시킨 군부가 당면했던 가장 큰 과제는 우선 쿠데타를 정당화하고 민정이양에 대비하여 권력기반을 공고히 하는 것이었다. 사회안정, 부패척결, 경제부흥, 반공강화와 같은 이념이 쿠데타의 외관을 장식하였으나, 군부의 정치개입에 대한 미국의 강력한 반대는 쿠데타의 주도세력으로 하여금 대의민주정부의 수립을 위해 군정을 종식시키는 것으로 방향을 잡게 했다. 따라서 쿠데타의 주세력은 구분의 결속을 위하 자체숙청을 감행한 연후에, 민간정부를 겨냥한 통치의 사회경제적 기반을 확충하기 위한 법적·제도적 준비 작업에 착수하였다.

군부의 정치개입은 당시의 사회구조에 비추어 볼 때 매우 애매한 성격을 띠고 있다. 반동적인 '거부 쿠데타'(veto coup)라고 하기에는 민중부문이 정치적으로 활성화될 만큼 성장되어 있지도 않았으며, 진보적인 '돌파 쿠데타'(break through coup)라고 보기에는 중간계급이 정치의 일선으로 등장할 만큼 형성되어 있지도 않았다.[36] 4·19 이후 대중의 전반적인 정치의식은 상승되었으나 그것이 계급적 이해관계를 바탕으로 분절화되어 있었다고는 볼 수 없는 것이다. 오히려 장면 정권의 유약과 무능이 군부의 정치개입을 불러일으켰다고 보는 보다 정확한 생각일 것이다.[37] 5·16 군사 쿠데타의 주도세력은 이미 1950년대 말부터 자신들의 진급지체에 불만을 품고 군부안의 부패, 파벌주의, 정치화에 대해 집단적 거부반응을 일으키면서[38] 혁명의 꿈을 꾸어

---

36   S. Huntington, *Political Order in Changing Societies* (Yale University Press, 1968), p.221.

37   김성국(1984), 앞의 논문, p.23.

38   J. P. Lovell, "The Military and Politics in Politics in Postwar in Korea", E. R. Wright(ed.), *Korean Politics in Transition*(University of Washington Press, 1975), pp.167-170.

왔던 것이다. 사실상 1960년대를 전후로 해서 제3세계에는 외적 및 내적 안보를[39] 명분으로 한 군부의 정치개입이 산발적으로 일어났으며, 한국의 군부는 미국의 지원과 조력에 의하여 어느 사회부문보다도 기능적으로 막강한 집단으로 부상하였다.[40]

군사정부를 배경으로하여 쿠데타의 주도세력은 민정의 수립과정에서 용이하게 권력을 장악할 수 있었다. '정치정화법'에 의해 경쟁적인 정치세력이 제거된 가운데 육사 8기생을 핵심으로 정치인, 지식인, 관료 등을 민주공화당에 흡수시켰고, '통화개혁'에 의하여 반대적으로 정치세력이 활용할 수 있는 자금원을 봉쇄한 가운데 시장기제의 조작을 통하여 조직 확대와 선거수행을 위한 재원을 확보하였다.[41] 대중적 지지기반의 확대가 민주공화당의 구성을 통해 조직적으로 추진되었다면 새롭게 설립된 중앙정보부는 군·경의 물리적 통제의 능력을 최종적으로 조절하는 가장 중요한 제도적 권력장치로 시민사회 안의 정치적 저항을 제어하였던 것이다.

그러나 민선을 통해 출범한 박정희 정권은 다시금 정당성의 위기에 봉착하게 된다. 1963년 제5대 대통령선거에서 민주공화당의 박정희 후보는 조직과 자금의 절대적 우세 속에서도 민권당의 윤보선 후보에 대해 유효투표의 1.55%라는 매우 근소한 차이로 당선되었다.[42] 이는 박정희 정권으로 하

---

39 옛 직업주의(old professionalism) 아래에서 군부는 외부의 적에 대한 안보를 강조하나, 새로운 직업주의(new professionalism)아래에서 군부는 국내적 정치안정을 중시한다. Perlmutter(1981), 앞의 책, pp.124-125.

40 이러한 견해로는 G. Henderson, *Korea: The Politics of Vortex* (Harvard University Press, 1969), p.186.

41 J. A. Kim, *Divided Korea: The Politics of Development*, 1945~1972 (Harvard University Press, 1975), pp.237-240. 이외에도 국교정상화를 전제로 한 일본으로부터의 비공식적 정치자금의 도입과 이른바 '4대 의혹사건'(새나라 자동차사건, 빠징고 사건, 워커힐 사건, 증권파동)에 의한 자금확보도 지적할 수 있다.

42 선거편찬위원회, 『헌정대관』 (향토방위사, 1979), p.396.

여금 대중의 시대적 요청에 부응할 수 있는 새로운 발전가치로서 '경제개발'의 청사진을 제공하고 이의 효율적 수행을 위한 '동원체제'(mobilization regime)로의 전환을 가져오게 하였다.[43]

기실 박정희 정권은 쿠데타를 배경으로 강제력과 법제력의 장악을 통해 그 권력기반을 집권초기에 공고화시켜 왔지만 비교적 낮은 정치적 권위를 지니고 있었다. 따라서 위로부터 창출된 경제개발의 기치는 국가의 강력한 개입과 역할에 의해서 '교도자본주의'(guided capitalism)라는 틀 안에서 지시적으로 구현될 수밖에 없었던 것이다.[44] 자유방임적인 고전적 자본주의에 대칭되는 것으로 교도자본주의는 모든 경제활동의 계획과 규제가 국가에 의해 주도되는 것을 말한다. 국가는 투자재원의 조달과 배분에 간여함으로써 민간부문에 대해 강한 통제력을 행사한다. 엄밀히 말해 국가자본주의라고 할 수는 없지만 국가가 혼합경제의 기반위에서 자본축적의 대체적인 방향을 결정하고 세부적으로 자본·자원·투자·금융·시장의 통제를 강화하였다는 점에서 대체로 그러한 골격을 바탕으로 하고 있다고 볼 수 있을 것이다. 실제로 이를 총괄하기 위하여 1962년 정부기구 안에 경제기획원이 설립되었으며, 경제개발 5개년 계획이 5차례에 걸쳐 수립·집행되어 왔다.

박정희 정권은 교도자본주의를 추진함에 있어 아무런 불편이 없었다. 집권 초기에 국가는 시민사회로부터 상당한 정도의 자율성을 지니고 있었기 때문이다. 산업자본가나 민중부문 그 어느 것도 시민사회 안에 지배력을 확보하고 있을 정도로 계급구조는 분화되지 않았던 것이다. 민중부문의 다수

---

43 D. E. Apter, *The Politics of Modernization* (Chicago University Press, 1965), pp.359-361.

44 교도자본주의는 Republic of Korea, Summary of the First Five-Year Plan, Seoul 1962-1966(1962), p.28에 언급되어 있다. 그 뜻은 정확히 알 수 없으나, "자유기업의 원칙은 준수될 것이나, 정부가 기간산업 및 다른 주요 부문에 직접적으로는 참여하거나 간접적으로는 지도할 것이다."라고 쓰여 있다.

는 노동자라기보다 농민들이었으며, 이들은 모두 자발적으로 이익집단으로 조직화되기 이전에 국가로부터 강력한 제도와 통제를 받았던 것이다. 또한 원조경제 아래에서 정부의 특혜금융과 시장보호를 받으면서 독점적으로 성정한 산업자본가는 토착적인 기반을 갖지 못했던 것이다. 이들의 대부분은 오히려 군정에 의한 부정축재 환수과정에서 국가에 합작적인 동맹세력으로 등장함으로써 이후 민중부문과는 상반되는 경제적 이해관계를 정치적으로 표명하게 되었다.

2) 종속적 자본축적의 기제: 공기업, 산업자본가 및 다국적기업

교도자본주의의 틀 안에서 박정희 정권은 대외지향적 개발정책(outward-looking development policy)을 핵심적인 발전전략으로 채택하였다. 그 기조는 세계경제의 팽창에 발맞추어 수출증진을 통해 내수시장의 협소성을 해외시장의 개척에 의해 극복함으로써 규모의 경제에 입각한 산업화의 효율성을 외향적으로 달성하려는 전략이다. 국제시장에서의 비교우위를 위한 1차적인 목표는 값싼 임금에 기반한 노동집약적 산업의 육성에, 그리고 2차적인 목표는 기술개발에 근거한 자본집약적 산업의 전개에 놓여있다.[45]

이러한 발전전략은 일종의 '초청에 의한 상승전략'(the strategy of promotion by invitation)인바,[46] 그 강점은 미약한 국내적 경제기반위에서 추진될 수 있지만 막대한 외국자본의 도입을 전제로 한다는데 최대의 약점이 있다. 사실상 1950년대의 미국에 의한 원조경제는 주로 식품이나 섬유 같은 소비재 산업의 부분적인 형성을 통해 수입대체의 효과를 가져오긴 하였으나, 산업화

---

45 이러한 목표이 변화는 대체로 3차 5개년 계획(1972~1976년)을 전기로 이루어졌다고 볼 수 있다.

46 I. Wallerstein (1979), 앞의 논문, p.81.

는 생산부문사이의 연관에서 볼 때 매우 불완전한 것이었다. 소비재 중심의 원조는 국내 생산품에 대한 유효수효를 외국의 것에 이전시킴으로써 국내 산업의 성장을 저해시켰다. 기껏해야 단순가공형 소비재 산업만이 잉여농산물의 공급에 의하여 이른바 삼백산업(제분업·제당업·면공업)을 위주로 제조업 부문의 핵심을 구성하였던 것이다. 더욱이 잉여농산물은 한국의 농산물 가격 하락을 초래함으로써 투자감퇴에 따른 농업의 정체를 가져왔고, 나아가서 산업화를 위한 자생적 토대를 위축시켰다.[47] 그러므로 공산품의 수출증진을 위한 경제기반을 마련하기 위하여 막대한 양의 외국자본이 유입되었음은 자명한 사실이 된다. 토착자본의 형성이 국가부문이건 민간부문이건 간에 미약한 상태에서 박정희 정권은 해외자본의 도입에 의하여 투자재원의 확보를 시도했던 것이다. 1979년까지 도입된 외국자본 중에서 공공차관이 주로 철도, 항만, 수송, 동력 등 사회간접부문(50.3%)과 은행, 보험 등 금융부문(22.5%)의 신장에 동원되었다면, 상업차관이나 다국적기업의 직접투자는 모두 수출에 연관된 섬유, 화학, 전기, 전자, 기계, 선박 같은 제조업부문(각각 65.6%와 75.7%)의 확장에 사용되었다.[48]

일반적으로 종속적 발전의 과정에서 국가는 국내 자본가와 다국적기업과의 연관에서 볼 때 다음과 같은 세 가지 방식으로 자본축적을 도모한다. 첫째로, 국가 스스로 기업가적인 역할을 수행하거나, 둘째로 국내 자본가를 지원하는 보조적인 역할을 수행하거나, 그리고 셋째로 다국적 기업에 전적으로 의지하는 방매적(放賣적)인 역할을 수행할 수 있다.[49]

한국에서의 종속적 발전의 경험은 국가가 국가주의적 자본축적의 원칙아

---

47 박찬일, "미국의 경제원조의 성격과 그 경제적 귀결", 김병태 외, 『한국경제의 전개과정』(돌베게, 1981), p.78 및 김성국 (1984), 앞의 논문, pp.8-9.

48 경제기획원, 『외국자본투자현황』(1980), p.12, 50.

49 P. Evans (1979), 앞의 책, p.214.

래 다국적기업보다 국내자본가를 보호하면서 기업가적 역할을 수행해왔다는데 중요한 특징이 있다. 국가는 한편으로는 자본, 기술, 경영 면에서 허약한 국내자본가를 보호하고, 다른 한편으로는 국제적인 조직 아래 이윤극대화를 시도하는 다국적기업을 견제하면서 자본주의 세계경제 안에 참여했다. 이것은 1960년대 초반 이래 도입된 총 250억 달러에 해당되는 외국자본 중에서 다국적 기업에 의한 직접투자가 차지하는 비중이 10% 미만이 반면에, 공공·상업차관과 같은 간접투자가 점하는 비중이 90% 이상이라는 사실에 의해서 잘 설명될 수 있다.[50] 즉, 국가는 정부보증의 형식에 기반하여 막대한 외국자본을 유치함으로써, 효율적인 산업화를 위하여 외부경제성을 지니는 하부구조를 조성하고 공기업의 확장을 통해 직접 생산 활동에 종사하기도 하며, 그리고 국제부문에 연관된 산업자본가의 수출활동을 촉진시켜주기 위한 재정지원을 해주었던 것이다. 반면에 국가는 다국적기업에 대해서는 원칙적으로 수출지향적인 노동집약적 내지 자본집약적인 부문에서만 국내 생산자(공기업이나 산업자본가)와의 합작투자를, 그것도 원칙적으로 50% 이내의 소유권만 인정함으로써 자본축적의 탈국가화를 방지하려 시도했던 것이다.[51] 60년대의 이러한 발전전략은 정권의 변화와 무관하게 지금에 이르기까지도 지속적으로 채택되어 오고 있는 실정이다.

1963년에서 1979년 사이의 국내총자본형성(GDCF)중에서 국가가 사용

50　재무부 (1984), 앞의 자료.

51　외국인의 투자비율은 수출증대와 같이 국제수지 개선에 크게 기여하는 업종으로서 소요자금, 기술수준 및 위험부담으로 인해 내국인 투자를 기피하는 사업만 50%를 초과하여 100%까지 허용하였다. 재무부, 『외국인 투자 안내』 (1983), pp.5-6, 구본영, "외국인 투자기업의 투자비율에 관한 분석", 『한국개발연구』 제2권 3호 (1983), p.35에 의하면, 1979년 시점에서 국내의 다국적기업 중 소액소유(49%미만)는 57.8%, 그리고 공동소유(50%)가 26.1%를 차지한 반면, 다액소유(51%~99%)는 10.1%, 그리고 완전소유(100%)는 5.9%를 점하고 있다.

한 몫은 연평균 39.9%라는 높은 비율을 차지하고 있다.[52] 특히 1963년 5개에서 1979년 120개 이상으로 수적으로 증가한 공기업은 이 기간 중 국내총생산의 대략 6~9%를 매해 기여하였다. 이들은 철도, 항만, 수송, 동력 등 사회간접부문, 은행, 보험 등 금융부문, 그리고 철강, 석유 등 중화학부문에 집중하면서 민간부문의 공산품 생산의 확장을 위한 하부구조를 구축하여 왔다.

이에 비하여 다국적기업은 1980년대 이전 가장 기여도가 큰 해에도 국민총생산의 4% 미만을 산출하였다. 이들은 전기, 전자, 화공 등 제조업 부문에 집중되었다. 제조업부문에서 다국적기업의 활동은 비교적 활발한 바, 노동력의 10.5%를 점했던 것으로 나타나고 있다. 또한 이들은 1978년의 경우 한국이 총 수출고의 19%라는 비교적 큰 몫을 공헌하였다.[53]

이렇게 본다면 자본축적의 주도적 역할은 국가로부터 금융·시장보호를 받은 산업자본가(중소기업보다는 대기업)에 의하여 이루어져 왔다고 할 수 있다. 1983년의 경우, 50개 대기업은 외형상으로는 국내총생산에 맞먹는 약 53조원을 매출하였으며, 이는 부가가치면에서 GDP의 부려 19.5%에 해당하는 것이다. 46개 대기업이 1973년에 부가가치면에서 국내총생산의 9.8%, 그리고 1977년에는 16.3%를 산출해 냈음을 고려할 때, 대기업에 의한 경제집중이 재벌을 형성하면서 지속적으로 늘어왔음을 알 수 있다. 이들은 주로 식품, 섬유, 전기, 전자, 화학기계, 선박 등 부문에서 공기업이나 다국적기업에 비해 압도적인 위치를 점하면서 해외시장에 연관되어왔다. 1979년의 경우 대기업의 21개 종합무역상사는 총 147억 달러의 수출액 중에서 45.1%라는 거의 절반에 가까운 교역을 담당했던 것이다.[54]

---

52 사공일, "경제개발과 정부의 역할", 『한국개발연구』 3권 1호 (1981), p.9.

53 한국산업은행, 『외국인 직접투자의 실태와 경제적 효과분석에 관한 연구』 (1979), p.59, 67, 73, 100, 195에서 산출.

54 한국일보, 1984년 6월 15일자; 사공일, "경제성장과 경제력 집중", 『한국개발연구』 2권

4. 종속적 자본축적과정에서의 '현대적 권위주의'의 등장

종속적 발전이라 경제적 결정론(economic determinism)이나 정치적 자원론(political voluntarism) 중 그 어느 하나에 의존하여 적절히 파악될 수 없는 것으로 정치와 경제가 역동으로 상호연관된 과정이다.[55] 생산이 본질적으로 자본과 노동의 자유로운 유기적 관계에 의해 이루어지지 않는 가운데, 국가주도 아래의 자본축적이 탈절과 배제로 인하여 정치적 강제와 제약 아래에서 도모되기 때문이다.

일반적으로 종속적 자본주의 아래에서 후기-후발 발전을 시도하는 국가는 민족부르조아의 취약으로 인해 시민사회 안의 계급적 기반이 빈약하다. 또한, 계급형성이 미성숙한 상태에 있기 때문에 국가는 시민사회 안에 공동이해를 달성하려는 국민적 기반도 결여하고 있다. 따라서 국가는 확대재생산의 과정에서 내적으로는 부르조아지의 이해관계에 구속되면서도 외적으로는 국민적 표상을 지향하게 된다. 특히 그러한 지향은 국가가 지배와 종속의 국제관계 아래 있을 때 민족주의적 모습으로 강렬하게 나타나는 경향이 있다.[56] 이러한 국가는 단순히 생산관계의 상부구조적 반영으로서 그 성격을 규정할 수는 없다. 국가는 오히려 계급관계와 갈등을 조절하면서 스스로 자본축적의 과정을 총괄하게 된다.

한국이 경험한 종속적 발전의 과정에서 우리는 그러한 국가의 모습을 발견할 수 있다. 박정희 정권의 형성·변화·몰락 과정에서 시민사회로부터 상대적으로 자율적인 국가로서 '관료화된 보나파르트주의'를 찾아볼 수 있는

1호 (1980), p.5,7 및 합동통신사, 『합동연감』 (1980), p.187 참조.

55 Cardoso (1979), 앞의 논문, p.143.

56 조영범 역, 『제3세계와 국가자본주의』 (전예원, 1984), pp.30-32.

것이다. 부르조아지 전체의 이익을 위해 기능하였지만 그들에게 정치적 권력을 결정적으로 내맡기지 않았다는 점에서 국가는 적어도 부르조아지의 집행위원회는 아니었던 것이다. "산업자본가에 관한 한 그것은 그들을 위한 정부이지만 그들에 의한 정부는 아닌 것이다."[57]

국가는 옛 직업주의에서 새로운 직업주의로 점차 신봉의 줄기를 전화한 군부의 제도화된 힘을 배경으로 조직화된 군부·민간 출신의 정치관료들에 의하여 운영되었다. 이들은 박정희 대통령이라는 지도자가 갖는 개인적 카리스마를 바탕으로 연고주의·출세주의·업적주의에 의해 고도로 응집된 국가계급(state class)과 같이 독자성을 갖는 집단으로서 국가기구를 관장하면서 자신들의 사회경제적 배경과는 비교적 무관하게 경제성장과 정치안정을 위한 강력한 중앙집권적인 체제를 유지하는데 기여했던 것이다. 특히 유신을 계기로 하여 이들의 기술관료화의 경향은 마치 라틴 아메리카 나라들의 관료·권위주의 정권의 현실에서 볼 수 있듯이 두드러지게 나타났다.[58] 장기집권을 위한 여론형성과 선거과정에 대한 정치지배의 조작이나 대외의존에 따른 외자관리와 투자결정에 대한 경제정책의 수립에 요구되는 효율성은 기술관료의 역할을 증대시켰다.

그러나 우리는 이러한 현상을 관료·권위주의의 틀에 한정시킨다기보다는 새로운 '현대적 권위주의'의 등장이라는 안목에서 보다 넓게 이해해야 될 것 같다. 전후 한국경제는 미국의 이영농산물의 원조와 공업제품의 수입에 의존하였는바, 60년대 중반부터 대외지향적 개발정책이 공산품의 수출증진을

---

57 Evans (1975~1976), 앞의 논문: 김호진 (1984), 앞의 책, p.377.

58 이에 관한 상세한 논의로는 강민, "관료적 권위주의의 한국적 생성", 『한국정치학회보』 17 (1983), pp.341-362 및 한상진, "관료적 권위주의와 한국사회", 서울대학교 사회학연구회, 『한국사회의 전통과 변화』 (법문사, 1983), pp.261-297이 유용하다. 이에 대한 비판으로는 김성국 (1984), 앞의 논문, p.16 참조.

통해 본격적으로 추진되는 과정에서 수입대체 산업화의 기반은 비내구성 소비재부문을 제외하고는 거의 마련되어 있지 않았다. 국제수지의 균형을 위한 내구성 소비재 및 중간재·자본재의 수입대체의 필요성은 70년대 초엽부터 공공·상업차관의 증가된 도입을 통해 이후 점차로 산업화의 심화를 가져왔다. 산업구조 안에서 중화학 공업이 차지하는 비중이 1971년의 37.8%에서 1981년의 52.9%로 신장되었듯이,[59] 산업화는 소비재의 수출증진 뿐만 아니라 자본재의 수입대체에도 중요한 역점이 가해졌던 것이다. 그러나 세계시장에서의 경기수축과 수출자체를 위한 덤핑과 원자재의 수입에 따른 외화가득률의 저하는 거의 지속적으로 국제수지의 적자를 가져왔다. 투자재원의 해외 의존도는 1967년에서 1971년 사이의 평균 39.5%에서 1977년에서 1980년 사이의 평균 16.5%로 감소되었지만 국제수지의 균형을 유지하면서 산업화의 심화를 정착시키기 위한 외국자본의 대형화된 도입은 경상수지에 대한 원리금 및 과실 송금액의 비율을 1970년대 말부터 거의 10% 수준으로 상승케 함으로써 국가의 재정위기를 가져왔던 것이다.[60]

한편 산업화의 심화는 계급구조상으로 노동자의 양적 확대를 가져왔다. 1960년 전인구의 8.7%를 차지하던 노동인구는 2차부문을 중심으로 한 수입대체와 수출증진의 강화과정을 통해 1975년에는 무려 2.42배에 달하는 21.1% 수준으로 비약적으로 증가했던 것이다.[61] 그러나 고도성장의 밑거름이 근로대중의 값싼 임금을 바탕으로 이루어졌음은 주지의 사실이나, 이들이 이에 상응하는 경제적, 정치적 대가를 받았다는 증거는 거의 없다. 1981

---

59 이해주, 『한·일 비교경제사론』(비봉, 1983), p.126.

60 전철환, 『수출·외자 주도경제의 발전론적 평가』: 김병태(1981), 앞의 책, p.187, 191.

61 Hagen Koo, "A Preliminary Approach to Contemporary Korean Class Structure", Y. Chang, T. Kwon and P.J. Donaldson(ed), *Society in Transition: with Special Reference to Korea* (Seoul National University Press, 1982), p.53.

년에 이르기까지 제조업부문의 실질임금은 매년 평균 5.2%씩 상승하였지만, 이것은 노동생산성의 증가율(1962~1966년 사이: 8.5%, 1967~1971년 사이: 17.3%, 1977~1981년 사이: 9.6%)에 크게 뒤지고 있다.[62] 실제로 이 부문 종사자의 상대적 임금지위는 1961년 국민 1인당 GNP 비중 24.8%에서 1982년에는 16.5%로 크게 줄었다.[63] 특히 제조업부문 중에서 거의 70% 정도를 차지하는 생산직 노동자는 3차 부문의 서비스직 노동자들과 더불어 관리직·경영직 노동자의 1/5~1/4의 보수를 받았으며, 그것은 사무직 노동자 임금의 절반에 불과한 것이었다.[64] 반면에 실질임금 상승에 앞선, 노동생산성의 향상에 따른 비용절감은 가격하락을 낳았다기보다는 산업자본가로의 이윤이전을 가져온 가운데 근로대중의 구매력의 신장을 통한 내수시장의 저변확대에 커다란 도움을 주지 못했던 것이다. 저임금의 극복을 위한 노동자의 단체교섭은 1963년에서 1980년 사이의 5차례에 걸친 노동관계법령의 지속적인 개정을[65] 통해 제도적으로 거의 차단됐다. 노동자의 저임금, 조악한 근로조건, 임금체불, 나아가서 빈부격차에 따른 상대적 박탈감 등은 국가의 강력한 법적 규제에 따른 노사갈등의 제도적 조정장치의 봉쇄로 인하여 주로 법외적 방법에 호소되었다. 노사분규가 가장 많았던 1980년에는 무려 227건에 달했으며, 그 특징은 노동쟁의권이 부정된 상태에서 조직적이고 평화적으로 일어났다기보다는 자연발생적이고 시위적으로 일어났다는데

---

62 최장집, "한국노동운동의 정치경제적 연구", 『한국사회연구』 2 (한길사, 1984).

63 임종철, "사각지대의 노동사회", 『월간조선』 4월호 (1984), p.137.

64 최장집 (1984), 앞의 논문, pp.339-340.

65 1953년에 최초로 제정된 노동관계법령은 1963년, 1970년, 1973년, 1974년 그리고 1980년에 개정되었다. 그 특징은 유인(inducement)보다는 제약(constraint)을 보다 더 강화하는 것으로 나타난다. 이에 대한 조합주의적 내용분석으로는 심영희, "한국사회의 산업화와 사회통제", 『현대사회』 봄 (1984), pp.136-157 참조.

있다.[66]

　박정희 정권의 성립이후 국가가 당면했던 주요한 문제는 대외의존에 기반한 자본축적이 가져온 탈절과 배제라는 결과였다. 위에서 간략히 살펴본바와 마찬가지로 가장 큰 탈절은 외채의 누증이었으며, 가장 큰 배제는 노동자의 희생이었다. 그러나 이러한 현상이 유신을 전후로 해서 볼 때 어느 때보다도 크게 첨예화되었다고는 볼 수 없다. 다만 1972년의 유신이 민주적이고 경쟁적인 선거장치를 제거함으로써 정치참여의 제도적 기반을 붕괴시켰다는 점에서 외면서 관료·권위주의 정권의 출발을 예시하였을 뿐이다.

　유신은 크게는 정권유지적인 차원에서 경제발전의 지속화라는 명분을 갖고 남북대치의 현실을 고려한 것이었지만 그 동기는 1971년의 대통령 선거에서 간극의 승리가 가져다 준 장기집권의 가능성에 대한 집권층의 우려에 의해 마련되었지 민중주의적인 정치경제적 위기와는 아무런 관련이 없었던 것이다. 자본축적의 신장은 애초부터 '선성장후분배'의 구호처럼 민중부문의 분배와 참여면의 배제를 기반으로 이루어졌으며, 이것은 국가가 외향적 산업화를 성장으로 유도하기 위해서는 필수적인 정책이었다. 따라서 산업화의 심화는 경제개발을 통해 정당성을 확보하려는 정권의지가 국가적으로 표상되면서 종속적 자본축적의 과정에서 나타난 당연한 귀결이었던 것이다. 남북분단 아래에서 공산주의의 직접적인 위협은 경제성장과 정치안정에 대한 국민적 공동이해를 조성하였으나, 그 합의를 관철하기 위한 시민사회의 능력은 종속적 자본축적의 과정에서 상응적으로 제고되지 못하였다. 신국제분업 시기에 대외지향적 개발정책이 구현되는 과정에서 국가가 제휴한 동맹세력은 산업자본가였지 민중부문은 아니었다. 국가는 자본과 노동의 관계에서 볼 때 산업자본가를 핵심적으로 포섭하면서 민중부문을 부차적으로 포함

66　한국경영자총협회, 『노동경제연감』 (1982), p.416 참조.

시켰던 것이다. 이것은 정권유지를 위한 정당성의 확보를 기하면서 국가가 자본축적을 강화하기 위해서는 불가피한 해결책이기도 하였다. 그러나 산업자본가의 핵심은 대기업을 주축으로 재편성되었으며, 이들은 국가의 후견 아래 내수시장의 독과점적 지배와 해외시장의 영역확대를 통해 꾸준히 성장하였지만 자립적인 경제기반을 구축하지 못하였다.[67] 이들은 국가의 시녀적 위치에서, 민중부문의 경제적, 정치적 배제를 자신의 이해관계의 유지에 연결시켰던 것이다.

분명한 사실은 탈절과 배제로 특징지워질 수 있는 종속적 자본축적의 과정에서 나타났던 경제적 제약이 1970년대의 국가를 보다 억압적으로 만들었다는 것이다. 그러한 억압적인 면모는 대의민주주의의 침식과 사회문제의 탈정치화라는 면에서 다분히 관료·권위주의적인 성격을 내포하고 있으나 그것으로는 외연될 수는 없을 것이다. 원래 한국의 정치문화는 역사적으로 남미식의 조합주의적인 전통이 부재한 가운데 조선왕조시대의 유교적 정치윤리와 일제강점 아래의 전체주의적 지배이념의 영향으로 관료주의와 권위주의를 강하게 포함하고 있다.[68] 이와 아울러 문관우의 원칙 아래에서도 간헐적이지만 때로는 지속적인 군부의 개입이 군주정치와 무신통치의 배경을 이루어 왔던 과거도 지니고 있다. 이러한 전통적 권위주의의 요소들이 종속적 자본축적의 과정에서 현대적 권위주의의 바탕을 보강하여 주었다. 그러나 현대적 권위주의는 제국주의적 산업화의 불가피한 소산으로서 지배·통치·행정의 기술이 보다 고도화된 모습으로 나타난다. 제국주의적 산업화는

---

67 예컨대, 1983년 50대 재벌의 재무구조 분석을 보면 자기자본비율은 불과 18.1% 밖에 지나지 않으며, 국내여신이나 외국차관을 통한 부채비율은 무려 454.8%에 달한다. 한국일보, 1984년 6월 15일.

68 이에 대해서는 이지훈, "한국 정치문화의 기본요인", 『한국정치학회보』 16집 (1982), pp.97-120 참조.

정치적 권위가 제도화되어 있지 않은 가운데 정치참여의 폭을 증대시키다. 그러나 국가는 경제성장과 정치안정을 위해 민중부문을 경제적으로 동원할 뿐이지 정치적으로는 동원하려 하지 않는다. 국가는 축적의 확대와 잉여의 배분에 있어 주도권을 행사하여 이를 위한 통제와 조정의 기술관료적 기제를 억압적으로 체제 안에 확산시켰던 것이다.

한국에서의 특성은 현대적 권위주의가 종속적 자본축적의 과정에서 국가의 기업가적 역할을 통해 나타났지만 그 조합주의적 면모의 색다름에 있다. 시민사회에 대한 조합주의적 이해통제는 라틴 아메리카의 경우와는 달리, 뒤늦게 급격하게 추진된 종속적 발전의 과정에서 나타났으며, 그 내용과 형태도 사뭇 다르다고 보아야 할 것이다. 시민사회와 국가의 관계를 제4의 제도로서 군부에 의해 매개되지는 않았다. 군부가 새로운 직업주의에 입각하여 국내외적 안보의 위협에 대한 위기관리자로서 자처하고 있으나 그것에 의한 정치참여의 기제가 법적으로 제도화되어 있었던 것은 아니다. 이러한 면에서 이해표출과 정책결정이 국가에 의 해 조정되기는 하였지만, 70년대의 국가를 엄밀한 의미의 '조합주의적 집정관체제'라고 볼 수는 없는 것이다.[69] 조합주의적 통제는 관료화된 보나파르트주의적인 국가에 의해 종속적 자본축적의 과정에서 서서히 움터 왔지만 시민사회의 조직 원리로 정착되었던 것은 아니다.

종속적 발전의 과정에서 탈절이나 배제에 따른 필연적인 경제적 제약과 정치적 강제로 인하여 민주주의보다는 권위주의에 대한 요구가 체제내적으로 앞선다는 사실을 알 수 있었다. 외향적 산업화는 국가로 하여금 자본축적을 주도하고 계급관계를 조정해야 될 필요로 인하여 그것을 현대적 권위주

---

69 이 점에서 한국의 경우는 형태상으로는 사회조합주의(social corporatism)보다는 국가조합주의(state corporatism)에 가깝다. Schmitter (1979), 앞의 논문 pp.20-25.

의의 틀 안에서 보다 억압적인 성향을 띠게 만들었다.

세계경제의 흐름이 바뀌고 있지만, 중심부에서의 점증하는 보호주의의 장벽을 감안한다면, 한국이 종속적 발전을 통해 누적된 외채로부터의 해방을 조만간 이룰 전망은 희박하다. 그렇다면 성장과 배제는 불가분의 관계를 갖고 종속적 발전의 경로를 규정할 것이다. 한국은 부르조아지나 프롤레타리아가 고도로 형성된 계급사회는 아니었다. 그러나 시민사회의 계급적 이해관계는 자본축적의 과정에서 점진적으로 분화되고 결집되어왔다. 따라서 만약에 시민사회로부터의 이해표출이 경쟁적인 정치참여로 제도화되지 않는다면, 그 간격은 민중부문의 저항과 함께 국가에 희한 본격적인 조합주의적 통제로 메꾸어질 가능성이 많다고 볼 수 있을 것이다.

제3장

국가자율성의 변화

1. 국가의 성격

한국에서의 국가성격과 본질에 관한 사회과학적 접근이 갖는 가장 큰 딜레마는 그것의 경험적 연구를 위한 독자적인 이론적 자원이 빈곤하다는 데 있다고 볼 수 있다. 이는 국가에 대한 최근의 관심이 그것의 실체를 밝히는 데 있어 학문적으로 성행하고 있음에 현실적으로 지체되고 있음을 가르쳐 주는 것이다. 국가라고 하는 것이 하나의 시공의 장안에서 형성되는 역사적 산물이라는 평범한 사실을 받아들인다면,[1] 주로 구미지역을 경험적 준거로 일반화된 국가이론을 그것에 대한 지식사회학적 성찰 없이 한국의 경우에 무비판적으로 적용함으로써 국가의 실체를 해명함에 있어, 논리적 혼란이나

1　이러한 역사적 입장에서 유럽대륙에서의 국가형성에 대한 비교논의로 B. Badie & D. Birnbaum, *Sociologie de l'Etat* (Paris: Grasset, 1979)를 들 수 있다.

분석적 오류가 불가피하게 뒤따르게 된다는 것을 쉽게 파악할 수 있을 것이다.[2] 이러한 현상은 크게 보아 자유주의적 다원론이나 마르크스주의적 계급론에 공통적으로 나타나고 있다고 해도 과언이 아닐 것이다.

다만 근래에 한국 사회과학계의 일각에 강력하게 부각되고 있는 제3세계 지평에서의 네오마르크스주의적 시각은 기존의 국가이론들에 내재했던 시민사회 중심적인 평면성을 자본축적-계급갈등-지배관계라는 유기적 연관 아래 입체화시킴으로써 국가일반의 연구에 중요한 분석적 돌파구를 열어주고 있다고 할 수 있다. 그렇다고 해서 이 점이 곧 한국에서의 국가성격과 본질을 설명하는 데 네오마르크스주의적 시각이 절대적인 타당성과 유용성을 갖는다는 것을 의미하는 것은 아니다.

한국의 국가연구에 있어 네오마르크스주의적 시각은 다음과 같은 몇 가지 기본적인 문제를 지니고 있다고 생각된다. 무엇보다는 이 시각은 사회주의로의 이행이라는 가치 전제 아래에서 자본주의국가의 위기를 논의함으로써 한국에 있어 근대 이후의 역사적 변화에 대한 인식이 당위론적인 측면에서 과장 내지 과소하게 될 소지를 지닌다는 것이다. 특히 이와 연관하여 이 시각은 과거의 미미했던 시민사회의 역학을 현금의 계급분화의 구도에 의해 결과론적으로 해석하고 있으며, 나아가 해방 이후의 진화과정에서 나타난 국가의 동태적이고 모순적인 면모를 밝히기 위한 자본축적의 내외적 함수관계를 포착하는 데 균형 잡힌 분석을 제시하지 못하고 있다.

이 장의 의도는 네오마르크스주의적 시각이 갖는 위의 문제를 보완하면서 해방 이후 한국에서의 국가의 성격과 본질을 가능한 거시적이고 종합적으로 이해하는 데 있다. 따라서 논의의 초점으로서 편의상 국가자율성의 개념이

---

2   이에 대한 논쟁적인 면에서의 면밀한 검토로는 박광주, "국가론을 통한 한국정치의 패러다임 모색", 『현상과 인식』 제9권, 제2호 (1985), pp.30-78이 있다.

제시되고 있는 바, 그것은 1960년 초반 이래 현재까지의 '계급적 발전'의 과정을 주된 시기로 하여 도구적이고 구조적인 두 가지 차원에서 고찰될 것이다. 제3세계의 다양한 경험에서 볼 때 국가자율성의 정도가 자본축적의 방식과 시민사회의 구조에 의해 커다란 영향을 받는다는 점에서 그것은 국가 일반의 연구에 있어 핵심적인 주제로 등장할 수 있는 것이다.

2. 해방이후 국가의 형성과 전개

1960년대 이후의 한국에 있어 국가자율성의 도구적 가능성과 구조적 한계를 정확하게 알아보기 위해서는 그 이전의 국가의 展開過程에 대한 논의가 선행되어야 할 것이다. 자본주의의 성장과 궤를 같이하면서 이루어진 중심부의 自生的 국가形成과는[3] 본질적으로 역사구조적 맥락을 달리하는 한국의 경우는 제3세계의 비교지평에서 볼 때에도 상당히 독특한 면모를 지니고 있다고 사료되는 것이다.

일반적으로 민족(nation)의 형성이 국가(state)의 성립을 수반한다는 점에서 한국은 근대 이전에 이미 오랜 민족국가의 역사적 경험을 가지고 있다고 볼 수 있다.[4] 다만 일제의 의한 식민지화로 말미암아 한국에 있어 근대적인 의

3　유럽의 경우 Anderson과 Skocpol은 절대주의 국가를 모태로 하여 자본주의가 성립했다고 보는 반면에, Wallerstein이나 Chase-Dunn은 자본주의의 성립을 통해 근대국가가 출현했다는 상이한 견해를 제출하고 있다. P. Anderson *Linages of Absolutist State* (London: Verso, 1971); T. Skocpol, "Wallerstein's World Capitalist System: A Theoretical & Historical Critique", *American Journal of Sociology*, 92 (1977), pp.1075-1090; I. Wallerstein, *The capitalist world Economy* (Cambridge: Cambridge University Press, 1970) 그리고, Chase-Dunn, "Interstate System & Capitalist World-Economy: One Logic or Two?", *International Studies Quarterly*, 25 (1981), pp.19-42.

4　여기서 말하는 민족국가란 자본주의화 이전의 고대 및 중세의 '중앙집권적 통일국가'를 지

미의 민족국가 형성은 제2차 세계대전 종료 이후로 지연되었던 것이다. 개항 전후 자본주의적 생산관계가 봉건적 토양 위에서 발아되기 이전에 일본과 같은 외세의 영향으로 인해 내발적인 국가형성의 시도가 좌절되었음은 주지의 사실인 것이다.

이렇듯이 지체된 근대적인 국민국가 형성은 해방이 지니는 타율적인 논리 아래에서 그 이후의 한국에 있어 국가를 포함한 상부구조의 성격을 규정하는 주요한 요인이 되고 있다. 여기서 우리가 중시해야 될 사실은 세계질서의 이원화 과정으로 압축되는 냉전체제의 수립과 일제강점기의 시민사회의 분열은(비록 미약했지만) 6·25전쟁을 전기로 하여 한반도에서 국토분단을 체제분단으로 전환시킴으로써 분단국가의 출현을 고착시켰다는 점이다.[5] 물론 이 당시 시민사회는 부르조아지와 민중 그 어느 계급에 의해서도 장악되지 않았으며, 그 분열의 양상도 외세를 둘러싼 좌우익의 대립에서 볼 수 있듯이, 내재적인 세력관계를 통해 자율적인 통일된 국민국가 형성으로 이어질 만큼 구조화되어 있었다고 보기는 어려울 것이다. 자율적인 통일된 국민국가 형성의 장애는 일단 각기 미국과 소련을 중심으로 한 자본주의와 사회주의의 두 진영의 견제와 팽창이라는 세계질서의 개편과정에서 동북아시아에서 한반도가 차지하는 지정학적이고 정치경제적인 위치로 인하여 그것이

칭한다. 신용하, "민족형성의 이론", 『한국사회학연구』 제7집 (1984), pp.23-24. 그러므로 이러한 민족국가와 대비하여 다음에서 언급되는 국민국가는 다음과 같은 특징을 갖는 것으로 이해된다. ① 국가의 주권이 동질화된 국민에게 있고, ② 비교적 영속적인 통치체제를 지니며, 그리고 ③ 지배의 관료제화가 이루어져 있다.

5 이른바 분단의 '내인론'과 '외인론'에 대한 최근의 다채로운 검토로는 "대토론: 현대사를 어떻게 볼 것인가", 『신동아』 2월호 (1986), pp.476-576을 볼 것. 기존의 대표적인 논의로서 B. Cumings, *The origins of the Korean war* (Princeton: Princeton University Press, 1981)은 내인론에 가깝고 Soon-Seung Cho, *Korea in World Politics, 1943~1950* (Berkeley: University of California Press, 1967)은 외인론의 입장에 들어간다고 볼 수 있다.

강대국의 투쟁장이 됨으로써 마련되었다고 보아야 할 것이다. 결국 남북한에서의 전정수립으로 이어지는 분단국가의 형성은 미·소의 실세 아래에서 남북협상을 타결할 만한 정치세력이 좌익, 우익, 중도파 혹은 임정이건 간에 시민사회 안에 구심적으로 자리 잡지 못했음을 알려 주는 것이라고 하겠다.

이렇게 볼 때 해방은 국제정치경제체제의 변화하는 환경아래에서 지체된 근대적인 국민국가 형성의 기회를 오히려 왜곡하는 계기가 되었다고 할 수 있다. 이것은 남쪽에서의 국가형성, 즉 제1공화국의 수립과정에서 잘 살펴질 수 있을 것이다.

제2차 세계대전 종전 이후 한국이란, 미국에 있어 버리기에는 아깝고 가지기에는 귀찮은 존재로서 군사전략적 측면에서 그 가치가 인정되었을 뿐이다. 따라서 한반도에 대한 미국의 정책은 기본적으로 대소대쇄를 위한 동북아시아에서의 군사전략적 지위확보에 그 초점이 놓여 있었다고 볼 수 있다.[6] 이러한 맥락 아래에서 미국은 한국에서의 좌익을 곧 공산주의 나아가서 친소세력으로 동일시하게 외었고, 미군정은 남한에서 법·질서·반공의 기치 아래 장기적인 사회개혁의 추구보다 단기적인 사회안정의 수립에 그 정책적 역점을 두게 되었던 것이다. 이러한 정책적 역점에 따라 미군정은 일제시 형성된 식민관료기구의 존속과 경찰조직의 재건을 통해 결국 Alavi가 말하는 '과대성장된 국가기구'를 강화시키게 되었던 것이다.[7] 일찍이 식민지 한국에

---

6 3·8선 구획을 전후로 한 미국의 대(對)한정책에 관한 전통주의적 및 수정주의적 해석에 대해서는 김광신, "미군정과 분단국가의 형성", 최장집편, 『한국현대사』 1945~1950(서울: 열음사, 1985), pp.112-119를 참고할 것. 최근 하영선은 "전후세계체제의 변화와 한반도", 대학신문, 1986년 9월 8일, 제1195호에서 미국의 대한정책은 1947년을 전기로 하여 남한내에서의 중도노선의 지지를 통한 4개국 공동통치의 방향에서 우익노선의 단독정부의 설립을 지원하게 되었다고 주장하고 있다.

7 F. Alavi, "The state in Post-Colonial Societies : Pakistan & Bangladesh", New Left Review, 74 (1972), pp.59-81. 이의 한국에 대한 적용으로는 최장집, "과대성장국가의

형성된 국가는 중심부 일본으로부터 도출된 것으로서 당시의 한국사회를 초월하여 설립되었으며, 고도로 분절되고 침투적인 관료제가 토착적인 집단이나 계급을 대치한 것이었다. 일제에 의한 식민통치 아래에서 위축된 시민사회에 강력하게 군림했던 이러한 중앙집권적 관료기구가 해방 이후 그대로 전수되었던 것이다.

그러므로 제1공화국의 출범은 미국의 후원에 힘입은 보수우익계 이승만 세력을 중심으로 한 식민지 관료엘리트가 국가기구를 장악했음을 의미한다. 이 당시의 국가는 세계체제 안에서의 심각한 구조적 제약성에도 불구하고 시민사회에 대해서는 상당한 도구적 자율성을 확보할 수 있었다고 볼 수 있다. 바꾸어 얘기하자면, 제1공화국 수립기에 자본주의 생산양식의 유지가 미국의 군사전략적 이해의 확보라는 중심부의 요구에 의해 이루어짐으로써 국가는 자본가계급과는 무관한 비대칭적인 자율성을 확보할 수 있었다는 것이다. 이러한 자율성을 가능케 한 조건으로 다음 몇 가지를 지적할 수 있겠다.

1) 과대성장된 국가기구

이승만 세력에 의한 국가기구의 장악은, 전국 규모의 효율성을 지닌 유일한 조직체인 행정기구와 경찰조직의 접수를 통해 미분화된 시민사회에 대한 국가의 군림을 의미했다. 입법기구의 구성 이전에 이미 높은 통제력을 갖춘 행정기구가 정착되어 있었으며, 또한 경찰조직은 강력한 결속력을 지닌 최대의 폭력관리집단이었다. 이러한 상황 아래에서 정부당이 없이 정권이 수립될 수 있었던 것이다. 따라서 시민사회의 집단적·계급적 이해관계를 표출할 수 있는 정당의 결여 속에서 국가는 애초부터 독주할 수 있는 소지를 갖게 되었던 것이다.

형성과 정치균열의 구조", 『한국사회연구』 제3집 (1985), pp.183-216이 있다.

2) 국가의 물질적 기반

과대성장된 국가기구는 미국의 원조와 식민지 귀속재산의 불하에 의해 물
질적 기반을 마련 할 수 있었다. 미국의 원조는 경제적 이해보다는 정치군사
적 이해에 따라 북쪽의 공산정권에 대한 억제력을 강화시키려는 의도를 지
녔다. 그러나 그것은 당시 가장 큰 경제세력이라고 할 수 있는 지주계급과
자본가계급에 대한 국가의 의존도를 격감시키는 요인이 되었다. 나아가서
국가가 원조물자 및 자금의 할당권을 보유하게 됨에 따라 민간생간부문은
국가기구에 예속될 수밖에 없었던 것이다. 한편 산업시설의 8할 이상을 점
하는 귀속재산이 미군정을 거쳐 신생정부의 소유로 이전되었고 이의 불하가
관료기구이 기득권유지의 맥락에서 이루어지게 됨에 따라 역시 원조와 유사
한 효과로서 국가기구의 자율성을 높여 주었던 것이다.

3) '헤게모니'

Gramsci가 제시한 헤게모니의 개념은 자본주의국가에서 피지배계급에
대한 부르조아적 가치와 규범의 이데올로기적 지배를 의미한다.[8] 해방 이후
분단된 국가형성과 함께 한국에서도 반공과 동일시된 개념으로서의 자유민
주주의가 '헤게모니'의 수단으로서의 지위를 획득하였다고 볼 수 있다, 그런
데 이 헤게모니는 냉전체제 아래에서 외압에 의해 창출된 것으로서 계급적
성격을 결여한 것이었다. 즉, 헤게모니가 자본주의사회의 경제권력에서 부
르조아가 차지하는 위치에서 발산된다는 Gramsci적 개념과는 상당한 거리

8　A. Gramsci (Q. Hoare & G.N. Smith ed.), *Selections from the Prison Notebooks* (London
：Lawrence & Wishart, 1971), pp.57-59, 260-269, 323-326. 이에 대해서는 M.
Carnoy, *The state & Political Theory* (Princeton：Princeton University Press, 1984),
pp.68-77 참조.

가 있는 것이었다. 그 이유는 헤게모니의 창출자가 자본가계급이 아닌 국가였기 때문이다. 따라서 국가기구를 장악한 세력은 그들의 계급지배를 은폐하려는 별다른 노력 없이 자신을 국민의 일반이익을 대표하는 존재로 부각시키는 데 보다 용이하였던 것이다.

4) '권력블럭'의 취약성

미군정 당국은 군정기간 동안 강화된 국가기구와 정치·군사적으로 부여된 헤게모니를 통하여 Poulantzas의 '권력블럭'(power block)개념과[9] 유사한 보수우익진영의 형성을 조장할 수 있었다. 사유재산제도의 온존이라는 자본주의의 틀 안에의 보수우익진영은 단독정부수립에서 자신들의 이해를 위하여 결속하게 되었다. 그러나 이들은 결속력에 있어서 그 정도가 약했다고 볼 수 있다. 보수우익진영의 이 같은 집합적 취약성은 무엇보다도 부르조아혁명의 부재에 있다고 볼 수 있으나 2차적으로는 미국의 대한(對韓)이익의 특수성과 얽혀져 있었다. 한반도에서의 미국의 이해는 대공봉쇄의 맥락에서 형성되었으며, 그 정책기조는 경제적인 것이라기보다는 정치군사력인 것이었다. 사실상 당시의 한국은 그 시장규모와 산업구조상 미국 상품의 판매시장으로서나 미국자본의 투자대상으로서의 매력을 지니고 있지 못했다. 따라서 해방직후의 한국에는 외국자본과 동맹한 자본가 계급이나 그 분파가 형성되지 못하였다. 따라서 Alavi가 탈식민사회에서 이루어지는 계급제휴로서 제시하고 있는 '신식민주의 부르조아지'·'토착 부르조아지'·'지주계급' 등 3자 간의 계급제휴가 한국의 상황에서는 형성되지 못하였던 것이다. 그 결과 한

---

9   Gramsci에 의해 최초로 제시된 개념으로의 '권력블럭'은 자본가계급내의 경쟁적인 분파들이 지배계급으로 재통합된 것으로서 국가에 의해 그 장기적 이익이 대표되고 조직된다는 것이 Poulantzas의 중요한 논리이다(N. Poulantzas, *Political Power & Social Classes*, London: New Left Books, 1973, pp.296-298).

국에서의 우익보수진영은 경제적 성격을 결한 다분히 정치적인 연합이었으며, 이것은 국가로 하여금 지배계급으로부터 자율성을 극단적으로 높여주는 결과를 가져왔던 것이다.

5) 피지배계급의 배출

해방 이후 피지배계급의 결집은 경제적 이해에 대한 각성에 앞서 좌익 엘리트에 의한 동원의 결과였다고 보아야 할 것이다. 그런데 강력한 반공국가 형성을 목표로 한 미군정정책은 좌익에 대한 억압을 수반하였으므로 자연적으로 피지배계급은 제1공화국 성립 이전에 이미 정치 참여면에서 구조적으로 배제되었고 이들의 결속의 소지도 미리 제거되었다. 따라서 국가의 자율성을 제약할 수 있는 영역의 대폭적인 축소가 시민사회 안에 이루어졌던 것이다.

이후 1950년대의 이승만 정권의 진화과정에서 국가는 지속적으로 세계체제 안의 제약 속에서 시민사회 위에 군림하여 왔다고 볼 수 있다. 미국의 피보호국가로서 한국은 자본주의적 발전에 대한 논리가 그것의 군사전략적 이해에 의해 외삽적으로 수용되었음은 주지의 사실이다. 이것은 자립적인 토착자본가의 성장이 부진한 가운데 국가로 하여금 정치참여의 과정에서 선택적 배제와 융합의 기제를 통해 집단·계급 이해를 자의적으로 조정하게끔 만들어 주는 배경이 되었다. 국가는 중심부 미국에 군사적·정치적·경제적으로 의존하면서 미분화된 시민사회에 대해 도구적 자율성을 확보할 수 있었던 것이다.

이러한 국가의 기능은 한편으로는 원조경제 아래의 파행적인 자본축적의 방식과 다른 한편으로는 부르조아에 의한 계급지배 없는 미성숙한 시민사회의 구조에 의해 특징적으로 잘 파악될 수 있을 것이다. 당시 미국의 대한(對韓)원조는 연평균 12%를 차지했을 정도로 막대한 것이었다. 물자원조는 원

료가공형 공업의 확산을 유도하면서 농공부문 사이의 분업연관을 저해하였
다. 그러나 국가는 주로 대충자금을 재정투융자의 과정에서 임의로 배분함
으로써 민간생산부문을 장악할 수 있었던 것이다.[10] 또한 당시의 시민사회는
계급구성상 농어민층이 66.8%로 주축을 이루었을 만큼 자본주의적 분화는
극히 미약했다. 민족자본의 성장이 취약한 가운데 정치권력과 유착된 자본
가계급은 원조물자와 가금의 할당을 둘러싸고 국가에 예속될 수밖에 없었던
것이다.[11]

요컨대, 1950년대의 한국은 자본주의화의 주변적 경향으로 인하여, 다음
과 같은 두 가지 특성을 나타냈다고 할 수 있다. 첫째로 시민사회 안의 계급
투쟁이 크게 부각되지 않았으며, 둘째로 헤게모니가 자본가계급에 의해 마
련되지 않았다는 것이다. 이러한 연고로 해서 시민사회 안의 이해관계의 결
집은 경제적이라기보다는 정치적 표출의 성격을 띠게 되었으며, 나아가서
국가의 비대칭적인 자율성은 부르조아 헤게모니의 부재 아래 자유민주주의
를 침해하는 권위주의적 속성을 갖게 되었던 것이다.

3. 국가자율성: 도구적 차원과 구조적 차원

이승만 정권 아래에서 위축된 시민사회 위에 군림했던 과대성장된 국가기
구는 1960년대의 한국에 그대로 이어졌다. 그러나 1961년의 5·16 군사 쿠
데타를 발판으로 수립된 제3공화국은 '교도 자본주의'(guided capitalism)의 틀

---

10 김양화, "미국의 대한원조와 한국의 경제구조: 관료·예속자본의 형성을 중심으로", 송건
    호·박현채 외, 『해방 40년의 재인식』 (서울 : 돌베개, 1985), p.271.

11 서관모, "한국사회 계급구성의 사회통계적 연구", 『산업사회연구』 (서울 : 한울, 1986),
    p.103.

안에서 자본축적의 극대화를 위하여 경제의 재구조화와 사회의 재조직화를 시도하였다. 세계자본주의의 분업구조 안으로의 능동적 참여를 지향했던 대외지향적 발전전략은 이후 증대된 국가개입을 통하여 해방 이후 한국에 있어 국가의 성격적 변화를 가져오는 중요한 계기가 되었던 것이다.

이것은 두 가지 측면에서 접근될 수 있다. 먼저 세계체제적 맥락에서는 미국이라는 중심부의 군사전략적 이해관계의 대행자에 부가하여 그것의 정치경제적 이해관계의 매개자로서 국가가 가능하다는 것을 의미한다. 다음으로 사회구성상의 측면에서 보면 자본주의적 발전의 심화에 따라 시민사회의 분화가 보다 계급적 성격을 띠게 되고 나아가 현재화된 계급갈등이 국가에 의해 조정됨을 의미한다.

그러므로 현대 한국의 국가는 그 상부구조의 성격이 그 토대로서 시민사회를 초월하는 '국제적인 국가체제'(international states system)와 '자본주의 세계경제'(capitalist world economy)의 상호역학에 의해 규정되면서 다시금 팽창하는 시민사회에 반응하는 특징적인 모습을 보여왔던 것이다.[12] 실제로 박정희 정권은 '기업가적-조합주의적-관료·권위주의적' 맥락 안에서 국가의 주도 아래 외국자본과 국내자본의 연계를 통한 종속적 발전을 추진하면서 경제와 사회에 대해 기업부르조아와 행정관료제의 역할을 동시에 수행해 왔던 것이다. 그것은 생산수단의 직·간접 소유 통제를 통해 자본축적의 과정을 총괄하기도 하였으며, 또한 시민사회 안의 이익표출과 결집을 강압적으

---

12 세계정치의 입장으로는 T. Skocpol, *State & Social Revolution: A Comparative Analysis of France, Russia & China* (Cambridge: Cambridge University Press, 1979) 및 B. Buzan, *People, States & Fear: The National Security Problem in International Relations* (Chapel Hill: University of North Carolina Press, 1983)과 세계경제의 시각으로는 W. Fein & K. Stenzel, "The Capitalist State & Underdevelopment in Latin America: The Case of Venezuela," *Kapitalistate*, 2 (1973), pp.31-48 및 W. Zieman & M. Lazendorfer, "The State in Peripheral Societies", *The Socialist Register*, 7 (1977), pp.143-177 참조.

로 규제해 왔던 것이다. 이 과정에서 박정희 정권은 냉전 상황 아래에서 한국이 동북 아시아에서 차지하는 군사전략적 위치를 빌미로 하여 정치경제적 이해관계의 신장을 추구하였던 것이다.

이렇게 볼 때 제3공화국과 제4공화국의 전개과정에서 나타난 국가의 자율성은 Hamilton이 말하는 도구적 및 구조적 차원에서 복합적으로 검토되어야 할 것으로 생각된다. 그의 논리에 의하면,[13] 국가의 도구적 자율성이 지배계급에 대한 것이라면 구조적 자율성은 기존의 사회구조에 연관된 것이다. 이러한 국가 자율성의 가능성과 한계는 사회구성 안에서 국가가 자리 잡고 있는 위치와 세계체제 안에의 그것의 우상에 의해 결정된다. 일반적으로 종속적 자본주의사회에 있어 국가는 기존의 생산양식과 사회관계의 유지를 위하여 궁극적으로 지배계급의 이해에 봉사하지만, 이는 지배계급이 반드시 국가를 직접적으로 통제한다는 것을 의미하지는 않는다. 즉, 자본가계급이 자립적으로 공업화를 추진할 수 없을 만큼 취약할 때, 혹은 그것이 분열되어 있을 때 국가는 지배계급에 대해 도구적 자율성을 제고시킬 수 있다. 그러나 국가는 지배계급이 생산수단을 통제함으로써 그의 물질적 자원에 의존해야 하는 한, 자본주의적 생산양식과 사회관계를 재생산해야 하는 구조적 한계를 갖고 있다. 더욱이 국가가 안정보장의 확보와 자본축적의 촉진을 위해 특정 중심부 국가에 의존되어 있는 한, 세계 체제로부터의 구조적 제약은 심각해진다. 따라서 국가가 구조적 자율성을 신장하기 위해서는 경제적 자원에 대한 통제력을 높이거나 혹은 피지배계급과의 동맹을 강화시켜야만 하는 것이다. 그러나 국가가 구조적 한계를 극복하려고 시도함에 따라 그 결과는 오히려 지배계급과 그 동맹자들의 결속과 대항을 결과할 수 있게 된다. 따라서

13　N. Hamilton, "State Autonomy & Dependent Capitalism in Latin America", *British Journal of Sociology*, 32 (1981), pp.307-311.

세계체계가 위기에 직면하거나 사회구성이 와해되지 않는 한 국가의 구조적 자율성은 필연적으로 제약될 수밖에 없는 것이다.

이러한 견지에서 우리는 1960년대 초반 이후 지금에 이르기까지의 한국에서의 국가자율성의 도구적 가능성과 구조적 한계를 다음과 같은 세 가지 측면에서 고찰 할 수 있을 것 같다.[14] 첫째로 누가 국가기구를 점유하여 왔으며, 그것의 계급적 성격은 무엇인가? 둘째로 어떻게 국가는 경제적 자원의 통제를 통해 자본가 계급에 반응하여 왔는가? 그리고 셋째로 어느 정도 국가가 외국자본이나 국내자본의 이해에 반하는 정책을 추구할 수 있었는가?

1) 국가기구와 지배계급

종속적 산업화의 과정에서 국가기구는 질·양적으로 비대해져 왔다고 볼 수 있다. 경제성장과 정치안정을 위한 강력한 중앙집권적 국가기구는 특히 유신을 계기로 하여 장기집권을 위한 당파적인 여론형성과 선거조작을 위해서 또한 대외의존에 따른 효과적인 자원관리와 투자결정을 위해 기술 관료의 역할을 증대시켜 왔던 것이다.

이러한 국가기구의 관리자들이 지배계급으로부터 직접 충원되어 왔다는 확증은 없다. 지배계급의 핵심부분으로서 간주되는 생산수단을 소유하고 통제하는 자본가계급의 경우 이들은 주로 기업가적 재능보다도 정부의 특혜에 의해 성장하면서 개인적 사회적 유대관계를 통해 국가의 정책 결정에 영향력을 행사하려고 시도해왔다고 볼 수 있다, 이것은 재계와 정계 사이의 혼인관계·교우관계, 고급관리나 퇴역장성의 기업영입, 그리고 경제인들의 자발적 이익 집단의 결성을 통한 정부시책에의 영향 등과 같은 복합적 기제에 의

14　이것은 Mexico의 국가에 대한 Hamilton의 분석을 참고로 하고 있다(*The Limits of State Autonomy: Post-Revolutionary Mexico*, Princeton: Princeton University Press, 1982, 특히 pp.25-39 참고).

해 설명될 수 있을 것이다.

한국사회의 계급구성에서 자본가계급의 차지하는 비중은 고급경영자와 고급공무원을 포함하는 기능적 자본가를 망라하여 1% 정도에 불과하다. 1984년 현재 기업부문의 자본가의 수효는 11만 6청명으로 추산된다. 이 중에서 종업원 5~9인 규모의 소자본가는 4만7천명이고 종업원 100인 규모의 중자본가는 1만6천명이며, 종업원 500인 이상인 대자본가는 4천명에 달한다.[15] 이렇듯이 자본가계급 내에서도 상당한 분화가 진행되어 왔으나, 실제로 경제과정을 지배하는 것은 독점자본가집단이라고 할 수 있는 재벌이라고 보아야 한다. 예컨대 1983년의 경우 50개 대기업은 외형상으로 GDP에 거의 맞먹는 약 53조원을 매출하였으며, 이는 부가가치 안에서 GDP의 무려 19.5%에 해당하는 것이다.[16] 이는 46개 대기업이 1973년에 부가가치면에서 GDP의 9.8%를 그리고 1977년에 16.3%를 산출해냈음을 고려할 때[17] 재벌에 의한 경제집중이 가속화되어 왔음을 예시해주는 것이다.

한국의 경우 자본가계급은 그 성장과정에서 국가권력에 크게 유착되어 왔다. 부르조아혁명의 부재 아래 자립적 기반이 취약한 자본가계급은 국가에 의한 금융·시장·세제상의 보호와 특혜를 받으면서 급속히 성장하여 왔던 것이다. 특히 민간생산부문에 대한 국가의 통제는 주로 자금의 용도배분을 둘러싼 여신규제에 의해 마련되어왔다고 볼 수 있다. 자금조달능력이 허약한 민간생산부문은 국가가 관리하고 있는 금융기관에 의존할 수밖에 없었으며, 반대로 국가는 금융기관을 장악함으로써 자금조달을 통해 민간 생산 부문에 대해 통제력을 증대시켜 왔던 것이다.

자본가계급 중 특히 대자본가는 혼맥·학연·지연을 통하여 국가기구의

---

15   서관모, 앞의 논문, p.108.

16   한국일보, 1984년 6월 15일(제10965호).

17   사공일, "경제성장과 경제력집중", 『한국개발연구』 제2권 제1호 (1980), p.5, 7.

관리자들과 긴밀한 사적 유대관계를 형성하고 있다. 이러한 권력과 부의 연계는 재벌가와 행정부·입법부·사법부의 고급관리자 사이에 직계와 방계를 통한 혼인, 동창관계, 그리고 지역연고에 의해 강화되어 왔다고 볼 수 있다. 다음으로 국가기구가 지배계급출신 성원에 의해 전유되지 않는다고 하더라도 역충원(reverse recruitment)을 통해 국가의 계급적 성격이 증대되어 왔다고 볼 수 있다. 예컨대 1986년 현재 국내 7개 재벌의 최고경영자 262명 중 17%에 해당되는 44명이 정계·관계·군 출신이다.[18] 끝으로 자본가계급은 상공회의소, 전국경제인연합회, 무역협회, 중소기업협동조합중앙회 등과 같은 자발적 이익집단을 결성함으로써 국가의 정책결정과 집행과정에서 공개적인 캠페인이나 로비활동을 통해 무시 못 할 압력을 행사하여 왔다고 볼 수 있다. 예컨대, 전국경제인연합회는 정부에 대해서 정치자금의 공식루트 역할을 함으로써 법의 제정·개정이나 행정처리 과정에서 자신들의 이해관계를 반영시키고 있는 것이다.

현대한국에 있어 지배계급은 분화의 와중에서 분파작용에 따라 때로는 상반된 이해관계를 표명하면서 국가주도적인 종속적 자본축적의 과정에 참여해 왔다. 이 과정에서 이들은 '권력블럭'으로서 형성을 통해 비록 이질적이지만 국가기구와 정책에 그들의 나름대로의 영향력을 행사하려고 시도해 온 것은 사실이라고 할 수 있다. 그러나 이러한 사실은 국가기구의 관리자들이 Miliband가 지적하는 도구적인 측면에서 자본가계급에 의해 '식민화'(colonization)교육과 사회화과정에 의해 그들 모두가 그 이전의 세대와는 달리 점차로 '공유된 사회인식'과 '이데올로기적 성향과 정치적 편견'을 갖게 될[19] 소지가 증가하고 있다고 보아야 할 것이다.

---

18 배민준, "재계의 관료·군출신들," 『신동아』 8월호 (1986), p.403.

19 R. Miliband, *The State in Capitalist Society* (New York: Basic Books, 1969), p.59, pp.68-72.

2) 자본통제와 자본가계급

Stepan에 의하면 국가의 자율적인 행동범위는 외국자본과 국내자본을 조작·통제·관리 할 수 있는 기술적·행정적·정치적 능력에 따라 결정된다. 물론 여기에는 대외적으로 국제시장의 경기변동과 국제관계의 정치상황이, 대내적으로는 국내시장의 크기, 요소부존상태, 그리고 생산력의 수준이 상수로 개재되어 있지만, 국가기구의 관리자들의 결속력의 정도에 따른 발전목표의 선정과 산업화의 전략이 잠재적으로 자율적인 행위의 폭을 결정지워 주는 중요한 작용변수가 되는 것이다.[20]

1960년대 초반 한국이 외국자본의 '초대에 의한 상승전략'을 통해 종속의 자본축적을 시도하였을 때 국가는 그것에 대한 가능한 한 통제력의 제고를 위하여 다국적기업에 의한 직접투자보다는 공공·상업차관과 같은 간접투자의 방식에 의존하였다. 물론 1982년 이후[21] 다국적기업의 유치를 적극적으로 조장하고 있지만, 국가는 그 이전까지 자본가계급이 다국적기업에 의한 직접투자의 몫이 10% 미만인 반면에, 공공·상업차관과 같은 간접투자의 비중이 90% 이상을 차지하고 있다는 사실에 의하여 잘 입증될 것이다.[22] 즉, 국가는 자본축적의 탈국가화를 방지하기 위하여 다국적기업보다 자본가계급을 동반자로 선호하면서 세계자본주의 안에서 수출증진을 통한 대외지향적 발전전략을 추구하여 왔던 것이다.[23]

---

20 A. Stepan, *The State & Society: Peru in Comparative Perspective* (Princeton: Princeton University Press, 1978), pp.237-246.

21 1982년에 개정된 외국인투자법은 외국기업의 지분율을 거의 모든 산업에서 100%까지 허용하고 있다. 1985년 현재로 국내 999개 산업 중 73.6%에 달하는 726 부문이 외국인의 투자대상으로 개방되었다. 재무부, 『외국인투자안내』(1984), pp.5-6.

22 재무부, 『외국인투자인가현황』(1986) 통계자료.

23 이것이 바로 종속적 발전의 기제에 있어서 한국이 Evans가 말하는 브라질에서의 3자동

국내자본의 형성이 미약한 가운데 도입된 외국자본을 국가주도적인 종속적 자본축적의 과정에의 투자재원으로서 긴요하게 활용되어 왔음은 주지의 사실이다. 예컨대, 외국자본 중 공공차관은 주로 철도·항만·수송·동력 등 사회간접부문과 은행·보험 등 금융부문의 신장에 투입되었으며, 상업차관은 섬유·화학·전기·전자·기계·금속·선박 등 경·중공업부문의 확장에 사용되어 왔다. 효율적인 산업화를 위하여 국가는 외부경제성을 지니는 하부구조를 건설하여 왔고 공기업의 경영을 통해 직접 생산 활동에 종사하여 왔으며, 또한 자본가계급의 경제활동을 진작시켜 주기 위한 재정지원을 해주어 왔던 것이다.

이러한 결과로 인하여 자본가계급의 성장은 크게 촉진되어 왔다. 공기업의 점진적 민영화에 발맞추어 독점자본가집단인 재벌의 팽창은 특히 1975년대 중반 국가주도에 의한 민간중심의 중화학공업의 추진을 분수령으로 하여 급속히 이루어져 왔던 것이다. 이는 국민경제에서 차지하는 자본가계급의 비중과 역할이, 그것의 해외의존성의 증가에도 불구하고, 커짐에 따라 지배계급 안에 형성된 '권력블럭'이 강화되어 왔음을 의미한다.

사실상 국가는 자본가계급을 저금리·정책금융·세제혜택·관세특혜·시장보호 등을 통해 육성하여 왔다. 그러나 국가는 투자자금의 용도와 분배를 재량적으로 규제함으로써 오히려 이것은 거꾸로 자본가계급을 통제하는 주요한 수단이 되어 왔다고 볼 수 있다. 즉, 국가는 외국자본의 도입과 배분에 있어 정부인가와 보증의 형식을 통해 민간 생산부문을 장악해 왔던 것이다. 이러한 국가의 통제력은 1963년에서 1981년까지 민간생산부문의 자금조달 중에서 은행차관과 같은 대외차입의 몫이 23.4%에 달하고 있다는 사실

맹과 다른 일종의 2자동맹적 성격이다(P. Evans, *Dependent Development: The Alliance of Multinational, State & Local Capital in Brazil*, Princeton: Princeton University Press, 1979 참조).

에 의해 뒷받침될 것이다.[24]

　현대 한국에 있어 국가기구의 관리자들은 민간 및 군출신 기술관료를 주축으로 상당한 결속력을 보여 왔다고 생각된다. 그러나 이들은 공기업의 확대를 통해 독자적인 계급적 이해의 기반을 확대하려고 시도해 오지 않았다는 점에서 국가부르조아보다는 행정관료제의 성격이 더욱 부각된다고 볼 수 있다.[25] 이들은 생산수단의 직접 소유보다는 경제적 자원의 통제를 통해 자본가계급을 보조하고 나아가서 장악해 왔던 것이다. 그러므로 국가는 종속적 자본축적의 과정에서 때로는 지배계급의 이해관계로부터 자율적인 상당한 정도의 독자적 노선을 추구해 온 것이 사실이다.[26] 하지만 낮은 저축률과 만성적인 무역적자 아래에서 국제수지의 불균형은 기존외채의 원리금 및 이자상환을 위해 국가로 하여금 더욱 외국자본에 의존하게 만들어주어 왔다. 여기에 현대한국의 국가의 도구적 자율성이, 중심부국가, 국제금융기관, 또는 다국적기업에 의해, 저하될 수밖에 없는 구조적 한계가 놓여 있는 것이다.

24　김호기, "경제개발과 국가의 역할: 1960~1970년대를 중심으로", 최장집 편, 『한국자본주의와 국가』(서울 : 한울, 1985), p.206.

25　이 점은 제3세계 특히 라틴 아메리카에 대한 Amin이나 Cardoso등의 관찰과는 다른 양상이라고 할 수 있다(S. Amin, *Unequal Development: An Essay on the Social Formations of Peripheral Capitalism*, New York : Monthly Review Press, 1976 및 F.H. Cardoso, "Associated-Dependent Development : Theoretical & Practical Implications", A. Stepan (ed.), *Authoritarian Brazil: Origins, Policies & Future,* New Haven : Yale University Press, 1989, pp.142-178 참조).

26　이러한 논점으로는 D. Gold, C.Y.H. Lo. & E.O. Wright, "Recent Development in Marxist Theory of Capitalist State," *Monthly Review*, 27 (1975), pp.26-43, 36-51이 있다.

3) 국가정책과 계급이익

현대한국의 시민사회는 종속적 자본축적의 과정에서 그 분화의 정도가 가속화되어 왔다. 이 중에서 가장 놀라운 사실은, 노동자계급이 계급구성에서 볼 때 1980년에 들어서서 거의 절반에 가까운 44.7%로 성장하여 왔다는 것이다.[27] 노동자계급이 농어민층보다 더 큰 집단으로 형성되면서 시민사회 안의 계급이해는 보다 갈등적인 양상을 보이게 된 것이다.

이것은 1970년대 중반 이후 점증해 온 노사분쟁이 잘 대변해주리라고 생각된다. 성장과 배제로 특징지워지는 종속적 자본축적의 과정에서 노동계급은 경제적으로 동원(economic mobilization)되었을 뿐 정치적으로는 동원(political mobilization)되지 못하였던 것이다. 예컨대 1981년에 이르기까지 생산적 노동자의 실질임금은 매년 평균 5.2%씩 상승하였지만, 이것은 노동생산성 연평균 증가율 12.8%에 크게 뒤지는 것이었다.[28] 실제로 이 부문 종사자의 상대적 임금지위는 1961년 국민 1인당 GMP 비중 24.8%에서 1982년에는 16.5%로 크게 줄어들었던 것이다.[29] 그러나 저임금, 조악한 근로조건, 임금체불, 나아가서 빈부격차에 따른 상대적 박탈감 등을 개선하기 위한 노동자의 단체교섭권은 법적·제도적으로 봉쇄되면서 노사 간의 자율적 해결능력을 저해시켜 왔던 것이다.

이러한 와중에서 국가가 취해왔던 정책은 대체로 노동자 계급에 반하여 외국자본이나 국내자본의 계급적 이해에 부응하는 신자본주의적인 것이었다고 할 수 있다. Block에 의하면,[30] 지배계급이 계급의식이 없을 때에도 국

---

27 그 다수는 생산직 노동자라고 할 수 있다. 서관모, 앞의 논문, p.95.

28 최장집, "한국노동운동의 정치경제연구", 『한국사회연구』 2 (서울 : 한울, 1984), p.339.

29 임종철, "사각지대의 노동사회", 『월간조선』 4월호 (1984), p.137.

30 F. Block, "The Ruling Class does not Rule", *Socialist Register*, 7 (1977), pp.6-28.

가기구의 관리자들은 '사업 신용'(business confidence)의 전략을 방지하기 위하여 반자본주의 정책을 추구할 수 없게 된다. 국가기구의 관리자들은 재정을 위한 세입과 국민의 지지를 확보하기 위하여 활성화된 경제에 관심을 갖게 된다. 그런데 이러한 경제의 기능은 국내건 국외건 자본가계급에 의해 이루어지는 것이므로 국가는 사업신용을 저해할 어떠한 정책의 수립에도 반대하게 되는 것이다. 다만 노동자계급의 압력이 증대된다거나 혹은 자본가계급의 능력이 취약할 때 국가는 반자본주의적 이해를 정책에 반영할 수 있을 뿐인 것이다.

현대한국에 고도의 응집성을 갖춘 지배계급이 존재하느냐 그렇지 않는가의 문제는 차치하고라도, 이러한 Block의 논의는 국가가 본질적으로 지니는 구조적 자율성의 한계를 적절하게 제시해주고 있는 것이라고 볼 수 있다. 실제로 한국의 발전전략 및 경제정책의 수립과정에서 미국이나 아니면 그 이해를 대변하는 AID와 IMF가 '선택적 차관의 공여원칙'의 기제에 의해 지녀온 영향력은 막강한 것이었다. 또한, 국가에 의한 경제개인이 자금조달·임금통제·조세감면·특혜금융의 형태로 자본가계급의 사적 축적과정을 도모해 주어 왔음은 이미 앞에서 지적한 바와 같다.

단적인 예로, 1972년 8월 3일에 있던 '경제안정과 성장에 관한 긴급조치'의 진행과정에서 보면, 국가의 경제개발이 궁극적으로 자본가계급 중에서도 대자본가의 이해를 관철시키는 것으로 귀결되었음을 알 수 있다. 이 당시 박정희 정권은 종속적 자본축적의 초기단계에서 결과된 부실기업정리, 팽창된 통화관리, 무분별한 투자정책의 조정을 위해 긴축정책을 실시하였다. 그러나 긴축정책은 IMF와 자본가계급의 상충된 이해 속에서 결국은 사채 동경에 의한 난제해결로 이어짐에 따라 대자본가는 금융비용의 경감을 통해 자금난을 해소하고 재무구조를 개선할 수 있었던 것이다. 반면에 손해를 본 것은 이자부자본가와 중간계급이며, 노동자계급도 임금동결로 인해 타격을 입게 되었던 것이다.[31] 여기서 국가에 의한 경제개입의 계급적 성격의 일단이 발견되는 것이다.

현대한국에 있어 미국의 그것에 대한 군사전략적 이해는 외국자본으로 하여금 '사업신용'을 위한 최소한의 안전을 보장해 주는 환경을 조성해 주어 왔다고 할 수 있다. 그러나 국가가 취한 지배연합은 다국적기업을 제외한 자본가계급과의 제휴의 성격을 지녀왔는바, 이는 노동자계급의 배제를 통한 성장의 잉여를 국내화하려는 의도적인 선택이었다고 말할 수 있다. 이것은 국가로 하여금 외국자본의 조달과 관리를 통해 애초의 취약한 자본가계급에 대한 도구적 자율성을 높여주면서 구조적 행동의 폭을 넓혀주는 요인이 되어 왔다고 볼 수 있다. 하지만 종속적 자본축적의 과정에서 외국자본과 연계된 자본가계급이나 그 분파의 급속한 성장에 따라 국가 자율성의 범위는 구조적으로 도구적으로도 점차로 좁혀지고 있는 것이 현금의 실정이라고 할 수 있겠다.

현대한국의 국가자율성의 도구적 가능성과 구조적 한계를 종합적으로 철저하게 논의하는 것은 매우 지난한 과제이다. 왜냐하면 해방 이후 한국의 국가형성과 그 이후의 전개과정에서 연속성과 변화에 따른 동태적이며 모순적인 복합적 성격을 국가가 보여 왔기 때문이다.

일반적으로 제3세계에서 발견되는 종속적 자본주의 아래의 국가는 세계체제의 힘과 교환의 역학과 사회구성의 단절과 배제의 논리로 인하여 자본축적의 과정에서 정당성의 문제에 직면하게 된다. 특히 반주변부적인 종속적 발전의 도중에서 국가는 자본축적의 정당화를 위해 스스로 하나의 헤게모니적 세력으로서 권위주의적 방식으로 계급갈등을 관리해야 될 형편에 있

---

31 이성형, "국가, 계급 및 자본축적: 8·3 조치를 중심으로", 최장집 편, 『한국자본주의와 국가』 (서울: 한울, 1985), pp.263-280.

다. 이렇게 볼 때 현대한국의 국가는 권력중심으로서 본질적으로 지배계급의 이해를 대변하면서도 일종의 '상대적 자율성'을 통해 그것을 매개하였을 뿐만 아니라 조정해 왔던 것이다. 그러나 종속적 자본축적의 기제는 이러한 자율성을 국가로 하여금 구조적으로 제한시켜 왔으며, 나아가 자본가계급의 사적 축적에 대한 의존도를 높여주면서 도구적 가능성도 점차로 약화시켜주어 왔다고 할 수 있는 것이다.

그러므로 '관료화된 보나파르트주의'(bureaucratized Bonapartism)의 맥락 안에 위치 지워질 수 있는 현대한국의 국가는 성격적으로 많은 변화의 여지를 미래에 안고 있다고 생각된다. 특히 이것은 1980년 이후의 정부의 경제자유화정책에 따라 앞으로 예상되는 다국적 기업의 본격적 진출이 지배연합의 전환을 가져올 수 있다는 사실에 의해 설명될 수 있을 것이다. 기존의 외국자본과의 연계를 통한 중심부적 이해의 '내면화'(internalization)는 다국적 기업의 국내활동을 통해 보다 강화될 것이고, 자본가계급 중 특히 대자본가는 다국적기업과의 동맹을 통해 국가에 대한 교섭력을 더욱 중대시키려 할 것이다. 헤게모니를 결여한 '합작적 부르조아'(collaborating bourgeoisie)로서 자본가계급은 다국적기업과의 동맹과 노동자계급의 배제를 통해 지배계급으로서의 독자적 위치를 더욱 공고화시키려 시도하게 될 여지가 있는 것이다.

사실상 지난 몇 년간 국가는 민간생산부문 중 특히 급속히 성장하여 온 대기업을 효과적으로 통제하기 위하여 '공정거래법'·'공업 발전법'·'조세감면 규제법' 등을 입법화 시켰으나 그 집행이 당초의 구상대로 재벌의 기업 확장을 규제하는 데로 이어지지 못하고 있다고 볼 수 있다. 바꾸어 애기하자면, 이것은 대자본가의 경제적 역량이 그만치 정치화됨으로써 발전주의국가의 구심성을 침식하고 있는 것으로 풀이되는 것이다.

제4장

유신체제의 붕괴

1. 유신체제붕괴의 징후들

유신체제가 무너질 수 있다고 그 누구도 감히 생각할 수 없었던 1979년 10월 26일 저녁에 독재자 박정희는 체제수호의 보루였던 중앙정보부의 안전가옥에서 최측근의 심복이었던 중앙정보부장 김재규에 의해 암살되었다. 이를 계기로 철옹성처럼 굳건하게 보였던 유신체제는 서서히 붕괴하기 시작했다. 법정에서 김재규의 변호사들은 브루투스의 말을 빌어 이렇게 설명했다. 나는 시저를 사랑한다. 그러나 로마를 더 사랑하기 때문에 나는 시저를 죽였다라고.

자세히 들여다보면, 유신체제는 겉으로는 강고해 보였지만 내적 기반이 허약하여 쉽게 붕괴할 수 있는 체제였다. 체제정당성의 원천이었던 유신헌법은 비상계엄 하에서 실시한 국민투표로 성립되었다. 유신체제와 동일시되는 인격적 권력 박정희는 유신헌법에 의해 구성된 통일주체국민회의의 간접 선거를 통하여 대통령으로 선출되었다. 따라서 국가안보와 경제성장과 같이 강력한 정당화 이데올로기들이 있었음에도 불구하고, 민주주의적 가치가 심각하게 훼손됨으로써 그 정치적 효과가 크게 손상되었다. 그 결과 유신체제는 절차적 정당성을 갖추고 있었음에도 불구하고, 지속적으로 정치적 정당성의 위기에 직면해 있었다.

이 유신체제는 그 출범과정에서부터 이미 붕괴의 씨앗을 안고 있었다. 왜냐하면 체제운영원리 안에 정치체제가 반드시 구비해야 할 요소들이 결여되어 있었기 때문이었다. 이제까지 유신체제 출범의 구조적 배경으로서 기존 경제체제의 위기가 거론되었다. 해외차관에 의존하여 비내구성 소비재를 중심으로 진행되었던 수출지향 산업화가 축적위기에 직면하면서 산업화의 방향을 중화학공업화로 지향할 필요가 있었다는 것이다(손호철, 1995:144). 이러한 견해에 따르면, 유신체제는 이른바 후기후발산업화를 지속하기 위해 출현한 일종의 근대화된 '관료적 권위주의'로서 규정된다.[1] 오도넬이 제시했던 관료적 권위주의 모델과 비교해 볼 때, 그 등장배경보다는 체제의 운영원리는 유사하다는 측면이 강조된다. 이와 달리 유신체제는 박정희가 종신 집권을 위하여 그 정치제도적 장애물을 제거하고자 시도한 궁중 쿠데타로 규정되기도 한다(한배호, 1994:310; 이정복, 1991:150). 두 해석은 등장배경에 대해서는 각기 다른 견해를 보이면서도 유신체제가 경제발전과 국가안보를 위하여 민주주의를 억압한 체제였다는 점에 동의하고 있다.

---

1   한상진 편저, 『제3세계 정치체제와 관료적 권위주의』(서울: 한울, 1984); 한상진, 『한국사회와 관료적 권위주의』(서울:문학과지성사, 1988); 강민, "한국정치체제의 구조적 특성신권위주의를 중심으로", 『한국정치발전의 특성과 전망』(서울: 한국정치학회, 1984); 김영명, 『제3세계의 군부통치와 정치경제』(한울, 1985); 이정복, "관료적 권위주의론과 한국정치", 『한국정치의 이해』(서울: 서울대학교 출판부, 1995).

체제운영원리에 관한 한, 유신체제는 박정희의 1인 권력체제를 유지하기 위한 한국판 총통제(fuhrer system)였다. 장기 집권을 위하여 제3공화국기에 유지되었던 절차적 민주주의를 실질적으로 폐기하였고, 물리적 국가기구를 동원하여 아래로부터의 저항을 억압하였다. 다시 말하면, 유신체제는 정치적 완충장치를 상실한 경직된 체제였다. 즉 정치적 대의기제를 통해 사회적 갈등을 완충시키고 제도화하며, 나아가서 국민의 지지를 동원할 통로를 스스로 닫아버린 체제였다. 그 결과 유신체제 안에서 체제통합은 정당 등 정치적 대의기구보다는 국가를 통하여 이루어질 수밖에 없었다(Collier & Collier, 1989:1-8). 즉 법적, 관료적 기구를 통해 노동운동을 포함한 사회운동을 통제하거나 탈정치화하는 전략이 갈등해결의 유일한 해결책이었다.

이 유신체제는 박정희의 갑작스러운 죽음과 함께 붕괴하기 시작했다. 그러나 유신체제는 그의 죽음 이전부터 붕괴의 징후들을 명확하게 드러내었다. 따라서 그의 죽음은 유신체제가 직면했던 위기의 결과였으며, 체제붕괴를 가속화한 촉매였다. 역설적으로 체제 위기의 징후들은 유신체제 제2기가 출범하는 1978년에 나타났다. 그 해 12월의 총선거에서 제1야당 신민당은 박정희가 집권한 이후 처음으로 득표율에서 집권당인 공화당을 앞섰다.[2] 이러한 결과는 중산층을 주축으로 한 도시유권자들이 공화당과 박정희에 대한 정치적 지지를 철회하였다는 사실을 명확하게 보여주었다. 즉, 제도정치를 통한 아래로부터의 저항이 점차 성장하기 시작한 것이다. 이와 더불어, 시민

---

2 신민당은 10대 총선에서 32.8%의 득표율로 31.7%의 공화당에 대해 1.1 %를 앞섰다. 의석수에 있어서는 공화당이 68석으로서 61석의 신민당을 앞섰고, 유정회 소속 77석을 더하여 원내 안정의석을 확보하였다. 그러나 집권당은 다양한 제도적 이점을 누리고 있었기 때문에 국민들은 야당이 실질적으로 승리하였다고 생각하였다. 특히 야당은 이전 선거에 비하여 큰 폭으로 약진하였다. 1971년의 9대 총선에서 신민당은 32.6%(공화당 38.7%)의 득표율로 52석(공화당 73석)을 얻었고, 1973년의 8대 총선에서는 44.4%(공화당 48.8%)의 득표율로 65석(공화당 86석)을 얻었다.

사회 안의 세력이 비제도적인 방식으로 국가권력에 도전하였다. 한 무역회사의 여공들은 회사의 폐업공고에 항의하여 신민당사에서 농성에 돌입하였는데, 경찰의 강제해산 과정에서 그 가운데 1명이 사망하였을 뿐만 아니라 국회의원과 기자들이 경찰들에게 폭행당하기에 이르렀다.

이에 대응하여 신민당 의원들은 항의농성에 돌입함으로써, 국가권력과 야당이 전면적으로 대립하게 되었다. 이어 법원은 신민당 전당대회 결의가 위법이라는 이유를 들어 김영삼 총재 등 신민당의 지도부에 대한 직무정치 가처분신청을 받아들였다. 나아가서 여권은 미국 언론사와의 회견내용을 구실로 삼아 야당 총재를 국회의원직에서 제명하였다. 이러한 일련의 반민주적 책동들로 인하여 여야 간의 갈등을 더욱 격화되었고 체제를 더욱 경직되었다. 그러나 당시의 상황에서 야당이야말로 유일한 정치적 완충기제였다. 따라서 유신체제는 스스로 생존하기 위해서도 야당을 정치체 내부에 머물게 함으로써 사회 갈등의 대표기제로 활용했어야 했다.

이러한 상황에서 시민사회의 저항은 더욱 강화되었다. 박정희의 죽음을 열흘 앞둔 10월 중순에 부산마산 지역에서는 반정부시위가 발생하였다. 이른바 '부마사태'는 대학생들의 시위에서 출발하였지만, 점차 박정희 자신의 정치적 보루였던 부산 경상도 지역으로 급속하게 확산되었다.[3]

요컨대 체제의 인적 상징이 죽으면서 본격적인 붕괴국면이 도래하기 이전에도 유신체제는 밖으로부터의 도전에 대해 효과적으로 대응하지 못했다. 제9대 대통령 취임과 카터 방한을 계기로 제한적인 유화조치가 일시적으로

---

3   특히 여론주도층인 도시자영업자를 중심으로 경제위기로 인한 상대적 박탈감과 더불어 부과세 도입 등 새로 도입된 조세정책에 대한 불만이 팽배하면서 대학생들의 시위에 일반 시민이 대거 동원되기 시작하였다는 사실은 정권의 입장에서는 매우 심각한 정치적 의미를 갖는다.

실시되기도 했으나,[4] 전반적인 정치적 갈등양상은 일종의 '치킨게임'을 연상시키고 있었다. 즉 유신체제세력과 도전세력이 타협의 여지도 없이 충돌과 붕괴를 향해 내닫고 있었던 것이다.

이 글은 유신체제의 붕괴과정을 그리고자 한다. 먼저 유신체제가 어떠한 위기에 처해 있었으며, 그러한 위기들이 박정희의 암살과 어떠한 관련을 맺고 있는지를 추적할 것이다. 그러나 구조 수준의 위기와 미시적 행위 간에 인과적인 관계를 설정하기는 쉽지 않다. 따라서 구조적이고 장기적인 위기와 미시적이고 근접적 위기를 각각 다루고자 한다. 그럼에도 불구하고 위기가 반드시 파국을 낳지는 않는다. 박정희의 죽음에도 불구하고 유신체제를 지탱해왔던 세력들은 저항세력을 억압하고서 박정희 없는 유신체제를 다시 세웠다. 이 정치적 과정을 살펴봄으로써 권위주의체제의 붕괴와 민주화이행의 지연과정을 분석한다. 마지막으로 유신체제의 유제가 이후 한국의 정치경제체제에 심대한 영향을 미치고 있다는 점을 고려하여 다시금 그 역사적 함의를 검토하고자 한다.

2. 중층적 위기와 체제 내부의 균열

유신체제는 무거운 바위로 눌러놓은 스프링처럼 작은 충격만 가해지더라도 쉽게 위기와 붕괴로 전화될 수 있었다. 더 중요한 사실은 체제를 구성하

---

4 제9대 대통령취임시(1978.12.27)에 취했던 유화조치는 김대중에 대한 형집행정지와 가석방, 긴급조치9호 위반자 106명 등 5,378명에 대한 사면석방, 김지하 시인에 대한 감형 등이었다. 그 밖에도 카터방한을 전후로 하여 유화조치들이 취해졌다. 가령 카터방한 반대 시위 주동자와 미대사관 시위 주동자의 석방, 제헌절 특사로 긴급조치위반자 86명 석방, 반체제 인사로 분류되던 이태영 여사의 출국 허용, 제적된 학생들에 대한 복교결정 및 광복절 특사로 긴급조치 위반자53명의 석방 등의 조치들이 취해졌다. 조동준, "전두환, 카터를 농락하다", 『월간조선』 8월호 (1996), p.342.

는 하위영역이 모두 위기에 처해 있었기 때문에 위기를 다른 영역으로 이전하기도 쉽지 않았다는 점이다. 정치적 위기는 지배연합 내부의 갈등과 야당 및 시민사회의 도전으로 나타났고, 경제적 위기는 국가재정의 부족 및 비효율적 운용, 중화학공업화의 정체, 그리고 조세정책으로 인한 분배의 위기로 발현되었으며, 국제관계의 위기는 인권정책과 안보정책을 둘러싼 한미 간의 갈등으로 나타났다. 이렇듯 다양한 수준의 위기가 중층적으로 결합하면서 제2기 유신정권은 체제 자체의 총체적 위기로 나아가고 있었다. 즉, 이러한 중층적 위기들이 상호작용하면서 유신체제는 이미 안으로부터 붕괴하고 있었고, 마침내 대통령이 암살되었다.

먼저 1970년대 후반의 경제위기를 살펴보자. 경제위기의 직접적인 계기는 두 차례의 석유파동으로 인한 국제적인 경기침체와 중화학공업화의 비효율성으로 인해 발생하였다. 1978년 말에 발생한 제2차 석유파동은 세계경제의 불황을 낳았고, 이에 따라 대외수출이 급격하게 감소하면서 한국경제는 위기에 직면하게 되었다.[5] 이러한 상황은 제1차 석유파동에 비해 훨씬 심각하였고, 1979년의 하반기로 접어들면서 더욱 악화되었다. 그 결과 1973년에 시작된 국가주도 물량투입 중심의 중화학공업화는 급격하게 위축되었다.[6]

또한 경제위기는 국가재정의 위기와 사회적 분배 위기를 낳으면서 정치적 위기로 발전하였다. 근본적으로 국가재정의 위기는 유신체제 산업화전략의

5　1979년에는 무역수지적자가 5억 달러를 넘었는데, 그 규모는 전년도에 비해 2배 이상 증가하였을 뿐만 아니라 유신체제 등장 이후 최악의 상황이었다. 한국은행, 『경제통계연보』 (1980); 경제기획원, 『주요경제지표』(1982).

6　1979년 중화학공업부문의 성장율은 1978년에 비해 13.4%가 저하된 13.0%에 그쳤고, 이에 따라 전체 공업부문의 성장률도 1978년의 20.7%에서 9.8%로 급락하였다. 한국은행, 『민간경제백서』(1981), p.178.

고비용 저효율의 구조에서 비롯되었다. 그러나 국면적 경제위기가 국가재정 투융자의 비효율성을 더욱 높임으로써 재정위기를 악화시켰다.[7] 또한 막대한 국방예산 부담이 국가의 재정위기를 가속화시켰다. 1969년까지 한국의 국방예산에서 미국의 군사원조가 차지하는 비율은 이미 50%미만으로 감소되었고, 1974년까지는 10%이하로 하락하였으며, 1978년 이후부터 국방비 지출은 전적으로 국내 자원에 의존하게 되었다.[8] 나아가서 경제위기와 국가재정의 위기는 사회적 위기로 전화되었다. 석유파동은 직접적으로 공공요금 및 제품가격의 상승을 초래하는 등 인플레이션을 가속화함으로써 사회적 불안을 낳았다.[9] 이러한 재정위기를 타개하기 위하여 정부는 1976년 이후부터 간접세 위주의 세수 확보에 주력하였다. 1977년부터 세제개혁안이 시행되었는데, 특히 부가가치세의 도입은 하류층이나 중간층의 조세부담을 크게 증가하게 하는 결과를 낳았다. 이로 인해 노동집약적인 중소기업이 큰 타격을 받았으며, 조세부과과정에서는 영세 자영업자들의 불만이 폭발하였다. 이러한 상황이 심화되면서, 이제까지 유신체제를 지지했던 도시중간층이 정권으로부터 이탈하기 시작했다. 이러한 정치지형은 이미 10대 총선거에서 명확하게 나타났지만, 이후에도 별다른 변화 없이 지속적으로 악화되었

7　국가의 재정투융자 가운데 재정투자는 1972~1976년간의 24,080억원에서 1977~1980년간에는 62,280 억원으로 3배 정도 증가하였고, 재정융자는 1974년의 929억원에서 1979년에는 5,226억원으로 5배 이상 증가하였다. 이러한 양상은 중화학공업화 과정에서 국가의 재정적 부담이 매우 급속하게 증대되었음을 잘 보여주고 있다. 김견, "한국의 중화학공업화과정에서의 국가개입의 양상과 귀결", 『오늘의 한국자본주의와 국가』 (서울: 한길사, 1988).

8　최장집, "군부권위주의 체제의 내부 모순과 변화의 동학 1972~1986," 『한국현대정치의 구조와 변화』 (까치, 1989), p.187.

9　그 결과 1978~1979년간에 소비자물가는 18.3% 상승하고, 1979년 10월에는 전국도매물가 22.8%, 소비자물가가 16.6%나 상승하였다. 경제기획원, 『주요경제지표』 (1982).

다.[10]

유신체제는 경제성장에서 체제의 정당성을 추구하였던 만큼, 국내 경제위기는 즉각적으로 체제의 위기를 낳았다. 만일 정치체제가 이 위기를 흡수할 수 있었다면, 유신체제는 체제붕괴가 아닌 협약을 통한 이행으로 나아갈 수 있었다.[11] 그러나 정치체제도 지배연합의 내적 분열과 야당 및 시민사회의 도전으로 인해 위기에 처해 있었다.

먼저 유신체제는 그 지배연합의 구성에서 그 취약성을 찾을 수 있다. 첫째 요인은 정부당인 공화당의 대중동원력이 취약했다는 점이다. 공화당은 민간화된 군부정권을 위해 조직된 정당이었으나, 민간정치인을 받아들이고 비교적 민주적으로 치룬 여러 차례의 선거에 참여하면서 상당한 수준의 정치적 자생력을 갖추었다. 그러나 3선개헌과 유신개헌을 거치면서 당 내부의 정치력이 소실되었고, 결과적으로 박정희의 집권을 위해 형식적인 정당성을 유지하기 위한 도구로 전락하였다. 또 국가권력에 의한 야당탄압이 일상화되고 여야 정당체제가 사실상 소멸된 상황에 이르면서 공화당의 역할은 더욱 축소되었다. 집권당의 탈정치화와 더불어 내각 역시 정책집행의 기능만을 수행할 뿐 정치적인 의사결정에서 소외된 외곽보조기구로 잔류하게 되었다.

---

10 최장집(1993)은 한국 도시 중간층의 정치적 성격에 상세한 논의를 담고 있다. 특히 유신체제의 출범과 유지, 10대 총선, 그리고 5공화국 출범과정에서 나타났던 도시 중간층들의 양면성을 체계적으로 분석하고 있다. 최장집, 『한국 민주주의의 이론』, (한길사, 1993), pp.173-179.

11 메인웨링은 정권교체의 방식을 협약을 통한 이행(transaction), 탈출을 통한 이행(extrication), 체제붕괴를 통한 이행(regime defeat)의 3가지로 유형화하고 있다. 이 밖에도 헌팅턴, 쉐어 등의 논의들이 있으나 메인웨링의 유형화가 체제와 반체제간의 권력관계를 간명하게 보여준다는 점에서 적합하다. Scott Mainwaring, Transitions to Democracy and Democratic Consolidation: Theoretical and Comparative Issues. In *Issues in Democratic Consolidation*, Notre Dame: University of Notre Dame Press (1992), P.323.

일반적으로 정상적인 정치과정이 폐기되고 그 대신에 물리적 억압을 구사하는 국가를 권위주의체제로 정의한다.[12] 권위주의체제 하에서 국가권력은 소수의 개인이나 집단의 수중에 집중되고, 정책결정이나 권력배분이 핵심 국가권력 내부의 집단이나 개인들 간의 관계에 의해 결정된다. 그로 인해 국가권력 분파들 간의 권력 배분과 충원 등을 둘러싸고 체제 혹은 정권이 불안정해지기도 한다.[13] 즉 개인화된 권력구조 하에서 절대권력을 둘러싸고 하위 권력분파들 간의 수직적 충성경쟁이 일상화되고 그로 인한 대립과 긴장이 지속된다.

군부권위주의체제로서의 유신체제 역시 이러한 한계를 적나라하게 드러냈다. 지배연합 내부에서는 테크노크라트들 간의 권력경쟁이 강경파와 온건파간의 갈등으로 나타났다. 유신체제의 주요 권력부서는 청와대 경호실, 청와대 비서실, 중앙정보부, 보안사령부 등이었다. 이들 국가기구들 간의 권력관계는 시기별로 다양하게 변화하였지만, 유신체제하에서는 비서실의 권력이 상대적으로 약화되었고 청와대 경호실과 중앙정보부 간의 대립이 체제내의 주요한 권력 갈등으로 나타났다. 두 부서의 권력자들은 국가와 국민에 대

12　권위주의체제는 근대적인 현상으로서, 절차적으로 규정된 입헌민주주의체제의 긍정적인 특징들을 부정하는 체제로서 규정된다(Malloy 1992:237-243). 정치적인 특징으로는 권위와 의사결정에 있어서 성역의 존재 등이 지적되고(Valenzuela 1992:62-70), 경제적인 특징으로는 관료적 권위주의의 일반적 성격들이 언급된다(O'Donnell 1973). Malloy, James M., "Contemporary Authoritarian Regimes." *Encyclopedia of Government and Politics* (1992); O'Donnell, G., *Modernization and Bureaucratic-Authoritarianism: Studies in South American Politics*. Berkeley: Institute of International Studies, University of California (1973); Valenzuela, Samuel J., "Democratic Consolidation in Post-transitional Setting." in *Issues in Democratic Consolidation* (1992).

13　Alfred Stepan, *State and Society: Peru in Comparative Perspective*. Princeton, New Jersey: Princeton University Press(1978), pp.290-297.

한 책임의식을 가지기보다는 대통령에 대한 맹목적 충성을 중시했다. 이 체제 내부의 갈등은 국가권력이 대통령과 청와대로 집중되었고, 야당이나 사회세력의 힘이 상대적으로 약했기 때문에 정치변동에 중요하게 작용하였다. 권력부서 내부의 갈등은 업무영역을 둘러싸고 경호실장 차지철과 중앙정보부장 김재규 간의 마찰로 나타났다.[14] 가령 야당에 대한 회유나 막후조정 등 정치공작은 기본적으로 중앙정보부장 소관의 업무였지만, 차지철은 신민당 전당대회와 김영삼 총재의 제명에 직접 개입함으로써 김재규와 갈등을 빚었다.[15]

여기에 야당 및 시민사회가 성장하면서 지배연합에 도전함으로써 유신체제의 정치적 위기는 더욱 심화되었다. 제도권 야당과 시민사회의 사회운동세력 간의 정치적 연합은 뒷날의 정치변동에서 보이는 형태의 명시적인 연합은 아니었지만, 당시의 상황에서 가능했던 도전연합의 모습을 띠고 있었다.[16] 당시 사회운동세력과 야당세력은 단일한 연합체로 조직되지 않고 중층적으로 결합하고 있었다. 민중운동세력은 학생운동세력과 연대하는 한편, 진보적 종교운동세력을 매개로 하여 반체제운동세력과 연대하고 있었다. 신민당은 반체제운동세력을 통하여 민중운동세력과 연대하고 있었다. 이러한 연대에 기초하여 출범한 최초의 반유신연합은 1979년 8월에 형성된 Y.H.

---

14 10·26이후 신군부세력이 김재규의 범행동기를 바로 이러한 충성경쟁에서의 패배와 이에 따른 좌절감에서 찾았다.

15 김재홍, 『박정희 살해사건 비공개진술 하』 (서울: 동아일보사, 1994), p.190.

16 틸리는 정치체 내부의 구성원과 특정 도전자 집단과의 결합으로 형성된 도전연합이 지배연합과 대치하는 양상을 다원주의 정치체제 하에서의 정치적 연합의 일반적 양태로서 분석하고 있다. 성경륭은 틸리의 이론을 차용하여 1980년대 초중반 한국의 정치변동을 분석하고 있는데, 일반적인 정치현상에 보다 폭넓게 적용할 수 있다. Charles Tilly, *From Mobilization to Revolution*, Addison-Wesley Publishing Co(1978). 양길현 외 공역, 『동원에서 혁명으로』 (서울프레스, 1995); 성경륭, "한국 정치민주화의 사회적 기원", 『한국 정치사회의 새흐름』 (나남, 1993).

문제대책위원회로서 신·구교의 반체제운동세력과 반체제지식인집단 및 재
야정치세력이 결집하여 결성되었다. 이러한 도전연합이 형성되고 이에 야당
세력이 참여하게 된 계기는 사회운동세력이 강력한 정치세력으로 성장하였
고 지배연합이 야당세력을 체제 밖으로 밀어냈기 때문이었다.

사회운동세력의 아래로부터의 도전은 반체제운동과 민중운동이 연대함으
로써 가능하였다. 노동운동의 성장은 1977년 이후 노동쟁의 및 집단분규의
규모가 현저하게 증가하는 데서 확인할 수 있다.[17] 진보적 종교세력과 민중
운동의 연대는 한국도시산업선교연합회와 한국교회사회선교협의회로 이어
지면서 1978년의 동일방직사건, 1979년 4월의 크리스챤아카데미사건, 8월
의 Y.H.신민당농성사건을 낳았고, 가톨릭교회도 함평고구마사건과 안동카
톨릭농민회사건 등에서 나타났듯이 민중운동과 연대하여 유신체제와 격돌
하였다.

사회운동세력의 성장과 도전은 체제변동에 매우 중요한 요인이지만, 야당
세력과 연합하지 않고 독자적으로 동원하는 경우에는 한계가 있었다. 그러
나 양 세력이 연합하는 데 있어서 제도권과 비제도권 간의 정치적 입장 차이
가 크게 작용하게 된다. 체제에 대한 요구의 내용과 방식이 서로 다르기 때
문에 두 세력 간에 도전연합을 형성하기는 쉽지 않다. 그로 인해 이른바 '재
야세력'의 역할이 중요한 정치적 의미를 갖게 되었다. 이 상층 반체제세력은
양심적 지식인 세력, 종교계의 진보적 인권운동단체, 재야정치세력 등을 중
심으로 형성되었다.[18] 이들은 1974년에 '현행헌법개정백만인청원운동본부'
를 발족시켜 개헌서명운동에 돌입하였고, 1976년에는 '3·1구국선언'을 주

17　노동쟁의의 경우 1978년 1206건, 1979년 1697건으로 증가하였고, 집단분규 또한
　　1977년을 분기점으로 100여건을 상회하는 수준으로 증가하였다.

18　한국기독교교회협의회(KNCC) 인권위원회, 『1970년대의 민주화운동 IV: 기독교 인권
　　운동을 중심으로』(1987).

도하였으며, 1978년 7월 '민주주의 국민연합'을 결성하였다.[19] 1978년 12월의 10대 총선 시기에는 13개 반체제단체와 공동명의로 유신체제를 정면으로 비판하였다. 이들은 윤보선, 함석헌, 김대중 씨 등 재야인사의 주도하에 1979년 3월 1일에 '민주주의와 민족통일을 위한 국민연합'이라는 반체제연합기구를 발족시켰고 시국선언문을 발표하면서 반유신운동을 기치로 민중운동과의 연대강화를 시도하였다. 7월에는 '천주교정의구현사제단'이 '시국에 대한 우리의 견해'(7·17선언)을 발표하여 '민주화냐 퇴진이냐'의 양자택일을 정권에 요구하기에 이르렀다.

재야반체제 세력과 민중운동 등 사회운동세력의 성장과 도전은 제도권 정당인 신민당의 태도를 변화시켰다. 유신체제 초기에 신민당은 체제 내에 안주하는 기회주의적 태도를 보였다. 왜냐하면 스스로의 정치적 동원력이 군부정권의 강력한 물리력에 대항하기에는 역부족이었기 때문이었다. 그러나 10대 총선에서 승리하면서 유신체제에 대한 대항전략을 바꾸고자 시도하였다. 이러한 변화는 이철승 대표의 '중도통합론'과 김영삼의 '선명노선' 사이의 노선투쟁으로 나타났다. 자세히 들여다보면, 신민당의 전략은 이미 1979년 초부터 변화하고 있었다.[20] 이러한 분위기를 타고 5월에 열린 전당대회에서 김영삼은 김대중 등 반체제 재야 정치세력의 지원을 받아 신민당총재로 피선되었다. 그는 7월의 국회본회의에서 유신헌법의 개정을 촉구하고 YH여

---

19 민주주의국민연합은 1974년 11월에 결성되었던 '민주회복국민회의' 등과 달리 스스로를 명백하게 반체제적 정치단체로 천명하고 있다. 한국기독교교회협의회(KNCC) 인권위원회, 『1970년대의 민주화운동 IV: 기독교 인권운동을 중심으로』, p.1718-1719.

20 신민당의 이철승대표는 1979년 1월 23일의 연두기자회견에서 긴급조치의 철폐, 구속인사의 석방, 헌정심의기구의 설치, 부가가치세의 철폐, 부유세 신설 등을 요구하였다. 이러한 요구들은 그의 '중도통합론'에 비추어 상당한 변화를 보여주는데, 이는 사회운동의 성장, 도시 중산층의 이반, 당내 판도의 변화를 반영하고 있었다. 즉 당 내부에 체제도전 전략에 동조하는 분파들이 급속하게 성장한 데 기인한다.

공들의 당사 농성을 허용하는 등 전면적인 반체제 도전전략을 구사하였다. 그의 노선변경은 체제세력의 반발을 초래하였고 신민당 총재단의 직무정지 가처분 결정과 자신의 국회의원 제명이라는 파국적인 결과를 낳았다. 다른 한편으로 지배연합 내부에서는 대야전략을 둘러싸고 심각한 균열이 발생하였다는 점에서 야당세력의 도전은 체제의 정치적 위기를 심화시켰다고 볼 수 있다.

또 다른 위기는 미국과의 관계에서 발생하였다. 한·미관계의 위기가 유신체제의 위기를 발생시켰던 이유는 미국과의 관계가 남북 간의 이념적 대결체제 하에서 체제의 정당성을 유지하는 중요한 자원이었기 때문이다. 따라서 미국정부가 체제 혹은 정권에 대한 지지를 철회할 경우에 그 정치적 효과가 매우 컸다.[21] 뿐만 아니라, 한국의 지배엘리트들이 미국 정부 인사들과 밀접한 관계를 유지하고 있었기 때문에 미국정부의 입장변화는 매우 신속하게 그들에게 전달되었고, 그 결과 지배연합 전체에 영향을 미쳤기 때문이다.

1970년대 후반에 한·미 간의 갈등은 기본적으로 두 가지 요인에서 비롯되었다. 외교적이고 공식적인 맥락에서는 유신체제가 자유민주주의의 기본 규범에서 벗어났다는 사실이 중시되었다. 그러나 미국의 정치인과 여론주도층이 실질적으로 중시했던 점은 대통령 박정희의 극우 민족주의적 성향과 그에 바탕을 둔 국방정책이었다.

카터 정권은 이른바 '인권정책'의 기치 아래 유신체제의 체제운영원리를

21　한국 뿐만 아니라 대만도 냉전체제하의 분단으로 인해 안보문제에 있어서 미국에 의존하고 있었다. 또한 분단으로 야기된 체제경쟁으로 인해 체제정당성에 미치는 국제적 요인의 효과를 증대시켰다고 볼 수 있다. Chu, Yun-han, Fu Hu, and Chung-in Moon. (1997). "South Korea and Taiwan: The International Context." in *Consolidating the Third Wave Democracies - Regional Challenges*, edited by L. Diamond, M. F. Plattner, Y.-h. Chu, and H.-m. Tien. Baltimore and London: The Johns Hopkins University Press.

비판하였고, 그 결과 박정희를 자극하여 한미갈등을 불러일으켰다. 또한 이른바 '코리안게이트사건' 역시 한·미갈등의 원인이자 결과였다.[22] 카터정권은 유신체제의 비민주성이 정치적 불안정을 낳고 있으며, 이러한 상황은 장기적으로 미국의 이익을 침해한다는 점을 우려하였다. 따라서 인권정책을 통하여 유신체제의 유연화를 요구하였다. 이에 대해 유신정권은 정치범 석방과 같은 전시적인 조치 등을 취하기도 했지만 미국의 요구를 폭넓게 수용하기가 어려웠다. 그러나 유신정권이 처한 딜레마는 한·미 간의 갈등이 심화될수록 정권의 존립기반이 더욱 침식되고 반유신운동세력의 공간이 더욱 넓어진다는 점이었다. 왜냐하면 한미갈등은 미국의 태도에 민감한 도시 고소득층에게 정권을 불신하게 하였기 때문이다.[23]

한·미갈등은 닉슨 독트린에서 비롯되었다.[24] 그 핵심 정책을 이어받아 카터 정부는 1978년에 주한미지상군의 철수를 표명하였고, 이로 인해 미국과 유신정권 사이에는 철군보완책과 군사체제의 문제를 둘러싸고 심각한 갈등이 발생하였다. 특히 카터 정권이 대북한접촉을 시도함으로써 유신정권의 경계심을 극도로 자극하였고, 유신정권은 독자적인 무기체제를 갖춤으로써 미국의 대한반도정책의 변화에 대응하려 했다. 이를 위해 이미 시행 중이었

---

22 이 사건은 1976년 10월 미국언론에 의해 보도된 이후 2년여에 걸쳐 진행된 정치스캔들이었다. 그 내용을 살펴보면, 한국정부에 의해 고용된 로비스트들이 미국 정치인들에게 막대한 뇌물을 제공하면서 미국정부의 대한정책에 영향력을 미치려 했다는 것이다. 김충식, 『남산의 부장들 II』(동아일보사, 1992), pp.246-278.

23 Kim Sae Jung, 1986, The Political Economy of Authoritarianism: State-Propelled Industrialization and the Persistent Authoritarian State in South Korea, Ph.D. Dissertation Thesis, McGill University (1961~1979), p.368.

24 닉슨독트린을 계기로 미국은 기존의 일방수혜적 한미관계에서 벗어나 한국에 대해 한반도의 긴장완화, 주한미군 철수교섭, 정치체제의 유연성을 요구하였고, 이에 대응하여 박정희 정권은 제3세계 외교의 강화, 자주국방태세의 강화, 남북대화 등을 추진하게 되었다.

던 '국군 현대화 5개년 계획'과 '국군 전력 증강 5개년 계획'을 통해 방위 산업의 육성에 주력하는 한편, 미국 이외의 국가들과 무기거래를 시도하였고 새로운 자위책으로서 핵무기 개발을 시도하였다.[25] 그러나 카터 행정부는 유신정권의 첨단무기체제 도입요구에 소극적이었다. 왜냐하면, 유신정권의 독자적 전력증강이 미국의 한반도 긴장 완화전략과 정면으로 배치되었기 때문이다. 한·미갈등의 보다 근본적인 이유는 미국 정부가 유신정권의 국방 정책을 불신하였기 때문이었다. 그로 인해 한·미 간에는 무기개발 및 수출을 둘러싸고 지속적인 마찰이 있었고, 특히 핵무기 개발을 둘러싸고 결정적으로 충돌하게 되었다.

1970년대 초에 한국이 무기개발을 시도할 수 있었던 배경에는 미국 정부가 대 한반도 전략을 변화시키면서 그 타협책으로써 허용했었기 때문이었다.[26] 그 결과 국방과학연구소(ADD)와 무기개발위원회(WEC)가 주축이 되어 무기개발이 활발하게 이루어졌다.[27] 이를 바탕으로 1970년대 중반 이후에는 M16 소총, 고속경비정, 쾌속정, 500MD 헬기, M48 탱크, M60 기관총, 지대지미사일 등을 생산수출하게 되면서 미국과 마찰하기 시작했다. 특히 박정희 정권이 자주국방과 무기국산화를 내세우면서 핵무기 개발 계획까지 수

---

25 Han Sungjoo, "The Republic of Korea and the United State-The Changing Alliance." *Korea & World Affairs* 1 (1977), p.138.

26 1978년10월에 미하원 국제관계위원회 소속 프레이저위원회가 작성하여 미하원 국제관계위원회에 제출된 『한미관계조사보고서』에는 한미 간의 합의에 대해 상세하게 적고 있다. 이 보고서에 따르면, 한국과 미국정부는 1971년 6월말까지 주한미군 중 7사단 병력을 일부 감축하고 그 보완책으로 한국군 현대화5개년 계획에 합의하였다. United States. Congress. House. Committee on International Relations. Subcommittee on International Organizations (1978). INVESTIGATION OF KOREAN-AMERICAN RELATIONS. Washington: U.S. Govt. Print. Off. 서울대 한미연구회 역, 『프레이저보고서』 (실천문학사, 1986).

27 김재홍, 『군-핵개발 극비작전』 (동아일보사, 1986, 1994), p.61.

립하였다는 사실이 밝혀지면서 한·미갈등은 극에 달했다. 알려진 바에 따르면, 무기 개발 위원회는 이미 1972년에 핵무기 개발 계획을 결정하였고,[28] 1974년부터 시행된 종합적인 군전력 증강사업, 이른바 율곡사업은 핵무기와 미사일의 개발을 계획안에 포함하고 있었다.[29] 실제로 1972년 10월부터 원자력연구소는 프랑스 원자력위원회(CEA)와 활발하게 접촉하였으며, 핵폭탄의 원료인 플루토늄을 추출하기 위해 1975년 4월 프랑스 상고방사와 '재처리 연구시설 공급 및 기술용역 시설 도입계약'을, 1975년 1월에는 서커사와 '핵연료 성형가공 시험시설 도입계약'을 체결했다.[30] 그 결과 1978년 9월에는 나이키 허큘리스 미사일의 시험발사에 성공하기에 이르렀다.[31] 그러나 이러한 시도들은 미국의 반대로 인해 좌초하였다. 미국의 중앙정보부(CIA)와 군사정보대(DIA)는 1970년 초부터 1975년 초까지 한국의 핵관련 장비 해외구매를 집중적으로 조사하고 있었으며, 이를 토대로 미국정부는 한국정부에 대해 핵우산을 철수하겠다고 경고하였고, 그 결과 1976년 1월에 한국

----

28 김재홍, 『군-핵개발 극비작전』 (동아일보사, 1994), pp.91-95. 그러나 국방과학연구소의 핵폭탄설계책임자의 증언에 따르면, 박정희대통령은 1971년 3월 주한 미7사단이 철수했을 때에 이미 핵개발을 결심하였으며, 1971년 11월 청와대에 경제2수석실이 생겨나면서 본격화되었다고 한다. 중앙일보, "실록 박정희 시대" 29, 원폭개발작전, 1997년 10월 30일자.

29 1974년에 박정희가 자주국방을 확립하기 위해 시작한 무기 및 장비현대화 사업에 붙인 암호명으로서 무기수입을 비롯하여 고도정밀장비를 외국에서 기술 도입하여 생산하는 사업을 총칭한다. 율곡사업의 주요 품목으로서 M16소총과 한국형 미사일의 국내생산, K1전차와 경훈련항공기 제공호의 제조, 공군의 차세대 전투기사업(KFP)와 해군의 구축함, 잠수함 건조(KDX) 등을 들 수 있다.

30 중앙일보, "실록 박정희 시대" 29, 원폭개발작전, 1997년 10월 30일자.

31 사정거리 180km의 '백곰' 미사일 시험발사에 성공함으로써 이제 핵무기를 공중에서 투하하지 않고 미사일에 핵탄두를 장착할 수 있게 되었다. 중앙일보, "실록 박정희 시대" 30, 자위에서 자주로, 1997년 11월 3일자.

정부는 핵무기개발을 공식적으로 철회하기에 이르렀다.[32]

그러나 이후에도 핵개발 사업은 은밀하게 진행되었으며,[33] 1978년에 재개되었다.[34] 여기에서 핵개발을 둘러싼 한·미간 갈등이 어떠한 경로를 통해 체제 내부의 갈등으로 전화되었는지를 살펴보기로 하자. 즉 한·미 간 갈등이 한국의 지배 엘리트들 내부의 갈등으로 이전되면서 10·26사태를 낳는 과정을 살펴볼 것이다.

미국은 한국의 엘리트집단을 통하여 유신정권에 정치적 영향력을 행사하였는데, 주로 군부엘리트와 권력기구 내의 친미적 엘리트들에 집중되었다. 당시에 이 엘리트집단은 두 분파로 나뉘어져 갈등하고 있었다. 군부엘리트의 경우, 육군참모총장을 중심으로 하는 지휘부 계열의 원로장성집단과 보

---

32 김재홍, 『군-핵개발 극비작전』 (동아일보사, 1994), pp.91-95. 다른 자료에 따르면 미국의 공식적인 압력은 1975년 8월부터 시작되었다고 한다. 당시 리처드 슈나이더 주한 미국대사가 핵개발을 포기시키기 위해 최형섭 과기처장관을 방문하였으며, 8월 25~28일에 방한한 제임스 슐레진저 미국무장관이 박대통령을 압박하여 핵무기포기각서를 받아갔다. 이와 더불어 미국은 주한미군 완전철수 압력과 함께 상업, 재정차관 제공을 중단하였다. 1976년 1월 미국은 국무부 관리를 파견하여 핵연료공급을 중단하고 핵우산도 철거하겠다고 최후 통고를 하였다. 중앙일보, "실록 박정희 시대" 31, 무르익는 핵개발, 1997년 11월 6일자.

33 1976년 1월에는 미국의 감시망을 피하기 위해 재처리사업은 '화학처리 대체사업'(일명 핵연료국산화사업)으로 이름을 바꾸었고, 연구용 원자로는 자체개발하기로 결정하였으며, 대체사업전담기구도 1976년 12월 핵연료개발공단으로 탈바꿈하여 재처리시설을 확보하고자 했다. 중앙일보, "실록 박정희 시대" 32, 막내리는 핵개발, 1997년 11월 20일자.

34 '원자력 이용개발 제4차 5개년 계획'(과학기술처, 1978년 2월)이나 한국핵연료개발공단의 '사업계획서(1977~1980)'에 따르면 대체사업은 당초 1981년까지 완료할 예정이었다. 또한 '기기장치 개발사업'은 1978년까지 설계를 끝내고 1979~1981년엔 연구용 원자로를 건설하는 것으로 일정이 잡혀 있었으며, 1979년 10월 이전에는 이미 설계가 끝난 상태였다. 1978년 10월에는 핵연료가공시설이 준공되었으며, 1979년 5월에는 우라늄 정련, 전환공장 기공식이 거행되었다. 중앙일보, "실록 박정희 시대" 32, 막내리는 핵개발, 1997년 11월 10일자.

안사령관을 중심으로 하는 핵심 전투부대의 소장 장성집단이 서로 대립하고 있었다. 이러한 군부의 갈등은 국가권력기구 안으로 이전되어 청와대경호실과 중앙정보부 간의 갈등으로 나타났다. 경호실장 차지철이 소장장성집단을 기반으로 군부 내의 세력 확대를 시도하였던 반면, 정보부장 김재규와 원로 장성집단은 차지철을 거부한다는 점에서 공감하고 있었다.

미국과의 관계를 살펴보면, 차지철과 소장장성집단은 직접적인 의사소통의 통로가 없었다. 박정희의 극우 민족주의적 성향이 한·미갈등을 낳음에도 불구하고 차지철이 그의 노선을 충실히 따랐던 사실과, 훗날 전두환이 미국과의 관계를 설정하는 데 있어서 어려움에 봉착했던 사실 등이 이를 뒷받침하고 있다. 이와 달리 김재규는 국방 정책이나 유신체제에 대한 미국 측의 견해에 적극적으로 동조하고 있었다는 점에서 미국과 비교적 친밀한 관계를 유지하였다고 볼 수 있다.[35]

다음 몇 가지 사례들은 김재규가 미국 측 인사들을 통하여 미국의 입장에 지속적으로 접하고 있었고, 한·미관계와 유신체제에 대한 그의 입장은 미국의 입장을 대부분 긍정적으로 수용하고 있었다는 점을 보여준다. 가령 글라이스틴 대사는 카터방한 이전에 이미 세 차례에 걸쳐 김재규와 면담하면서 유신정권의 강경노선에 대한 미국의 우려를 전달하였을 뿐만 아니라 정상회담 전후에 한국 측이 온건한 태도를 취해줄 것을 주문하고 있다. 또 9월 26일에 있었던 김재규와 미국 대사 간의 면담에서 김재규가 한국의 국내 정치상

35　김재규는 범행 이후 재판에서 다음과 같이 증언하고 있다. '배후에 미국이라는 세력이 없으면 우리 편에서 중공이나 소련을 견제해 줄 세력이 없는 겁니다. 자주국방이라고 하는 의욕은 좋습니다만, 실제는 불가능합니다. 결국 우리는 집단안보로 해서 국제간에 유대를 가지고 자기나라를 지켜야 합니다. 오늘날 우리나라가 독재를 함으로써 건국 이후 한미 간 관계가 가장 나쁩니다. 그래서 내가 볼 때는 미국이 영원히 한국을 버리지는 않겠지만 유신체제가 없어질 때까지 한시적으로, 정책적으로 한국을 버릴 가능성은 다분히 있습니다.' 김재홍, 『군-핵개발 극비작전』 (동아일보사, 1994), pp.233-234.

황에 대한 미 대사의 견해를 묻자 그는 '정치적 분극화현상'과 '평화적 권력
이양'의 문제를 지적하였다.[36]

　이러한 사례들은 김재규가 한·미관계를 중시하고 미국에 대해서 매우 우
호적인 태도를 지지고 있었으며, 항상 미국의 입장을 중시하여 이를 청취할
수 있는 통로를 확보하고 있었음을 보여준다. 따라서 한·미 간의 갈등이 심
화될수록 김재규와 같은 친미적 엘리트 집단과 그렇지 않은 집단들 간의 내
부적 갈등이 발생할 개연성은 높았다. 그러나 이러한 사실들로부터 10·26
이 미국 측의 사주에 의해 이루어졌다는 주장을 입증하기는 어렵다.

3. 때 이른 붕괴의 서막

　이처럼 유신체제는 구조적으로 붕괴 위기에 처해 있었다. 그러나 반체제
정치세력이 대안적 체제를 제시하고 사회세력을 정치적으로 동원함으로써
체제를 붕괴시키기는 역부족이었다. 따라서 당시의 국면은 심각한 위기에도
불구하고 붕괴하기 어려운 상황이었다. 그럼에도 불구하고 유신체제는 왜
붕괴하게 되었는가? 대통령의 암살사건을 김재규의 우발적인 범행으로 해
석하지 않는다면, 근인(近因)들의 연쇄 고리를 통해 미시적 차원의 인과관계
를 추적해볼 수 있다.

　10·26사태의 원인에 대해서는 여러 가지의 대립된 해석이 있었다. 한편

36　조동준, "전두환, 카터를 농락하다", 『월간조선』 8월호 (1996), p.345. 조동준은 김재
　　규-미대사 면담(9월 26일)에 대한 설명전문(Seoul 017592)에서 이러한 내용을 인용
　　하고 있다. From American Embassy in Seoul to the State Department. November 19,
　　1979. Charges of U.S. Complicity in President Park's Death. (Seoul 017592). 이하
　　(Seoul xxxxxx) 혹은 (State xxxxxx) 등으로 표기된 자료는 주한미대사관과 미국 국무
　　성간에 교환되었던 비밀전문으로서 이 글에서는 1979년도의 자료를 주로 확인하였다.

에서는 김재규가 자신의 경질설이 나도는 등 대통령의 신임을 잃어가는 데서 불만을 느끼고 우발적으로 저지른 범행이라는 주장이 있었고,[37] 다른 한편에서는 경호실과 중앙정보부 사이의 권력 갈등의 와중에서 김재규가 차지철을 제거하기 위해 계획적으로 저지른 범행이라는 주장이 있었다. 이러한 견해들은 10·26 이후 실질적으로 권력을 장악한 신군부세력에 의해 유포되었다. 이와 달리 김재규 자신과 그의 변호사들은 민주주의의 회복을 위하여 범행을 시도했다고 반박하였고, 신군부의 집권에 반대하는 세력들도 유사한 견해를 제기했었다. 또한 미국 측의 사주설 역시 상당히 설득력있게 유포되었다.

그렇다면 체제붕괴의 구체적 과정을 살펴보자. 체제붕괴의 결정적인 기폭제는 부마항쟁이었다. 10·26사태가 발생하기 10일 전에 일어난 부마항쟁은 유신체제가 반유신연합세력에 대해 극도로 강경한 탄압을 가하자 이를 계기로 분출한 민중봉기였다.[38] 대학생들의 반유신시위는 영세상인, 하층민중, 일반시민 등이 가세하면서 대규모의 민중항쟁으로 확산되었고, 점차 과격해지면서 공화당 지구당사, 파출소, 언론기관, 관공서 등을 공격하기에 이르렀다. 시위군중의 성격과 구호를 살펴보면, 부마항쟁은 사회경제적 모순과 정치적 모순이 중층적으로 결합되어 있었다. 부산·마산지역은 수출지향적 경공업의 중심지였기 때문에 그 주민들은 경기침체로 인한 극심한 인플레이션과 정체된 임금수준을 피부로 절감하고 있었다. 또한 유신체제에 의

37　10·26 직후 계엄사 합동수사본부 수사제1국장으로 김재규를 직접 조사했던 백동림은 '김재규가 처음 만찬장에 들어갈 때에 평소와는 달리 권총을 휴대하지 않았으며, 암살 직후 남산 중앙정보부가 아닌 용산 육군본부로 향했다는 점을 들어 계획된 범행이라기보다 우발적인 범행이었다고 증언하고 있다.' 중앙일보, "실록 박정희 시대" 28, 박정희 죽음과 핵무기, 1997년10월 27일자.

38　한국기독교교회협의회(KNCC) 인권위원회, 『70년대의 민주화운동(IV)』, p.1767.

해 정치적으로 배제되었던 김영삼 총재의 정치적 아성이었기 때문에 지역주
민들의 정치적 정서는 체제에 대해 대체로 비판적이었다.[39]

즉, 유신체제의 야당탄압으로 인한 정치적 불만이 부마항쟁을 발생시켰다
면, 중화학공업화의 위기와 경기침체로 인한 사회경제적 모순이 부마항쟁을
확산시켰다. 그러나 사회경제적 모순의 효과는 정도의 차이가 있을 뿐 부산
마산 지역에만 국한되지는 않았다. 따라서 부마항쟁을 촉발시킨 주요한 원
인은 유신체제에 의한 야당세력과 김영삼에 대한 체계적 배제전략에 있었다
고 판단된다. 그러나 부마사태가 지역적·계층적으로 확산되면서 그 정치적
의미와 파장은 변화하게 된다. 즉 정치적 모순과 사회경제적 모순이 결합되
면서 부마항쟁의 강도가 상승하게 되었다. 더 중요한 사실은 부마항쟁의 정
치적 의미와 그에 대한 대응방안을 둘러싸고 체제내부의 갈등이 발생하였다
는 점이다.

다른 한편으로는 국내의 정치적 갈등은 일시적으로 한·미 간의 갈등을 심
화시켰다는 사실에 주목할 필요가 있다. 당시에 카터 행정부는 한반도 긴장
완화정책보다도 한국 내의 정치적 안정성에 더많은 관심을 쏟고 있었다. 왜
냐하면, 코리아게이트사건이 종결되었고 6월에는 카터 대통령이 방한하여
한·미정상회담을 가졌으며, 주한미군철수정책이 실질적으로 중지되었기 때
문이었다. 따라서 미국은 유신정권이 YH신민당사 농성사건을 강경하게 진
압한 데 대해 국무성 명의로 경고하였고(8·14), 김영삼 총재의 제명에 대해
비난성명(10·4)을 발표하였을 뿐만 아니라 그 항의표시로 글라이스틴 주한
미대사를 본국으로 소환하였고, 급기야 카터 대통령이 경고성 친서(10·18)
를 보내기에 이르렀다.

---

39 박철규, "5·18민중항쟁과 부마항쟁", 학술단체협의회 편, 『5·18은 끝났는가』, (푸른숲,
1999), p.178-179.

요컨대, YH농성사건으로부터 시작된 사회운동 및 야당의 연합 및 체제도전이 이루어지고, 이에 대해 유신체제가 적극적인 정치적 배제전략을 구사하면서, 이로 인해 대외적으로는 한미갈등이 심화되는 한편 대내적으로는 부마항쟁과 같은 시민항쟁이 발생하였다. 이러한 상황은 야당 및 사회운동, 그리고 미국에 대한 전략을 둘러싸고 체제 내부의 갈등을 촉발시켰는데, 바로 여기에서 유신체제 붕괴의 서막인 10·26사태의 근인을 찾아 볼 수 있다.

그렇다면 정권 외부의 위기와 갈등들은 어떠한 경로를 통해 체제 내부의 갈등으로 이전되었는가? 유신체제는 정권 외부의 갈등을 대표하고 조정할 기제들을 결여하고 있었기 때문에 위기가 이전될 수 있는 유일한 경로는 체제의 하위권력분파들 사이의 일상화된 권력갈등과 결합하는 경우였다. 당시 김재규와 차지철간의 갈등은 구체적인 정치적 사안에 대한 해석과 대응방안을 두고 발생하기도 했지만, 다른 한편으로는 스스로의 권력과 역할을 확대하려는 시도로 나타나기도 했다. 특히 국내정치를 둘러싸고 일종의 관할 경쟁을 벌이는 형국이었다.[40] 양자 간의 갈등은 신민당 전당대회, 정운갑 대행체제 구축, 부마사태 정보분석을 둘러싸고 첨예하게 나타났다. 당시 김재규는 대미갈등을 해소하고 억압통치를 완화하여 국내위기에 대응할 것을 주장하였다. 또한 긴급조치 9호의 대체를 주장하다가 부마항쟁을 계기로 개선조치를 주장하였다. 이에 대해 대통령과 차지철은 강경노선을 견지하고 있었다. 또한 부마항쟁에 대해서도 김재규는 이들과 상반된 평가를 내리고 있었다.[41] 그는 시민의 높은 참가율을 중시하였고, 데모군중의 구호 가운데 체제

---

40 김계원의 증언에 따르면, '업무분담을 둘러싸고 차지철의 월권으로 인해 양자 간의 갈등이 심화되었다.'고 한다. 김재홍, 『박정희살해사건 비공개진술 상』 (서울: 동아일보사, 1994), p.177.

41 김재규 항소이유 보충서 (1980), p.121; 김재곤, 『1026과 김재규』 (이삭, 1985).

반대, 조세 저항, 물가고 비판, 정부 불신 등을 중시했다.[42] 김재규의 판단은 김계원 비서실장과 군원로파 등 친미적 성향의 엘리트들 사이에서 널리 공감되고 있었고 차지철에 대한 반감으로 인해 이들에게 더욱 설득력있게 받아들여졌다.

10·26사태 당일에도 양자 간에는 신민당의 당내 분위기와 김영삼 총재의 구속 등을 두고 심각한 마찰을 빚었다.[43] 그러나 박정희가 차지철의 강경노선을 선호하였기 때문에 김재규의 입장은 관철될 수 없었다. 이러한 상황을 근거로, 10·26사태를 수사했던 보안사령부는 양자 간의 권력갈등과 김재규의 경질설이 대통령 암살의 배경이라는 수사결과를 발표했었다. 그러나 양자 간의 권력갈등으로 인해 대통령까지 암살한다는 해석은 설득력이 약하고, 김재규의 경질설 또한 구체적인 근거가 없었다.[44] 그렇다면 김재규나 그의 변호인들이 주장했던 것처럼 절대권력자 박정희와 한국의 자유민주주의는 공존불가능하다는 판단 아래 시도한 민주회복을 위한 혁명이었다고 볼 수 있을까?[45] 법정에서 김재규는 사건 이전에도 유신체제의 완화, 혹은 대통령 직선제 등을 건의했지만 받아들여지지 않았기 때문에 민주회복을 위해 대통령을 암살할 수밖에 없었다고 주장했었다. 또한 그는 오래 전부터 결심

---

42 김재홍, 『박정희살해사건 비공개진술 상』 (서울: 동아일보사, 1994), pp.143-144.

43 김재규가 '비주류는 국민들이 사꾸라시하고 또 정운갑이는 신비주류이기 때문에 주류의 협조가 불가피합니다.'라고 말하면서 김영삼 등 신민당 주류를 상대로 하는 대야전략을 주장한 데 반해, 차지철은 '앞으로 그 친구들 까불고 나오면 전차로 싹 쓸어버리겠습니다.'라고 말하고 있다. 김재홍, 1994, 『박정희살해사건 비공개 진술 상』 (동아일보사, 1994), pp.71-72.

44 김계원 비서실장은 재판과정에서 '대통령께서 요직개편 문제에 대해서 금년 중에 고려하고 계시지 않은 것으로 알고 있다.'고 진술하고 있다. 김재홍, 『박정희살해사건 비공개진술 상』 (서울: 동아일보사, 1994), p.181.

45 김재홍, 『박정희살해사건 비공개진술 상』 (서울: 동아일보사, 1994), p.102.

하고 거사한 계획적인 혁명이었으며, 보다 직접적인 계기는 부마사태 등에 대해 박정희와 차지철이 강경하게 대응하고자 했으며 박정희가 사생활문란 및 판단력 마비로 인해 국정수행능력을 상실하였기 때문이라고 주장하였다. 그러나 핵심적 국가권력기구의 수장이 시도한 혁명으로 보기에는 사후계획 이 너무 미흡했었다는 점에서 그의 거사가 민주회복을 위한 계획적인 노력 이었다고 판단하기 어렵다.[46]

그의 거사가 충동적이고 무계획적으로 보인다는 점에서 은폐된 세력의 암 묵적인 지원 혹은 비호를 받지 않았는가 하는 해석이 대두되었는데, 다름 아 닌 '미국 사주설'이다. 당시에 미국이 배후개입을 했거나 묵시적인 영향력을 행사하였는지의 여부가 관심을 불러일으켰고, 시중에는 CIA의 개입설이 나 돌기도 했었다.[47] 실제로 김재규가 미국의 대한정책에 대해 중압감을 가졌 다는 사실은 그의 재판기록에서 명확히 확인되고 있다. 그는 유신체제 타도 의 동기가 한·미관계의 악화 때문이었다고 해명하였으며, 박정희 대통령이 내건 자주국방은 한국의 지정학적 위치로 볼 때 실현불가능하다고 판단하고 있었다.[48] 그러나 한·미관계에 대한 그의 판단이 직접적으로 미국 사주설을

---

46 김재규의 사건당일의 거사는 비교적 계획적이었지만, 그의 사후계획은 조직적이지 않 았다. 거사 이후 그는 어디로 가지라고 말했다가 정승화 육참총장의 권유로 육군본부로 향하였다. 즉 소극적인 은폐계획만 있었을 뿐 거사 자체를 유지할 복안이 부재하였다. 김재홍, 『박정희살해사건 비공개진술 상』(서울: 동아일보사, 1994), p.106.

47 당시 미국 개입설이 설득력있게 퍼진 것은 1026 며칠 전에 김재규가 로버트 브루스터 미 중앙정보국(CIA) 한국지부장을 만난 사실이 확인됐기 때문이다. 실제로 합동수사본 부의 군검찰관은 이 부분에 대해 김재규를 심문했었다고 한다. 뿐만 아니라 당시 군부 및 국방관련 부서의 엘리트들은 미 CIA요원과 주한미국, 미대사관 관계자로부터 미국 은 박정희의 제거 내지는 하야를 강력히 희망하고 있다는 메시지로 인식될만한 말들을 들은 적이 있다고 증언하고 있다. 중앙일보, "실록 박정희 시대" 28, 박정희죽음과 핵무 기, 1997년 10월 27일자.

48 김재규는 범행동기와 관련하여 다음과 같이 증언하고 있다. '미국이 한국을 영원히 버리 지는 않겠지만 유신체제가 없어질 때까지 한시적으로 한국을 버릴 가능성은 다분히 있

입증해주지는 않는다. 다만 신뢰할 만한 물리력을 확보하지 않고 자신과 소수의 부하만으로 이른바 '민주회복혁명'을 수행할 수 있었겠느냐는 의문이 제기될 뿐이다. 이에 덧붙여 유신체제 붕괴의 근인으로서 박정희의 사생활 문란과 이로 인한 국정수행능력의 상실을 들 수 있다.[49] 이러한 사실은 대통령 개인의 은폐된 사생활이었고 대외적으로 널리 알려지지도 않았지만, 김재규와 그의 부하들은 대통령 가까이에 있었기 때문에 쉽게 접할 수 있었다. 그 과정에서 김재규의 부하들은 대통령의 도덕적 타락과 판단력 미비로 위해 국가위기가 다가온다고 인식하게 되었다. 그로 인해 이들은 김재규가 대통령을 암살하는 일에 쉽게 동의하고 협조할 수 있었다. 만약 이들이 그렇게 판단하지 않았을 경우에는 설사 상관인 김재규의 명령이라 할지라도 쉽게 동의하기는 어려웠을 것이고, 김재규의 시도는 실패하였을 지도 모른다.

4. 대안세력들 간의 갈등

최고권력자의 사망은 일시적으로 권력구조의 동요, 즉 하위권력분파들간의 권력투쟁으로 이어졌다. 반유신체제 세력들이 지배엘리트집단을 압도하지 못하는 상황이었기 때문에 주요한 대립은 권력장악을 둘러싸고 체제 내부 세력들 간의 권력투쟁으로 진행되었다. 윤보선, 함석헌 등 재야 정치세력

습니다. 미국은 한국에게 독재체제를 하지 말고 민주주의체제로 환원하라는 선의의 권고와 충고를 여러 번 했습니다.' 김재홍, 『박정희살해사건 비공개진술 상』(서울: 동아일보사, 1994), p.129.

49 당시 중앙정보부의 의전과장으로서 김재규의 거사에 적극적으로 가담했던 박선호는 사흘에 한 번씩 열리는 박정희의 주색행사를 뒷바라지하는 업무를 도맡았다. 이 과정에서 그는 여러 차례 사의를 표명하기도 했었다. 김재홍, 『박정희살해사건 비공개진술 하』(서울: 동아일보사, 1994), pp.18-39, 336-370.

이 주도한 YMCA 위장결혼식 사건은 통일주체국민회의 대의원의 선출을
저지함으로써 유신체제의 존속에 저항하는 민주화촉진대회였지만, 계엄하
의 정국에 미친 영향력은 극히 제한적이었다.[50]

　비상계엄 하에서 진행된 김재규에 대한 군사재판은 유신체제 세력에 의
해 주도되었다. 보안사령부에 기반을 둔 체제세력은 사건 발생을 먼저 인지
하였으며, 국가권력기구를 이용하여 스스로에게 유리한 정치지형을 만들어
나갔다. 이른바 '신군부세력'은 경찰이나 경호실을 제치고 민간인 신분의 중
앙정보부장을 직접 체포하였으며, 스스로 체제수호세력으로 자처하였다. 재
판은 보안사를 중심으로 구성된 합동수사본부의 지침에 따라 진행되었으며,
군사법정의 진행상황은 유신체제 아래서 중정에 파견되었던 공안검사들에
의해 면밀히 청취되고 그 시나리오도 짜여졌다.[51]

　한편, 미국은 최규하 행정부에 대하여 정치자유화조치를 취하고 향후 정
치일정을 밝혀 국민의 의구심을 줄일 것을 촉구하는 한편,[52] 야당과 재야세
력에게는 인내를, 군부에 대해서는 민주화요구의 허용을 촉구하였다. 즉 미
국은 한국의 주요 정치세력들 간의 의사전달에 있어서 통로역할을 수행하면
서 동시에 이들에게 영향력을 행사하려 하였다.[53] 뿐만 아니라 위컴장군을

50　한국기독교교회협의회(KNCC) 인권위원회, 『1970년대 민주화운동』(1987), p.1769-
　　1780.

51　김재홍, 『박정희살해사건 비공개진술 상』(서울: 동아일보사, 1994), p.29.

52　10·26 직후 글라이스틴 대사는 최규하 대통령권한대행과의 면담에서 군부의 중요성,
　　군부 내 단합의 필요성을 강조하고, 국민들의 반발을 줄이기 위하여 정치적 자유화조치
　　를 취할 것을 요구하였다 (Seoul 016336).

53　구체적으로 11월 2일 조문사절로 방한한 밴스 국무장관은 박정희 유고에 대한 조의를
　　전달하고, 대한 안보공약을 재확인하는 한편, 한국에서 민주적 정치발전을 위한 영향력
　　을 행사하고자 했다. 실제로 밴스는 최규하에게 다양한 정파와의 사전협의, 긴급조치 9
　　호 해제, 김영삼 의원 제명 처분의 철회, 김대중 가택연금 해제, 크리스천 아카데미 사
　　건과 YH사건관련자에 대한 기소 중지, 국회정상화 등을 주문했었다.

통하여 '군부집권반대'의 입장을 천명함으로써 정국에 직접 개입하기도 했다.[54]

이후 체제의 동요를 수습하려는 조치들이 체제수호세력들에 의해 다층적으로 진행되었다. 최규하 대통령 권한대행 등 공식적인 권력에 의한 수습조치들이 진행되었던 한편, 비공식적이지만 실질적인 신군부세력에 의한 체제정비작업이 동시에 진행되었다. 최규하 대통령 권한대행은 11월 10일의 특별담화에서 헌법 개정과 정치발전을 위해 노력할 것을 표명하였다. 12월 6일에는 최규하가 대통령으로 선출되었고, 민주화와 정치발전을 위한 가시적인 조치로서 긴급조치 9호를 해제하였다.[55] 이어 국회에 헌법개정심의 특별위원회가 구성되었고, 최규하는 12월 21일 대통령 취임사에서 1년 이내에 개헌을 완료하고 가능한 한 빠른 시간 내에 총선을 실시하겠다는 정치일정을 제시하였다.

이러한 제도적이고 공식적인 정치의 배면에는 군부를 중심으로 한 다른 권력정치가 작동하고 있었다. 전두환 보안사령관을 중심으로 하는 신군부세력은 유신체제를 유지하기 위한 체제정비작업을 본격적으로 주도하였다. 전두환은 보안사령부를 중심으로 헌병, 경찰 등의 조직을 포괄하여 계엄 하의 합동수사본부를 발족시켰고, 이에 검찰조직까지 동원하여 대통령 암살과 김재규 재판 과정에서 발생할 체제동요를 차단하였다. 뿐만 아니라 신군부세력은 유신체제와 일정한 거리를 두고 있었으며 잠재적으로 유신체제의 개편

---

54 From the State Department to American Embassy in Seoul. November 01 (1979). Test of Scope Paper Re State Funeral For Korean President Park(State 285736).

55 미국 역시 전두환 등 군부세력이 최규하 정부를 인정한다는 인식하에 최규하 정부를 1년 이내의 과도정부로 인정하고 있었다. From American Embassy in Seoul to the State Department. November 29 (1979). Korea Focus: Meeting with Acting President, November 29 (Seoul 018153).

에 동의할 성향을 지닌 군파벌을 제거하고 자파세력 중심으로 군부를 재편하고자 하였다. 그 과정에서 이른바 '12·12 쿠데타'가 발생하였다. 12·12 쿠데타는 발생 이후 쿠데타세력과 쿠데타진압세력 간에 상반된 입장이 개진되다가[56] 이제는 권력장악을 위해 신군부세력에 자행된 군사반란행위로 받아들여지고 있다.[57] 뿐만 아니라 12·12 쿠데타에 동원된 군부대들은 부마사태 현장과 5·18 현장에도 동원되었다는 점에서 12·12 쿠데타는 유신체제를 수호하려는 세력들에 의한 구체제 유지책의 산물이었다고 평가할 수 있다. 더욱 중요한 사실은 신군부세력의 군사쿠데타에 대한 미국의 입장이다. 여러 가지 논란에도 불구하고 미국은 전두환 장군의 신군부측이 일으킨 군사반란에 소극적인 반대신호를 보냈으며, 거사가 성공한 직후에는 신군부와 화해하려 모색하였다.[58] 신군부세력의 체제수호노력은 12·12 쿠데타에 이어 5·17 비상계엄확대조치와 5·18 광주민주화운동에 대한 유혈진압과정을 거쳐 완성되었다. 12·12 쿠데타가 체제내부의 엘리트세력의 재편과정이었다면, 5·17 비상계엄확대조치는 유신체제의 재생산에 도전하는 시민사회의 동원력을 분쇄하는 과정이었다.

---

56   쿠데타의 주동세력들은 정승화총장이 김재규부장과 가까웠고 사건 현장 부근에 있었다는 점 때문에 합동수사본부가 그를 수사하기 위해 연행하려다가 우발적으로 발생하였다고 해명하였다. 그에 반해 장태완 수경사령관 등 진압세력 측 인사들은 전두환이 동해경비사령관으로 좌천당한다는 소문이 돌자 그를 중심으로 한 하나회계 장교들이 군권을 장악하고 궁극적으로 정권을 찬탈하기 위한 쿠데타를 일으켰다고 주장했다.

57   장태완 수경사령관 등 쿠데타진압세력들은 '12·12쿠데타'에 대해 전두환소장이 주축이 되어 하나회와 보안사 요원들의 주동으로 군 통수권자인 최규하 대통령의 사전 허락 없이 전후방의 부대를 불법동원, 그의 직속상관인 정승화 육참총장 겸 계엄사령관을 불법 납치, 구금한 군사반란행위라고 주장해왔으며, 오늘날 일반적으로 받아들여지는 해석이다. 김재홍, 『군—핵개발 극비작전』(동아일보사, 1994), p.332.

58   팀 사록 과 김재일, 1996, "12·12는 쿠데타 아니다 신군부와 밀착하라", 『시사저널』, 1996년 3월 14일자.

이러한 신권위주의체제의 안정화에 있어서 미국의 암묵적 동의는 매우 중요한 요인이었다. 미국은 1980년 5월의 정치상황의 책임을 학생세력에게 돌리면서, 광주민주화운동을 진압하기 위한 한국군의 투입을 승인하였다.[59] 즉 신군부세력은 미국의 암묵적 동의를 받으면서 대안적인 정치세력과 체제 도전적인 시민사회를 분쇄함으로써 '박정희 없는 유신체제'의 재생산에 성공하였다고 볼 수 있다. 그렇다면 미국은 왜 신군부세력의 체제수호노력을 간접적으로 지원하였는가? 그 이유는 신군부세력이 박정희 시기에 한미갈등을 유발했던 요소들을 제거하였기 때문이었다. 즉 신군부세력은 핵무기와 미사일개발계획을 포기하고 연구팀을 해체하는 등의 조치를 취했다.[60] 그

---

59 미국은 1980년 5월 27일 광주최종진압작전을 위한 한국군 20사단의 투입 등에 대해 5월 22일 백악관 참모회의에서 이를 반대하지 않는다는 입장을 밝히고 있다(박성원 1996:113). 5월 초순에도 학생, 시민, 그리고 광부 등 노동자들의 민주화와 생존권을 위한 투쟁에 대해 한국의 신군부가 대민군사활동으로 대응할 계획을 세웠으며 미국은 이를 사전에 동의했다는 사실이 공개되었다(이삼성 1996: 80-81). 〔이삼성, 1996 #3〕 pp.80-81 즉 미국은 당시 공수부대의 동태와 임무를 꿰뚫고 있었을 뿐만 아니라 기본적으로 군대투입에 대해 반대하지 않고 있었다(샤록 1996). 박성원, "미국, 신군부에 끌려다녔다", 『신동아』 5월호 (1996), p.113; 이삼성, "광주학살, 미국·신군부의 협조와 공모-최근 미국 외교문서를 통해 본 5·17쿠데타, 광주학살과 미국의 대한정책", 『역사비평』 (1996), pp.79-139; 샤록, 팀., "공수부대 동태·임무 꿰뚫고 있었다", 『시사저널』, 1996년 3월 7일자; 샤록, 팀., "군대투입에 반대해서는 안된다", 『시사저널』, 1996년 3월 7일자. 나아가서 글라이스틴 미대사는 5월의 정치상황의 책임을 성숙하지 못한 학생과 급진적인 학생지도자들에게로 돌리고 있었다. 그는 5월 9일의 전문에서 '전두환과의 대화 어느 구석에서도 우리는 법질서 회복을 위해 절대적으로 필요하다면 한국정부가 군대를 투입해 경찰력을 강화하려는 비상계획을 미국정부가 반대한다는 암시를 주지 않을 것이다'라고 말하고 있다.

60 신군부가 집권하면서 1980년 8월에는 유도탄 개발 핵심멤버들이 축출되었고, 1982년 말에는 미사일 개발팀 등 8백여명이 숙정되었다. 1981년 1월에는 핵연료개발공단을 원자력연구소와 통합하여 에너지연구소로 이름을 바꾸고, 핵개발에 관한 연구는 물론 원자력이란 용어도 사용하지 못하게 함으로써 핵개발계획은 명시적으로 폐기되었다. 중앙일보. "실록 박정희 시대" 32, 막내리는 핵개발, 1997년 11월 10일자; 중앙일보, "실록 박정희 시대" 33, 국산 미사일 개발, 1997년 11월 13일자.

러나 더욱 중요한 요인은 미국의 정책기조의 변화였다. 당시 미국은 군부의 통일성이 해체되는 위험한 사태를 막고 민간지도하에서 광범한 기반을 가진 질서 있는 민주정부로 나아가는 추진력을 보존하고자 했다.[61] 이른바 '인권외교'가 구체적으로 어떻게 현실정치와 결합하는가의 문제였다. 원래부터 카터의 인권외교는 현실정치를 우선적으로 고려한 가운데 이루어졌다. 즉 제3세계의 친미독재정권 가운데 맑스주의 정치세력으로부터 도전을 받고 있지 않은 나라가 인권외교의 대상이었다.[62] 그런 점에서 한국은 인권외교의 적용에 있어서 예외였고, 현실정치의 논리가 먼저 고려되었다. 특히 1979년에 들어서면서 미국은 현실주의적 외교노선으로 선회하게 되면서 인권을 중시하던 기존의 대한국전략이 명시적으로 변화하였다.[63] 그 결과 12·12 직후 미국은 12·12 사태를 이전상태로 환원시킬 뜻이 없음을 전달하고 신군부에 대한 비판 대신에 안보협력을 모색하였으며,[64] 5·18 광주민주화운동

---

61 이삼성, "광주학살, 미국·신군부의 협조와 공모-최근 미국 외교문서를 통해 본 5·17쿠데타, 광주학살과 미국의 대한정책", 『역사비평』 (1996), pp.79-139, 122.

62 Forsythe, David., Human Rights Realism, Radicalism, and Reform, in *American Foreign Policy in an Uncertain World*, edited by D. P. Forsythe. Lincoln: University of Nebraska Press(1984).

63 미국은 소련의 위협을 강조하면서 신냉전의 사고로 선회하였고, 한국정부가 미국의 권고를 받아들여 김대중을 석방했다는 사실을 강조하면서 인권외교의 적용을 철회하기 시작했다. 그 일례로 미국대사관에서 글렌 상원의원에게 보낸 보고서에는 이러한 미국의 입장이 잘 드러나 있다. 이 보고서에 따르면 미국은 1978년에 한국에서 인권문제가 많이 개선되었다고 간주하고 있으며, 한국 국민이 역사적 문화적 요인과 북한의 위협 때문에 유신체제와 같은 강력한 정부를 사실상 필요하다고 생각하거나 적어도 용납하고 있다고 지적하였고, 따라서 미국의 대한인권정책의 방향은 '눈에 튀지 않는' 충고의 방식이 적합하다고 지적하고 있다. From American Embassy in Seoul to the State Department., January 8, Briefing Paper for Senator Glenn-Human Rights Situation(1979).

64 박성원, "미국, 신군부에 끌려 다녔다", 『신동아』 5월호 (1996), p.112.

당시에도 카터정권의 고위관료들은 '광주사태는 인권문제가 아니다. 그것은 동북아의 안정을 확보하고 유지하는 미국국익의 문제.'라고 공언하고 있었다.[65]

5. 지연된 붕괴

유신체제는 일종의 '유기체적 통합국가'로 정의될 수 있다. 단원주의적 국가는 경제와 사회를 위에서 재조직하려고 하였고, 여기서 일단의 국가조합주의적 면모도 발견할 수 있다.[66] 발전주의의 기저 아래 국가는 기업가적 자본축적과 이를 민간 및 군부출신의 기술관료들에 의해 추진하려는 배제적 권위주의체제였던 것이다.

이 유신체제는 박정희의 암살과 더불어 붕괴의 서막을 올렸다. 이러한 방식의 붕괴가 발생한 이유는 박정희 정권이 기본적으로 '유사민간화된 군사정권'이었기 때문이다. 이러한 군사정권은 라틴 아메리카에서 발견되는 '제도화된 군사정권'과 달리 민간정부의 외양을 지님으로써 그 퇴각이 잘 이루어지지 않는다. 뿐만 아니라 군부라는 강력한 물리적 자원을 지니고 있기 때문에 체제 외부세력의 도전에 허약하지도 않다. 따라서 이러한 체제는 박정희의 죽음으로써 일단 군사정권이 마감된 것에서 볼 수 있듯이 군인출신 지도자의 자연사나 자살, 혹은 암살 없이는 정권이 지속되는 경향이 있다.

박정희의 사망에도 불구하고 유신체제의 잔존세력, 즉 신군부세력을 중심

---

65 이삼성, "광주학살, 미국·신군부의 협조와 공모-최근 미국 외교문서를 통해 본 5·17쿠데타, 광주학살과 미국의 대한정책", 『역사비평』 (1996), p91.

66 임현진·김병국, "노동의 좌절, 배반된 민주화: 국가, 자본, 노동의 한국적 현실", 『계간사상』 겨울호 (1991).

으로 재편된 박정희 없는 유신체제는 전두환 정권과 노태우 정권으로 이어진다. 그 이유는 이미 기술한 바와 같이 첫째, 대안적 세력이 허약하였고 체제의 대안이 부재하였기 때문이다. 둘째, 체제내부의 분열이 조직적 수준에까지 이르지 못했다. 셋째, 강력한 체제수호세력에 의해 지배연합이 급속히 재편되었다. 넷째, 미국 등 국제적인 여건이 체제수호세력에 유리하게 작용하였다.

그런 점에서 볼 때, 유신체제는 지배연합의 구성원들을 변화시키면서 연장되었고, 정치적으로 고도로 근대화된 권위주의체제이자 경제적으로 배태된 자율성을 지닌 발전국가로서의 성격은 유지되었다. '변형된 유신체제'는 구체제가 지녔던 최소한의 성취적 정당성마저 갖지 못한 채 구체제를 유지하고자 했고, 그 결과 그 후 7년을 넘기지 못하고 시민사회와 야당으로 구성된 도전연합의 압력을 받아 정치적 개방을 허용할 수밖에 없었다. 정치적인 측면에서 유신체제의 붕괴는 내부적인 힘에 의해 이루어졌던 반면, 유신체제의 경제발전 및 관리의 전략은 외부로부터의 국제화 압력에 의해 그 변화를 강요당했다.[67] 즉, 새로운 유신체제의 출범한 지 17년 후에 이른바 외환위기와 IMF의 구제금융이라는 사태를 맞으면서 구체제의 경제발전전략은 근본적으로 수술대 위에 오르게 되었다. 그럼에도 불구하고 유신체제의 유제로서의 권위주의적 사회구조는 여전히 한국 사회에 짙게 드리워져 있다.

67　박정희식 압축성장모델은 여전히 유효하다는 주장이 있다. 오원철 전 청와대 경제수석은 정부주도의 계획경제와 수출주도의 한국형 경제개발전략은 여전히 유효하다며 박정희 식 성장모델이야말로 IMF위기의 타개책이라고 주장하고 있다. 그러나 정부주도, 수출주도, 재벌주도의 경제구조, 차관과 기술의 도입에 의한 생산요소 투입주도의 성장모델은 민주화와 세계화의 시대에 그 유효성을 상실하였음은 주지의 사실이다. 오원철, "한국 경제 회고와 전망, 총력수출만이 살 길", 『월간 중앙 Win』 5월호 (1998); 송헌일, "박정희 모델로는 IMF 극복 못해", 『월간 중앙 Win』 7월호(1998).

제2부

라틴 아메리카의 브라질,
멕시코, 아르헨티나, 칠레

제5장

브라질의 브라질 군사정부
1964~1985

1. 통치구조와 지배양식

브라질은 1964년 군부 쿠데타로 브랑코(Castello Branco)가 정권을 잡은 이후 1985년까지 21년간 다섯 명의 군 출신 대통령이 통치해왔다. 브라질에서 군사정권의 탄생은 1930년대 이후 수십 년간의 세계 및 국내 경제 변동과 관련이 있다. 브라질은 1930년대 세계 경제위기와 더불어 기존의 수출지향정책을 지속할 수 없게 되자 그 대안으로 수입대체산업화 전략을 세웠다. 경제정책의 변화는 국내 정치구조에도 변화를 가져와 전통적인 과두제와 외국 소유 기업 및 자유무역정책 등에 대항하는 광범위한 민중연합이 형성되기에 이르렀다.[1] 수입대체산업화의 초기에는 국가와 국내 산업자본가의 연합에 의해 내수시장을 겨냥한 수평적 산업화가 추진되었다. 그러나 내수소비재 위주의 수입대체산업화는 국내 산업들 간의 수직적 연계를 무시한 수평적·외연적 산업화로서 소비재 대신 중간재와 자본재의 수입의존도를 더욱 가중시켰다. 이에 국가와 다국적 기업의 결합이라는 새로운 연합세력이 대두했다. 외국자본을 유치하기 위해서 경제 안정과 예측 가능성이 보장되어야 했고, 정부는 수입대체산업화 초기의 연합관계를 재편할 필요가 있었다. 이것이 바로 브라질에서 권위주의정권이 탄생하게 되는 배경이다.[2] 요컨대 급속한 GNP 하락과 그에 상응하는 물가 급등, 국제수지 악화, 해외자본 투자 감소 등 1950년대 말~1960년대 초에 나타난 브라질 경제의 총체적인 위기로 인해 민중주의 정권의 역량 부족이 여실히 드러났고, 그 결과 전반적인 사회구조적 개혁의 필요성이 대두된 것이다.

다른 한편 권위주의 정권을 탄생시킨 사회적 조건들이 있었다. 우선 이 시기 도시인구가 급증했다. 1950~1960년의 10년간 브라질 도시 인구는 1,900만에서 3,200만으로 증가했는데, 이는 농촌 인구의 증가(3,300만에서 3,900만으로)와 비교하면 1.5배 가까운 증가율이었다. 도시 인구의 급증은 주거, 일자리, 식량 등의 부족 사태를 가져왔고, 이에 따라 시민들의 불안과 불만이 고조되었다. 다음으로 유권자 수 및 정치의식이 증대되어 새로운 정치 체제에 대한 요구 수준이 높아졌다. 이 시기에 도시뿐 아니라 농촌에서도 노동자들의 단체행동이 활성화되었다. 이러한 상황 속에서 브라질에서는 좌익

---

1   Guillermo O'Donnell, *Modernization and Bureaucratic-Authoritarianism* (Berkeley: Universityof California Press, 1973), pp.53-54.

2   Michael Wallerstein, "브라질의 민주주의를 좌절시킨 경제적 요인들", 한상진 편저, 『제3 세계 정치체제와 관료적 권위주의』 (서울: 한울, 1984), p.257.

집단이 점차 힘을 얻었다.[3]

그러나 당시 권력을 쥐고 있던 굴라르(Goulart) 정권은 이러한 위기에 적절하게 대처하지 못했다. 굴라르는 변화를 갈망하는 대중적 열기에 편승하여 헌법을 개정하려 했지만, 오히려 기득권 정치인들과 군부뿐만 아니라 국민들로부터도 신뢰를 잃었다. 게다가 때마침 발생한 해군사병들의 항명사건을 적절히 처벌하지 못해 군부 내에서 쿠데타 움직임이 더욱 힘을 얻게 되었다. 마침내 1964년 3월 31일 군사쿠데타가 발발하여 굴라르 정권이 몰락하고 이후 20년 넘게 지속될 군사정권이 탄생하였다.

브라질 군부는 집권 이후 대통령과 최고군법회의 및 국가안보회의를 가장 강력한 기관으로 구축하는 등 권력을 제도화하고자 했다. 우선 군부는 대통령의 권한을 강화하는 법안을 잇달아 제정하였다. 1967년에 개정된 헌법은 정부의 재정, 인사, 군대의 규모, 행정 및 사법조직, 조세, 예산 등의 문제와 관련된 법안의 독점적 발의권을 대통령에게 부여하였다.[4] 곧이어 발포된 '긴급조치법' 5호에 따라 대통령에게 의회를 해산하고 정치에 개입하며 피선된 정치인들의 권리를 박탈하고 모든 사법적 재심을 무시할 수 있는 권한마저 부여하였다.[5] 그리고 군부는 이렇게 권한이 강화된 대통령을 실질적으로 통제할 수 있었고, 그 결과 군부의 권한은 크게 강화되었다. 그리고 위 개정

---

3 김원동, "브라질 군사정권의 성격에 관한 일고찰", 『고려사회학논집』 2 (1985), pp.69-70.

4 Ronning C. Neale and Henry H. Keith, "Shrinking the Political Arena: Military Government in Brazil Since 1964", in Henry H. Keith and Robert A. Hayes (eds.), *Perspectives on Armed Politics in Brazil* (Arizona State University, 1976), p.231.

5 제헌강령 5호의 결과 중 하나는 양당체제의 성립이다. 군사정부는 기존 정당들을 폐기하고 여당인 국가재건연합(National Renovating Alliance: ARENA)과 야당인 브라질 민주운동당(Brazilian Democratic Movement: MDB)의 양당체제를 수립하였다. 양당제는 1979년 정당개혁법에 따라 4개 정당으로 개편될 때까지 지속되었다. 민만식, "페루와 브라질: 민주화로의 전환", 한배호 외, 『신생국정치론』 (서울: 정음사, 1983), p.125.

헌법과 함께 국가안보회의가 창설되었는데, 대통령이 그 의장을 맡고 국가
안보 관련 법률을 공포할 수 있는 전권을 가지고 있었다. 나아가 국가안보회
의는 정부 주요 기관들에서 벌어질 수 있는 반정부활동을 감시하여 정권 유
지에 기여했다. 마지막으로 최고군법회의는 대통령의 지명과 상원의 승인을
받은 15명으로 구성되어 국가안보의 명목 하에 정적을 제거하는 수단으로
이용되었다. 이에 비해 국회의 권한은 매우 제한되었다. 입법권의 상당 부분
뿐 아니라 의회 해산권마저 대통령에게 있었기 때문이다. 게다가 1965년 주
지사 선거 결과 주요 주들에서 여당이 패배하자 군부는 공산주의자 색출과
부정부패 척결을 명목으로 정부에 비판적인 인사들이 의원에 출마하지 못하
도록 법으로 제한했다.[6]

　이러한 법적 장치들은 브라질에서 군부 집권이 상대적으로 오랫동안 지속
될 수 있었던 중요한 요인이었다. 그렇지만 군부 내에서 권력 승계를 제도화
되는 데에는 시간이 걸렸다. 의회와 정당들이 해산되었고, 지사 선거가 간접
선거로 치러졌지만, 군 내부는 정치적으로 복잡했다. 그러다가 1966년 10
월에 이르러서야 군부는 코스타 에 실바(Arthur Costa e Silva) 장군을 대통령
으로 선출하는 데 합의했다. 이렇게 해서 브라질 권위주의 체제는 권력승계
를 제도화하는 데 성공했고, 이후 1985년까지 네 차례에 걸쳐 대통령이 바
뀌는 동안 군사정권을 유지했다.

2. 국가 - 사회 관계

　브라질의 군사 정권은 아르헨티나의 그것보다는 훨씬 덜 심각한 민간 집
단들의 도전을 받았다. 브라질 사회는 이미 전통적으로 확립된 권위주의, 가

6　Neale and Keith (1976), pp.233-235.

부장적 국가, 및 바르가스(Getúlio Vargas)에 의해 체계적으로 조직된 조합주의적 노동 통제의 전통이 있었다. 그 결과, 노동 지도자들은 독자적 기구 조직의 능력을 결여하고 있었고, 노동 조직들은 국가에 항상 종속되어 있었다. 군사 정권 수립 후의 권위주의의 강화는 노동 조직들의 독자적 활동 기회를 더욱 축소하였고, 여타 민간 세력들의 정치화도 크게 억압하였다.

쿠데타 이후 1973년까지 시민사회에 대한 국가권력은 다음의 두 가지 조건 하에서 증대되었다.[7] 첫째, 국가의 안보기구가 도시 게릴라와 싸우는 중에 반란세력과 연계되어진다고 여겨지는 어떠한 사회 행동도 탄압할 수 있는 전례 없는 독립성을 부여받았고, 둘째, 미증유의 경제성장을 이루었다는 점이다. 그런데 이처럼 경제에 있어서 국가의 역할이 증대하였어도 국가와 민간의 동맹세력들과의 관계가 손상되지 않았다. 국민총생산에서 민간부문이 차지하는 정도가 줄어들었지만, 국가가 여러 가지 보조금을 지급하고 민간부문이 절대적 양의 측면에서 성장하였기 때문에, 이러한 국가주의에 대한 반발이 두드러지지 않았다.

한편, 시민사회의 힘 역시 증대되었다. 가장 주요한 요인은 가톨릭교회 내부의 변화였다. 교회는 1964년의 군부 쿠데타를 지지하였으나, 1970년까지 점점 더 심해지는 국가의 탄압상황 속에서 국가의 인권정책에 대한 비판의 강도를 높여나갔다.[8] 교회는 또한 자체의 문제에 있어서는 국가로부터 상당한 정도의 자율성을 가지고 있었다. 교회는 이 자율성을 이용하여 기초공동체(CEB) 조직을 꾸준히 조직하여 나갔다. 1970~1973년에는 이러한 공

---

7   Alfred Stepan, "State Power and the Strength of Civil Society in the Southern Cone of Latin America," in Peter Evans, Dietrich Rueschemeyer, and Theda Skocpol (eds.), *Bringing the State Back In* (Cambridge: Cambridge Univ. Press, 1985).

8   이남섭, "브라질의 종교와 정치: 카톨릭교회의 민주화운동을 중심으로", 『이베로 아메리카 연구』 2 (1991), pp.121-139.

동체가 국가에 직접적인 저항을 하지 않았으나, 이데올로기, 인적 자원, 및 조직력을 축적해 나가기 시작하였다. 이러한 여러 가지 자원들은 궁극적으로 시민사회의 한 분야에서 다른 분야로 확산되어 나갔다.

교회의 기초공동체 증가와 더불어 새로운 노동조합주의 역시 성장하였다. 1973~1974년이 되자 새로운 노동조합주의를 표방하는 대표들이 공장 수준에서의 작업환경 변화를 협상하기 시작하였다. 예를 들어 1973년 5월 1일 상 파울로 금속노련이 메디치 대통령에게 요구사항을 제시했는데, 그 내용은 공장위원회를 설립할 권한, 사용자와 단체협상할 권리, 및 국가의 불개입과 노동부로부터의 자율성 확보 등이었다. 사실 국가와의 직접적인 대결을 불러온 1978년의 파업 이전까지 금속노련은 공장 수준에서의 단체협상의 범위를 계속 확장했다. 상대적으로 강력한 노동조합의 등장은 노조 내부의 변화나 전체 시민사회의 변화뿐만 아니라, 브라질 경제의 발전으로 인한 산업 노동자의 급증의 결과이다. 1960년과 70년 사이에 산업분야에 고용된 노동자 수가 52% 증가하였고, 1970년과 74년 사이에는 38% 증가하였다. 게다가 다국적 기업에 의존하는 국가정책과 산업의 집중화를 촉진하였던 정책들로 인하여 상 파울루에 노동자 계급이 급격히 증가하였다. 산업의 발전 자체가 자동적으로 노동자 조직의 자율성 확대로 연결되는 것은 아니지만, 상 파울루 근교의 노동자 계급의 수적 성장은 노동자 계급운동이 활성화되는 데 큰 역할을 했다. 그리고 이 운동이 후에 국가에 대한 반대세력으로 중요한 역할을 했다.

1973년 말이 되자 부르주아 질서를 위협하는 세력으로서의 도시 게릴라 운동은 거의 소멸되었으나, 석유위기가 브라질의 경제적 기적을 손상시켰다. 실제적 위협세력의 부재 상황에서 브라질 경제의 역동적 성장이 끝나고 경제 문제들이 고개를 들게 되자 군사정권은 보다 심각한 도전에 직면했다. 노동자, 학생, 지식인, 성직자들 사이에서 일어난 이러한 도전은 특히

1978~1980년의 파업 물결과 상 파울루 자동차 산업을 중심으로 한 신노조 운동의 급성장에서 두드러졌다. 이는 노동조합이 아직 노동부에 예속되었지만, 점차 강력한 정치적 영향력을 행사하고 있다는 사실을 증명했다.[9]

칠레의 피노체트 정권 하의 정치과정을 분석한 가레톤은 배제적 권위주의의 초기 숙정작업 과정에서 기성정치인이 정치과정에서 제거되고 정치적 이슈가 중화된 결과로 생긴 공백을 '대체행동자'와 '대체이슈'가 메우게 된다고 보았다. 대체행동자들은 처음에는 권위주의에 아무런 위협이 되지 않는 듯이 보이는 문제들을 중심으로 조직되지만 급기야 이 같은 조직적 경험이 정치분야로 넘쳐든다.[10] 브라질의 경우도 조직노동 이외에 처음에는 비정치적이었던 가톨릭교회, 특히 기초신앙공동체 운동, 민중운동, 여권운동 등이 정치영역으로 흘러들면서 정치적 개방을 촉진시키고, 군정이 강압정책 회귀비용을 증대시키고 있었다.

3. 국가 – 경제 관계

브라질 군부에게 안보와 경제발전은 가장 큰 관심사였다. 그들은 경제발전을 위한 장기적 계획을 수립하는 한편 인플레이션, 외채 문제, 무역수지 적자, 경제 침체 등 급박한 경제문제들을 해결하기 위한 정책들을 수립하고 실시하기 시작했다. 군부는 경제에 관한 전문지식이 없었으므로 민간인 경제 전문가와 기술관료들로 경제팀을 구성했다. 민간집단과의 동맹체제는 브

---

9 김영명, "남미 군부 통치의 종식: 아르헨티나, 브라질, 칠레", 『한국정치학회보』 19 (1985), pp.443-445.

10 Manuel Antonio Garretón, *The Chilean Political Process* (Boston: Unwin Hyman, 1989); 이영조, "다시 시작하는 과거: 남미 군부통치의 유산", 『계간 사상』 가을 (1994), p.41.

라질 군부에게 정치적으로 중요한 수단이었다. 군부-상층 부르주아지-기술관료로 구성된 '쿠데타 연합'과 국가 부문-외국 부문-국내 부르주아 부문으로 구성된 소위 '삼자동맹'의 이중 동맹 구조는 브라질의 자본주의 권위주의 정치경제 구조를 떠받치는 골간을 이루었다.[11]

1964년 4월 1일 쿠데타로 집권한 군사정부는 먼저 노동조합과 농민조합은 물론이고, 정당, 행정부, 군부 내의 "불순분자"를 숙청하는 일에 착수하였다. 우선 민중주의적 요소를 제거함으로써 행정부를 강화한 군사정부는 민중주의시기의 유산인 경제문제의 해결에 관심을 기울였다. 어떤 기준에서 보더라도 브라질경제는 중병에 걸려 있었다. 해외여신을 거부당한 굴라르 정부는 30억 달러에 이른 외채에 대해 일방적인 지불중지조치를 취하였다. 이에 외국의 수출업자들은 브라질의 신용을 인정하지 않고 모든 거래에 대해 현금결제를 요구함에 따라 보유외환은 곧 바닥이 났다. 한편 인플레이션은 연율로 환산해서 100%에 이르렀다.

군부로부터 사실상의 백지위임을 받은 캄포스와 불룡이스경제팀은 "정부 경제행동계획: 1964~1966"(PAEG)을 제출했다. PAEG은 인플레이션을 브라질 최대의 경제문제로 지목하고, 이것은 공공부문 적자, 과다 여신, 과다 임금인상의 세 요인에서 비롯된 초과수요가 주된 원인이라고 진단했다.

인플레이션을 줄이기 위해서 이들은 먼저 정부의 불요불급한 지출을 삭감하고 국영기업체를 흑자운영하며, 세수를 증대시킴으로써 재정적자를 감소시키고자 하였다. 안정화 정책의 두 번째 중요한 수단은 민간부문 여신의 통제와 금리자유화였다. 대인플레이션 정책의 세 번째 수단은 사실상 실질임

---

11 Peter Evans, *Dependent Development: The Alliance of Multinational, State and LocalCapital in Brazil* (Princeton, NJ: Princeton University Press, 1971).

금의 하락을 내장한 새로운 임금조정 제도였다.[12] 이러한 일련의 안정화정책은 표면적으로 상당히 성공을 거두었다. 1966년까지 국내 총생산에 대비한 연방정부의 현금재정적자는 1963년의 1/4 수준으로 감소했다. 같은 해 통화공급은 명목상 15%밖에 증가하지 않았고, 민간부문에 대한 은행여신의 증가율 또한 상당 수준 인하되었다. 1964년 이후 최저임금은 물가상승에 못 미치는 비율로 인상되었으며, 인플레이션 역시 1963년의 절반 수준으로 떨어졌다. 한편 국내총생산의 실질성장률은 세 배로 뛰었다.

하지만 군정의 안정화정책은 1967년 코스타 에 실바 정부가 들어서면서 중대한 변화가 일어난다.[13] 특히 여신정책과 통화정책이 팽창정책으로 완전히 반전되었다. 이러한 정책전환은 브랑쿠 정부 하에서의 긴축기조의 안정화정책이 심각한 경기침체를 야기했기 때문이다. 실바 정부의 델핑 네투(Antonio Delfim Neto)를 필두로 하는 새 경제팀은 브라질 인플레이션의 주된 원인이 초과수요보다는 비용압박에 있다는 분석을 내놓았다. 이러한 분석에 기반하여 실바 정부는, 브랑쿠 정부 하에서 추진된 경제합리화를 폐기하고 경기부양을 꾀하게 된다. 여신과 통화공급의 증대를 통해 성장을 촉진하는 동시에 인플레이션을 억제한다는 실바 정부의 정책목표는 성공적으로 달성되었다. 1966년에 41.3%였던 인플레이션은 계속 하락하여 1973년에는 16.2%까지 하락했으며, 성장률도 1968년에 8.4%로 상승한 이후, 1973년까지 연평균 10%를 상회함으로써 소위 "브라질의 기적"을 구가하였다.

이처럼 경제안정화에 비교적 성공했던 군정 초기(1964~1973)는 안정화정책의 환경과 내용 모두에 있어서 예외적인 시기였다. 민중주의 말기의 경제

12　이영조, "브라질의 경제안정화: 영속적 실패의 정치경제학", 『이베로 아메리카 연구』 2 (1991), pp.31-75.

13　Thomas E. Skidmore, *The Politics of Military Rule in Brazil*, 1964~1985(New York: Oxford Univ. Press, 1988), pp.68-71.

적 혼란 때문에 상대적 정당성이 적어도 처음 몇 해 동안은 존재했으며, 강압능력에 기초한 정치적 배제로 사회의 특수이익, 특히 조직노동으로부터 국가가 상대적으로 자유로웠다. 안정화정책의 내용 또한 대증처방에만 그치지 않고 비교적 정통적인 재정적자의 축소 등 보다 근원적인 문제의 해결을 시도했다. 그 결과 여신확대와 통화팽창에도 불구하고 재정적자 감소와 실질임금의 축소에 힘입어 한동안 안정과 성장을 동시에 달성할 수 있었다.

그러나 정상을 되찾은 듯이 보였던 브라질의 정치경제는 1973년의 오일쇼크로 심각한 위기에 봉착한다. 1974년 3월에 취임한 가이젤(Ernesto Geisel) 대통령은 이 외부의 경제적 충격이 야기한 국내의 경제 위기에 대처해야 했다. 석유파동의 직접적인 결과의 하나는 석유가의 4배 인상으로 인한 대규모 국제수지 적자였다. 그러한 국제경제적 충격은 경기침체를 수반할 구조조정과 부채금융을 통해서만 가능한 성장유지 사이의 양자택일을 강요하고 있었다. 이 시기의 많은 개발도상국과 마찬가지로 브라질은 정치적으로나 경제적으로 힘겨운 구조조정보다는 국제적 차관을 통한 성장의 길을 선택했다. 아울러 석유파동으로 인한 국제금융시장의 구조변화가 이러한 선택을 부추기고 있었다. 국제금융체계 내에 다량의 석유달러가 공급되고 있었기 때문에 외채의 도입은 상대적으로 아주 손쉬웠다.

이러한 "외채를 통한 탈출"로 가이젤 정부는 메디치 정부 시기(1969~1974)보다도 낮긴해도 상당한 속도의 성장을 유지할 수 있었다. 그러나 그 대가는 인플레이션의 급증이었다. 1973년 16.2%까지 하락했던 인플레이션은 1974년에는 33.8%로 두 배 이상 뛰고, 1980년에는 110.2%까지 이르게 된다. 뿐만 아니라, 구조조정의 기회를 놓침으로써 1979년의 2차 오일쇼크에 적절히 대응할 수 없게 되었다.

요컨대, 쿠데타 이전의 민중주의체제가 시혜에 기초한 수단적 정당화에 의존했기 때문에 재정적자와 인플레이션에 직면했다면, 쿠데타 이후 들어선 배제적 권위주의체제는 성장에 바탕한 수단적 정당화의 필요 때문에 인플레이션 유발적인 외채의존의 성장정책으로 나아가게 된 것이다.

4. 국가 – 노동 관계

군사정부는 직접적인 대량의 탄압과 조합주의적 통제방식을 동원하여 노동계급을 억압하기 시작했다. 쿠데타 이후 노조 지도자들이 체포되면서, 노동운동은 마비되었으며, 임금은 몇 년 사이에 절반으로 삭감되었고, 파업권은 극도로 제한되었다. 군사정부의 노동통제는 지도부, 조직, 기층 노동자 등 크게 세 가지 차원에서 이루어졌다.[14] 우선 노조 지도부에 대해서는 탄압과 회유, 훈육 등의 방식이 동원되었다. 정부의 개입 또는 개입 위협은 노조 지도자들을 다루는 데 있어 가장 효과적인 방식이었다. 호전적이고 급진적인 노조 지도자들이 친정부적인 인사들로 교체되었다. 또한 조합사무실 점거, 조합 기금 압류 등을 통해 노조의 활동이 억압되었다. 그리고 정부의 개입 이후, 호전적 지도부에 대한 피선거권을 박탈하여, 이들의 복귀를 원천적으로 금지하였다. 이러한 직접적인 탄압 방식과 더불어, 정부에 협조적인 노조 지도자들에게 선별적으로 보상해주는 회유(co-optation) 방식 또한 병용되었다. 대표적으로 하급 노동재판소의 노동재판관(vogal)의 지위를 친정부적인 노조 지도자들에게 부여해주는 방식을 들 수 있다. 이 직책에는 실권은 없었지만, 적은 의무와 높은 보수가 보장되었다.[15] 한편, 이러한 방식에 더불

14　Kenneth S. Mericle, "Corporatist Control of the Working Class: Authoritarian Brazil Since 1964", in James M. Malloy (ed.), *Authoritarianism and Corporatism in Latin America* (Pittsburgh: Univ. of Pittsburgh Press, 1977).

15　일례로, 1972년 5월, 상파울로 재판소 노동재판관의 한 달 봉급은 당시 최저임금의 13배에 달했다.

어 군사정부는 노조 지도자들에 대한 교육 및 사회화 프로그램을 가동시켜 정부정책을 홍보하고 이에 따르도록 유도했으며, 이들 중 성적우수자들을 선출하여 브라질리아로 보내 더 많은 교육을 받도록 했다.

한편, 노조 조직에 대한 통제는 노조의 재정을 정부가 좌우하는 방식으로 이루어졌다. 노조 재정에서 가장 큰 비중을 차지하고 있었던 것은 정부의 노조세와 조합원회비였다. 이 중 정부의 노조세는 모든 노동자들로부터 국가가 거두어들여 각급 노조에 배분하는 것으로, 정부정책에 순응하지 않는 노조에게는 지급되지 않았다. 이를 통해, 정부는 노조의 활동을 비호전적인 성격을 띠도록 통제할 수 있었다. 이러한 재정적인 방법 이외에도, 정부는 노조의 선거 과정, 정족수 설정, 상급 단위로의 가입과 탈퇴 등 노조의 제반 활동들을 규제함으로써 노조의 자율성을 억압했다.

마지막으로, 기층 노동자에 대해서는 노동법 개정을 통해 자발적 저항행위의 위험도를 증대시키는 방식으로 통제를 강화하였다. 첫째, 직업 안정 조항을 약화시켜, 저항 노동자들에 대한 고용자들의 해고가 용이토록 하였다. 1966년 정부는 신국가(Estado Novo) 이래의 '직업안정법' 대신에 '근무기간보장기금'을 설립하였다. 직업안정법은 10년 이상 장기 근속한 노동자를 해고할 수 없게 하는 한편, 부당한 해고에 대해서는 1년 근무마다 해고 당시의 한 달 치 월급을 퇴직금으로 지불하게 하고 있었다. 그러나 새로운 제도는 먼저 직업안정에 대한 보장을 제거했다. 부당해고에 대한 보상액은 새 제도 하에서도 거의 비슷했지만, 재원의 충당방법이 완전히 달라졌다. 회사는 각 노동자에 대해 기본급의 8%를 매달 기금의 구좌로 적립하고, 부당해고 시에는 적립금의 10%를 추가로 지불하게 되어 있었다. 그러나 임금의 8%를 적립하는 대신에 임금의 6.25%에 해당하는 각종 세금경감 조치가 병행되었기 때문에 새 제도 하에서 해고와 관련된 기업의 재정부담은 매우 경미해졌다. 직업안정법 하에서도 10년이 되기 전에 해고하는 것이 상례였기 때문에 새 제도 하에서 직업안정성이 특별히 감소하지는 않았지만, 해고에 대한 보상방법의 차이로 인해 경기침체시에 훨씬 쉽게 해고할 수 있게 되었다. 어차피 모든 노동자에 대해 보상금을 적립하고 있기 때문에 실제적인 부담은 구제도 하에서의 부담의 10% 남짓에 불과했기 때문이다. 둘째, 노동자들의 파업 조건과 행위를 극도로 제한시켰다.[16] 1964년 이후, 파업은 오직 다음의 두 가지 조건 하에서만 인정될 수 있었다. ① 고용주로부터 체불임금을 받고자 하는 경우 ② 노동재판소에서 결정한 임금 인상분이 고용주로부터 제대로 지급되지 않는 경우. 파업이 이루어진 경우에도 연좌농성, 태업, 정부와 고용주를 비난하는 피켓팅, 비노조원들의 작업장 진입 저지 등의 행위는 엄격히 금지되었다.

이와 같은 노동통제를 통해, 쿠데타 이전에 보였던 브라질 노동운동의 전투성이 약화되어 갔으며, 노조활동은 조합원의 사회복지를 향상시키는 것에만 국한되어 나갔다. 그러나 군정수립 후 10년간 잠잠했던 노동 운동은 1970년대 중반부터 공장수준에서 관제어용노조를 변화시켜 정통노조를 결성하거나, 아니면 기존의 노조 바깥에서 이에 병립하는 재야노조를 결성하여 1978년부터는 대규모 파업을 통해 권위주의 정권에 정면으로 도전하기 시작한다.

---

16 Philippe C. Schmitter, *Interest Conflict and Political Change in Brazil* (Stanford: Stanford Univ. Press, 1971), p.132; Kenneth Paul Erickson, *The Brazilian Corporative State and Working Class Politics* (Berkeley: Univ. of California Press, 1977), p.157.

<h1 style="text-align:center">제6장</h1>

<h1 style="text-align:center">멕시코 제도혁명당 정권</h1>

1950년대 중반~2000[1]

1. 통치구조와 지배양식

멕시코 혁명의 유산을 제도화하는 과정에서 완성된 1930년대 이래 멕시코 정치체제는 다른 라틴 아메리카 제국과 달리 체제의 안정성이라는 측면에서 놀랄 만한 성과를 낳았다. 멕시코는 제도혁명당의 헤게모니 아래 주기적인 선거를 치렀고, 1988년 대통령 선거에 이르기까지 권력교대가 큰 무리 없이 안정적으로 이루어졌다. 물론 권력의 주기적인 교대가 '혁명가문' 내부

---

1   제도혁명당 체제는 1930년대 카르데나스 대통령의 개혁정책에 의해 기틀이 마련되고 안정화단계에 접어든다. 그런데, 여기서는 유신체제와의 비교를 위해, 멕시코에서 경제적으로는 '안정적 발전'을, 정치적으로는 '고전 시대'를 시작한 1950년대 중반 이후를 분석대상으로 삼았다.

의 엘리트 순환이라는 특징을 지니고 있었고, 6년간 '대권'을 장악한 전제군주형 대통령제를 제도화하는 데 그쳤지만, 권력투쟁의 탈군사화와 문민화를 이룬 업적은 정치불안을 특징으로 하는 라틴 아메리카 역사에서 예외적인 사례에 속한다.

멕시코 권위주의 체제의 제도화는 처음에 어려움이 많았지만, 결국 가장 성공적인 사례가 되었다. 멕시코의 정치체제는 사실상 1929년 카예스(Plutarco Elías Calles) 장군이 혁명에 참가한 장군들을 소집하여 단일 정당을 창당하고 혁명 업적에 따라 정치기회와 포상을 분배하면서 형성되었다. 멕시코혁명은 1910년 10월에 시작되어 곧바로 장기 독재자 디아스(Porfirio Díaz) 대통령을 권좌에서 끌어내렸지만 한동안 여러 분파들 간의 투쟁이 지속되었다. 1920년에 카란사(Venustiano Carranza) 대통령이 자신의 후계자를 선택하려 했지만, 그 해 5월에 피살되었다. 6월에는 비야(Francisco Villa) 장군이 평화협정에 서명했으나, 이후 군부의 반란 기도와 암살이 잇따랐고, 1926~1929년에는 내전까지 벌어졌다. 혼란을 해결하기 위해 카예스 대통령은 단일정당 구성을 요청했고, 결국 1929년 3월 국민혁명당(National Revolutionary Party, 이후 제도혁명당)이 건설되었다.[2] 여기에는 영향력 있는 군과 민간의 지도자들이 포함되었다. 대통령은 계속 바뀌어도 카예스는 여전히 간접적으로 지배를 유지했다. 그러나 1934년에 선출된 카르데나스(Lázaro Cárdenas)는 1936년에 카예스의 권력을 빼앗고 그를 추방했다. 카르데나스 이후 단일정당 내부에서 10명의 대통령이 평화적으로 교체되었다. 멕시코 권위주의체제는 단일정당에 기초하여 2000년까지 지속되었다.

멕시코 권위주의 체제는 헤게모니 정당체제로 특징지어진다. 헤게모니 정

---

2 백종국, "민중주의적 혁명과 발전의 딜레마: 멕시코 사례를 중심으로", 『국제정치논총』 32: 1 (1992), pp.270-274.

당체제 하에서는 아르헨티나나 칠레의 경우처럼 의회를 해산할 필요가 없었다. 이 헤게모니 정당은 말 그대로 국가와 당을 확고히 통제하는 지배정당에 해당된다. 정당 조직에는 노동자, 농민, 및 노동조합과 농민조합의 지도자 및 중간계급을 망라한 모든 "대중" 부문이 포함되었다. 제도혁명당은, 근대 정당처럼 당의 기본단위를 '시민'이나 '지역조직'으로 편성하지 않고, 코포레이션 내지 섹터로 묶었다. 이러한 제도혁명당의 특성은 멕시코 정치를 특징 짓는 유기체적 특질과 반다원주의적 성격을 잘 보여주고 있는데, 당은 권력을 장악하기 위해 싸우는 조직이 아니라, 권력을 보존하기 위한 '대통령 각하의 정당'이었다.[3] '각하의 정당'은 근대 정당처럼 시스템의 일부로서 권력의 교대를 제도화한 것과는 거리가 멀었고, 시스템의 주요세력들을 지지와 동원세력으로 모두 포괄하는 선거정치의 기제로 이용되었다.

카르데나스 대통령이 완성한 코포라티즘적 정치제도에서는 대통령이 시스템의 총괄자로 군림하였다. 멕시코의 대통령은 미국의 대통령제와는 달리 헌법에 인정된 행정부 수반의 역할을 넘어서 여당을 완벽히 장악하는 한편 헌정질서를 넘어선 권력도 종종 행사한다. 대통령은 자신의 후계자를 지명하고, 주지사와 상하원 의원, 및 지방행정기구의 기관장 후보를 지명할 권한을 지니고 있다. 선거가 경쟁 속에서 권력이 사멸하고 또 창출되는 계기가 아니라 기존의 권력을 그저 승계하는 하나의 의례로 굳어진 문화 속에서 이러한 후보지명권이란 사실상 임명권이나 다름없었다. 따라서 대통령제를 취하는 다른 어떤 나라들의 경우보다 강력한 권력기반을 구축할 수 있었다.

멕시코 권위주의 체제가 성공할 수 있었던 또 다른 요인은, 대통령뿐만 아니라 지사, 시장, 국회의원, 지방입법의원의 재선을 금지하는 원칙이었다.

3　이성형, 『IMF 시대의 멕시코: 신자유주의 개혁의 명암, 1982~1997』 (서울: 서울대학교 출판부, 1998), pp.142-144.

"오늘 네가 나에게 복종하면 계획에 따라 내일은 네가 통치하게 될 것이다"라는 식이었다. 이러한 집단적 체제는 1964년의 브라질의 경우와 마찬가지로 정권 초기의 경쟁에 기인했다. 이는 더 오래 지속되고 더욱 안정적인 권위주의체제를 낳았다.

또한 의회 의석은 여러 지역과 당내 여러 부문 출신에게 분배하여 지배 연합이 유지될 수 있도록 했다. 재선 금지의 원칙 덕에 많은 정치인들이 한 번씩 기회를 쥘 수 있었다. 한편 의회의 의석은 점차 야당에게도 주어졌다. 1960년대 초 개정헌법은 하원에서 야당대표가 정당명부에 따라 선출되도록 보장했다. 1977년에는 헌법이 다시 한 번 개정되어 하원의석 400석 중 야당에 100석 이상을 보장해주었다. 10여 년 후 정치적 전환의 시기가 시작되면서 야당은 500석 중 200석을 보장받게 되었다. 1988년 선거 때까지 의회는 대통령의 권한에 어떠한 중대한 도전도 하지 않았다.

요컨대 멕시코는 대통령을 정점으로 하는 패권 정당의 헤게모니 창출을 통해 지배권을 다졌다고 할 수 있다. 제도혁명당은 자본가, 노동자, 농민과 중산층을 모두 동원하는 다계급 정당으로서 그 성격이 근본적으로 통합적이고 헤게모니적인 지배 정당이었다.

민중 부문의 이익 단체들을 조직하고 회유하고 통제하고, 심지어는 당에 직접 참여시킴으로써 제도혁명당은 민중 부문을 국가에 통합하여 묶어둘 수 있었으며, 이를 통해 권위주의 체제를 안정적으로 유지할 수 있었다.

2. 국가 – 사회 관계

멕시코는 1960~1970년대 남미를 휩쓴 군의 정치개입을 피해갔다. 이것은 그만큼 멕시코 제도혁명당 정권에 대한 시민사회의 지지가 높다는 것을 의미한다. 제도혁명당 정권의 정통성은 혁명적, 절차적, 그리고 정책적인 측면에서 토대를 찾아볼 수 있다.[4] 첫째, 제도혁명당은 멕시코 혁명의 정통성을 계승한 유일한 정치집단이었다. 제도혁명당은 농민조직은 물론, 국영부문에 속하는 석유노조, 전화노조나 교원노조 등을 자신의 이념을 전파하고 구체화할 전도 벨트로서 당의 공식구조 내부로 흡수하였다. 이를 통해, 사회조직은 국가당 조직과 결합하게 되었고, 국가가 주도하는 근대화 프로젝트가 위로부터 사회 각 분야에 강제되는 메커니즘이 완성되었다. 둘째, 대통령선거에서 대중동원을 통해 후보자의 정당성을 확보했다. 제도혁명당은 대통령선거 때 노동자, 농민 등의 유권자들을 동원하여 전국적 유세활동을 펼치고, 당선이 확실한 후보를 소개하며 지지를 호소한다. 이러한 전략은 정권의 절차적 정당성을 강화시켜준다. 셋째, 1950, 1960년대 경제성과가 제도혁명당의 정치적 정당성을 높여주었다. 멕시코는 1968년 제3세계에서는 처음으로 올림픽을 개최할 정도로 경제적 성공을 거두었으며, 많은 멕시코인들이 제도혁명당 정권이 자신들의 삶을 향상시켰다고 믿고 있었다.

정권에 대한 어떠한 도전이 있을지라도 제도혁명당 정권의 견제능력은 반대파의 도전능력을 압도했다. 제도혁명당의 능력은 기본적으로 정치적 복합성 또는 이중성에서 기인했다. 제도혁명당 정권은 자본주의적 발전을 추구하면서도 토지 재분배 등의 사회주의적 정책을 시행했다. 경제구조를 세계화하면서도 외국자본 기업에 대한 국유화를 단행했다. 궁극적으로는 자본의 이해를 대변하지만, 노동자, 농민을 동원하여 그들의 대변자를 자처했다. 실질적으로 일당 독재이면서, 표면적으로는 일반 직접 선거를 통해 정기적으로 정권을 교체하는 민주적 절차를 충실히 따랐다. 군부가 정권의 유지와 안정에 핵심적 역할을 하면서도 직접적인 정치개입을 자제했다. 제도혁명당이

---

4 양동훈, 앞의 논문, p.235.

이러한 복합성을 띠고 있고 때문에, 자본주의 대 사회주의, 민족주의 대 국제주의, 자본 대 노동, 독재 대 민주, 군부 대 문민 등의 이분법적 대결구도는 형성되기 어려웠다. 제도혁명당의 반대세력들은 하나의 정치적 명분 아래 결집하기가 어려웠고, 이 때문에 멕시코 민주화는 남미 중 가장 지체되었다.

요컨대, 멕시코에서 시민사회는 철저하게 국가에 의해 봉합되어 왔다.[5] 그 중추적 기능을 행사해온 것이 바로 일당독재의 핵심인 제도혁명당이었다. 국가당으로서 제도혁명당은 노동자, 농민, 민중부문(소지주, 국가부문 종사자 등) 3자를 관제조직에 수직적으로 통합시키면서 이들 사이의 수평적 연계를 차단하였다. 1910년 혁명 이후, 반세기 이상 국가권력을 독점하면서 제도혁명당이 선거과정을 장악하고 대중 지지를 확보할 수 있었던 것도 바로 이러한 '선점적' 통제방식에 기인한다.

3. 국가 - 경제 관계

혁명 이후 멕시코 국가는 라틴 아메리카 역사상 최초로 노동자들과 농민들의 요구를 반영한 사회개혁을 실행하여 수입대체산업화를 본격적으로 준비하였다. 선진적인 노동입법을 제정하였고, 다수의 농민들에게 무상으로 토지를 배분한 국가는 1930년대 공황 이후, 대외시장과의 연계가 축소된 계기를 틈타서 내수시장의 확장에 기초한 근대화를 추진하게 되었다. 특히 1936년 외국인들이 통제하고 있던 석유회사를 국유화하여 자원민족주의를 실현해 나갔다. 이후에도 전력, 전화, 제철업, 광업 등과 같은 전략산업과 공익 서비스 분야에 대한 국가통제 원칙을 적용하여 '직접적 투자자'로서의 기

---

5 임현진, "라틴 아메리카의 산업화와 정치변동: 성장과 쇠퇴의 비교정치경제학", 『국제정치
　　논총』 32: 1 (1992), p.19.

능을 강화하고, 허약한 민간 기업들에 대한 인프라 투자를 지원하였다.[6]

라틴 아메리카 국가들의 수입대체산업화는 두 단계로 진행되었다. 1단계 수입대체산업화 단계에서는 부족한 국내자본과 낙후된 기술력을 감안해 선진국으로부터 자본과 기술을 도입하고, 이를 토대로 식료품, 음료, 담배, 석유, 신발, 의류 등 비내구성 최종 소비재의 수입대체가 진행되었다. 선진국의 자본과 기술 도입은 1차 산품 수출소득으로 충당되었다. 멕시코의 경우, 2차 세계대전과 한국전쟁의 여파로 도래한 1차 산품 가격인상과 수출 붐을 이용하여 1단계 수입대체산업화를 진행시킬 수 있었다. 그러나 1차 상품 수출 붐이 끝난 후, 1단계 산업화가 한계에 직면하자, 멕시코는 국내기업과 국내 시장 간의 연계 증대, 외국은행에 대한 금융종속 극복, 산업발전의 고도화, 기간산업의 국유화, 노동생산성 증대를 통한 대외경쟁력 확보 등을 목표로 하는 2단계 수입대체산업화를 추진하기 시작했다. 이러한 프로그램이 진행된 1956~1970년은 멕시코 역사상 유례가 없는 '낮은 인플레이션과 고도의 경제성장', 이른바 '안정적 성장기'를 맞았던 시기였다.

이러한 수입대체산업화 단계가 한계를 보인 1970년대부터 멕시코는 발전전략의 기조를 수출주도산업화로 전환하고자 하였다.[7] 멕시코의 기초소비재 생산은 이미 일차적으로 수요를 점차 충족하고 있었으며, 이제는 최종소비재 생산에 필요한 중간재나 자본재의 생산요청이 점차 증가되었다. 이러한 전환을 위해서는 멕시코의 국내체제가 감당할 수 있는 정도 이상의 막대한 자본과 기술이 필요했다. 따라서 이를 해외로부터 구입할 수밖에 없었는데, 이를 위해서는 일차산품의 수출을 늘리거나, 외채를 도입하지 않을 수

---

6   이성형, "경제통합과 민족정체성: 멕시코의 사례를 중심으로", 『이베로아메리카연구』 11(2000), pp.611-614.

7   David R. Mares, "Explaining Choice of Development Strategies: Suggestions from Mexico, 1970~1982", *International Organizations* 39 (Autumn 1985), pp.667-697.

없었다. 그러나 국가가 기업의 이윤을 보장해주는 한에서, 민간 자본에 대한 국가의 패권에 순응해온 기업가들은 에체베리아(1970~1976)와 뽀르띠요(1976~1982) 정부가 반기업적 정책을 실시하자, 이에 강하게 저항하기 시작했다. 에체베리아 정부의 '분배를 동반한 발전'이라는 민중주의적 경제정책[8]과 뽀르띠요 정부의 정치자유화 조치에 반발하여 기업가들은 자본의 해외도피라는 선택을 하게 된다. 따라서 멕시코는 1980년대까지 직접투자나 외자를 통해 도입되는 자본의 양보다는 원리금상환과 자본도피로 반출되는 양이 더 많은 자본의 역조현상을 겪게 되었다.[9]

이러한 현상에 더불어, 1970년대 후반 뽀르띠요 정부에서 확장된 '경제의 석유화' 프로그램이 1981년 국제 유가폭락으로 인해 큰 타격을 받으면서 과도한 외채부담을 안게 된 멕시코 정부는 1982년 여름에 외채 모라토리움 조치를 선언하게 되었다. 정부는 IMF와의 협상 끝에 기술관료들과 기업인들이 요구한 경제 개혁 프로그램을 전면적으로 받아들이고 대대적인 구조조정과 경제개혁에 나서게 된다. 정부는 기존의 보호주의 정책을 폐기하고 시장개방을 추진하지 않을 수 없게 되었다. 1988년에 정권을 이어받은 살리나스 행정부는 전임자가 추진해오던 개방화와 구조조정 정책을 과감하게 추진하였다. 살리나스 정부에서 추진된 신자유주의 경제 개혁은, 1994년에 발생한

---

8 이 정책은 사회복지·교육·경제 인프라에 대한 공공투자 확대, 주택공급 및 고용증대, 임금인상, 지역별 계층별 공정분배와 균형발전 등을 통해 국내수요를 증대시킨다는 것을 포함하였다.

9 백종국, "멕시코의 정치체제변동과 경제위기", 『국제정치논총』 32:1 (1992), pp.72-79. 멕시코의 총외채는 1970년의 59.6억 달러에서 1986년 1017.22억 달러로 이 기간 동안에 무려 17배나 증가하였다. 각 연도의 수출에 대한 원리금 상환을 나타내는 외채부담률은 1970년에 44.3%였고, 가장 낮은 해인 1974년에 33.3%였는데, 1979년에는 이 비율이 가장 높아서 71.4%나 되었다. 외채 이자 역시 증가하여, 1970년에 2.8억 달러에서 1984년에는 102.6억 달러에 이르렀다.

페소화 위기에도 불구하고, 세디요 정부(1994~2000)에 계승되어, 공고화단계에 접어들었다.

　제도혁명당의 집권 이후, 민중주의 지배연합이 추구하는 국가자본주의적 발전전략은 지배연합의 외곽에 있는 자본가들의 권력을 상대적으로 증가시킴에 따라 발전전략이 성공을 거둘수록 민중부문의 세력보다는 자본가 부문의 세력이 더 커지는 결과를 초래하였다.[10] 또한 산업화가 진행될수록 조합주의적 통제에 순응한 농민부문은 점차 해체되고, 독립적 지위를 요구하는 노동자층과 조합주의적 부패구조를 경멸하는 중산층이 성장하게 되었다. 다시 말해, 민중주의적 지배연합의 발전전략이 성공하면 할수록 그것의 정치적 기반은 붕괴해 가는 결과를 맞게 된 것이다.[11] 이러한 발전전략의 한계는 1980년대의 외채위기를 통해 발현되었으며, 이를 통해, 멕시코는 기존의 발전노선을 폐기하고, 정부의 기술관료와 수출-금융부문 대기업이 주도하는 신자유주의적 경제개혁을 추진하지 않을 수 없었던 것이다.

4. 국가 - 노동 관계

　멕시코의 조합주의적 지배양식은, 민중주의와 조합주의의 역사를 갖고 있는 다른 많은 라틴 아메리카 국가와도 구별되는 독특한 것이었다. 군사정부의 가혹한 억압을 전제로 하였던 배제적 국가코포라티즘과 달리 그것은 노동부문을 국가체제의 핵심적인 지배기구에 포섭한 포섭적 국가코포라티즘

10　멕시코의 정부-기업 관계의 변화에 대해서는 Ben Ross Schneider, "Why Is Mexican Business So Organized?" *Latin American Research Review* 37: 1 (2002), pp.77-118; 강경희, "멕시코의 정부-기업 관계: '정부-대기업의 수평적 유착관계' 성립요인", 『라틴 아메리카연구』 13: 1 (2000), pp.205-244 참조.

11　백종국, "멕시코: 신자유주의의 선두주자," 『계간 사상』 가을호 (1994), pp.49-78.

으로 개념화되었다.[12]

1930년대 이래 장기간에 걸쳐 안정과 호혜 관계를 유지해 온 멕시코의 국가-노동관계는 멀리 멕시코 혁명기까지 거슬러 올라간다.[13] 1911년 멕시코 혁명의 과정에서 노동자들은 혁명과 제헌주의자들 편에 서서 투쟁함으로써 국가에 대해 일정한 발언권을 획득했다. 이러한 국가-노동 사이의 동맹 관계는 이후 멕시코의 혁명정권이 제도화될수록 공고화되어, 1934~40년의 까르데나스 대통령 시기에 그 절정을 맞았다. 당시 노동운동을 대표하던 멕시코노동총동맹(CTM)은 1937년에 창립된 집권 멕시코혁명당(PRM)의 노동부문을 대표하는 조직으로 자리잡았다. 그리하여 국가와 노동운동 사이의 동맹관계는 집권당을 매개로 제도화되어 멕시코 사회의 중요한 특징의 하나로 자리 잡았다.

이때까지만 해도 멕시코의 국가-노동관계는 멕시코 혁명의 유산을 계승한 일종의 진보 동맹으로서의 성격을 띠고 있었으며, 노동운동도 국가와 집권당으로부터 어느 정도의 독자성을 유지하고 있었다. 그러나 2차 세계대전 이후, PRM의 후신인 집권 제도혁명당(PRI)이 보수화되고, CTM의 헤게모니를 부패한 어용 노조 지도자인 벨라스께스(Fidel Velazquez)가 장악하면서 이러한 사정은 일변했다. 즉 국가가 공식노조들을 포섭하고 그 상층 지도부에게 정치특권과 노동조합에 대한 지배권을 부여하는 대신에, 공식노조의 지도부는 노동자들을 집권당의 지지기반으로 선거에 동원하고, 자주적 노동운동이 대두, 성장하는 것을 가로막았다. 이를 통해, 공식노조는 국가의 노동통제를 대행하는 대리자로서의 역할을 맡게 되었다. 이러한 역할은 공

---

12   Alfred Stepan, *State and Society: Peru in Comparative Perspective* (Princeton: Princeton Univ. Press, 1978); David Collier and Ruth B. Collier, "Inducement versus Constraint," *American Political Science Review* 37: 4 (1979).

13   김준, "멕시코: 국가-노동관계의 역사와 구조", 『노동사회』 통권 제23호 (1998), pp.57-68.

식노조의 대표조직에 의해 수행되어 왔는데, 1918~1930년대 초반까지는 멕시코지역노조총연맹(CROM)이, 1930년대 후반부터 1960년대 전반까지는 CTM이, 그리고 1960년대 후반부터 현재까지는 노동자대표회의(CT)와 CTM이 그러한 역할을 수행해왔다.[14]

한편 멕시코 노동운동의 다른 한 축을 이루는 자주 노동조합 운동도 멕시코 특유의 국가, 당, 노동조합 관계의 영향 하에서 발전해왔다. 민주노조 운동, 또는 자주노조 운동으로 불리는 흐름이 정부와 기업의 차별대우와 탄압에도 불구하고 꾸준히 이어져 내려온 것은, 공식노조가 국가와 집권당에 지나치게 밀착하여 노동자들의 진정한 이해를 대변하지 못하고 있다는 데 근본적인 원인이 있었다. 자주노조운동은 정치변동 또는 산업변동에 따라 고양과 침체를 되풀이하면서 명맥을 이어왔는데, 1920년대 초의 CGT, 1940년대 말, 1950년대 초의 CUT, 1970년대 초의 TD, UOI, 1980년대의 일부 단위노조 등이 대표적인 조직들이다.

멕시코 제도혁명당 정권은 공식노조와 자주노조를 엄격히 분리하여 차별대우하고 탄압함으로써 조직노동을 체제의 통제 하에 묶어두었다.[15] 우선 국가는 공식노조에 대해 노동조합을 대표할 수 있는 독점 대표권(각종 위원회에의 참여, 복수노조 금지)을 부여하며, 이를 통해 공식노조의 요구가 국가정책에 반영될 수 있는 통로를 제공했다.

또한 정당과 행정부, 및 지방정부의 직위 배분, 연방과 주 차원의 알선조정위원회 참여, 각종 사회보장기구 가입, 최저임금제 적용, 노동자주택기구(INFONAVIT) 운영 등 각종 혜택을 공식노조를 통해서 노동자들에게 전달함

---

14 이성형, 앞의 책, pp.91-106.

15 콜리에르는 멕시코의 노동정치를 브라질의 그것과 비교하면서 '정당에 의한 포섭(party incorporation)'으로 규정한다. Collier (1982), 앞의 논문.

으로써 노동자들 내부에서 공식노조의 위상을 높여주었다. 이에 대해 공식노조는 정권에 대해 국민, 특히 노동자들의 지지를 동원하며, 국가의 각종 정책에 대해 지지를 보냄으로써 정권 안정에 기여했다. 더 나아가 공식노조는 '혁명적 민족주의' 이데올로기를 지속적으로 재생산하는 주요한 도구였다. 급진적 이념과 노동자의 저항은 노조 내부에서 체계적으로 배제되었으며, 파업은 노동조합에 의해 일차적으로 억제되었다.

한편 제도 혁명당은 공식노조의 대표 조직을 당을 구성하는 3개 부문의 하나로 인정하여 공식노조의 대표자들에게 상당한 정치 특권과 지위를 부여하였다. 그리고 당의 각종 기구와 인적 네트워크를 통해 공식노조의 입장이 당의 각종 정책과 국가의 정책에 반영될 수 있도록 배려했다. 그 대가로 공식노조는 각종 선거에서 노동조합을 동원하여 집권당의 선거운동을 도와 당선자의 정통성을 높이고 집권 제도 혁명당의 수많은 실정과 정치 위기에도 수십 년에 걸쳐 일당지배체제를 유지할 수 있도록 돕는 핵심적인 역할을 하였다.

그러나 두 차례의 외환위기와 국제금융기구-멕시코 정부의 가혹한 안정화정책과 경제개방, 및 20년 이상 계속되어온 구조조정정책과 신자유주의적 시장개혁은 노동자, 농민과 도시빈민 등 대다수 노동대중의 삶을 극도로 피폐하게 만들었다. 또한 이러한 구조개혁을 통해 멕시코의 노동체제는 크게 변화하였다.[16] 산업화의 중심은 시티와 대도시로부터 북부 마낄라도라 지역과 전국으로 확산되었으며, 공식노조는 정치적 지배동맹 세력으로부터 점차 주변화 되었다. 이를 대신한 것은 국내외의 초국적 거대 독점자본이었다. 공식노조에 의한 조직적 통제가 계속되고 있지만, 그 내적 기제는 변모하였

---

16   노중기, "사회적 합의와 신자유주의 노동체제: 한국과 멕시코의 비교연구", 『경제와사회』 통권 제62호, 여름 (2004), pp.145-184.

으며, 그 방식도 포섭에서 주변화의 방식으로 바뀌었다. 작업장은 저임금, 높은 이직률에 의해 규율되고 있고 기업단위 교섭의 비중은 점차 확대되었다. 또 노동에 대한 사회적 보호장치들은 급속하게 시장원리에 의해 대체되었고 국가의 역할은 축소되었다. 이런 상황에서 공식노조는 노동대중의 이해를 수렴하기보다는 이를 억압하였고, 국가의 경제정책을 지원하는 역할을 수행하였다. 전통적으로 공식노조가 수행하던 경제적 분배, 정치적 대표의 기능은 급속하게 위축되었으며, 이는 노동대중의 광범한 동요와 저항을 불러왔다. 이런 모순적 힘은 한편에서 코포라티즘 기제가 유지, 강화되는 흐름과 함께 이를 해체하려는 경향으로 표출되고 있다.

제7장

아르헨티나 군사정부
1966~1973, 1976~1983

1. 통치구조와 지배양식

1966년 아르헨티나에서 군사 쿠데타가 일어났을 때 당시 군부 내에는 쿠데타 반대세력이 거의 없었고 쿠데타에 저항하는 민간 측 시도도 사실상 없었다. 이 쿠데타는 대부분의 국민들과 거의 모든 사회단체들로부터 인정을 받았으며 대다수 정당 및 노조 지도자들의 지지를 얻었다.[1] 쿠데타 세력의 정당화 논리는 아르헨티나 근대화, 부패근절, 경제성장 등이었다. 육군사령관 온가니아(Juan Carlos Onganía)는 비교적 손쉽게 권력을 잡을 수 있었다.

---

1   Guillermo O'Donell, "Bureaucratic Authoritarianism: Argentina, 1966~1973", in *Comparative Perspective* (Berkeley: University of California Press, 1988), pp.39-40.

그러나 온가니아 정부는 위기에 유연하게 대처할 수 있도록 독재체제 내부에 제도화된 절차를 마련하는 데 실패하였다. 1969년 4월과 5월 아르헨티나의 주요 도심에서 블루칼라 노동자와 학생들이 중심이 된 대규모 소요가 있었다. 온가니아 정권은 국가안보를 내세워 강경하게 탄압했고, 이에 대항해 무장 게릴라 단체들이 등장했다. 정국이 어수선한 상황 속에서 1970년 6월 8일 삼군 사령관들은 온가니아를 권좌에서 끌어냈다.

그러나 온가니아를 실각시킨 레빙스톤 장군마저 1971년 라누쎄(Alejandro Lanusse)에 의해 전복되었다. 라누쎄는 1973년에 군사정권을 종식시켰고, 그 해 3월 10년 만에 실시된 총선거에서 페론당의 캄포라가 당선, 대통령에 취임했고, 6월 대통령 재선거를 통해, 망명에서 귀환한 후안 도밍고 페론이 부인 이사벨 페론과 함께 대통령, 부통령에 당선되었다. 이른바 페론 3차정권의 수립이었다.

1976년 3월 24일 비델라(Jorge Videla) 장군이 카톨릭 세력과 대농장소유주들의 암묵적인 지원을 업고 쿠데타를 일으킨 이래 아르헨티나 독재정권은 1982년까지 유사한 정치유형을 보여주었다. 1974년 7월 사망한 남편으로부터 권력을 승계 받은 이사벨 페론이 1976년 대통령직에서 물러났을 때 아르헨티나는 극단적인 혼란 상태에 빠져 있었다. 이 해 1/4분기 인플레는 3,000%에 달했으며, 노조는 매우 전투적이었다. 테러, 암살, 납치 등을 포함하여 격렬한 폭력사태가 발생했다. 군부가 내건 정당화의 논리는 한국군부의 그것과 유사했다. 아르헨티나의 과제는 경제안정과 폭력사태의 종식이었다.

군부는 고도의 억압을 가하기 시작했다. 1976년에 육군대장 비델라가 5년 후 퇴임에 동의하면서 대통령이 되었고, 군부는 '혁명법'(Statute of the Revolution)을 선포하여 5년 단임제의 대통령제를 규정했다. 그리고 군사평의회를 구성해 의회를 해산하고, 사법부, 정당, 노동조합 활동을 중지시켰으며, 게릴라단체를 소탕한다는 명분아래 '더러운 전쟁'(Guerra Sucia)을 전개하여 페론주의자, 노동운동가, 인권운동가 등 정치적 반대파를 탄압했다. 이후 1981년에 대통령직을 승계 받은 비올라 장군은 야당과의 대화를 약속하는 등 민주적인 제스처를 취했으나, 재정 위기가 심화된 데다가 군부 강경파인 갈티에리(Leopoldo Galtieri) 장군의 쿠데타로 실각했다. 그러나 갈티에리 정권 역시 계속되는 경제 침체와 인플레이션으로 고전했고, '5월광장 어머니회'를 비롯한 국내외 인권단체의 활동으로 곤혹스러운 상황에 빠져 있었다. 이를 타파하기 위해 갈티에리 정권은 1982년 3월 26일 영국이 지배하던 말비나스 제도(포클랜드 제도)를 점령해 아르헨티나의 민족주의에 호소하고자 하였다. 그러나 전쟁에서 패했고, 그 해 7월 갈티에리 대통령은 대통령직을 사임했다.

아르헨티나의 군부는 민중주의 체제 말기에 노정되던 축적과 정당화, 성장과 분배 사이의 갈등을 '탈정치의 정치'를 통해 해결하려고 시도했다. 군사정권은 동원정치를 종식시키고 새로운 정치경제 질서에 반대하는 자율적 집단을 제거하려고 시도했다. 한 동안 이러한 시도는 성공하는 듯이 보였으나, 곧이어 닥친 심각한 정치-경제적 위기와 군의 내분, 그리고 이를 타개하기 위한 전쟁의 도발과 참패는 아르헨티나 군사정권의 정당성에 최후의 일격을 가했다. 결국 1983년 10월 선거에서 급진당의 지도자 알폰신이 승리를 거둠으로써 군부 통치는 종식되고 민주주의로의 이행이 진행되었다.

2. 국가-사회 관계

남미의 여느 군사정권에 비해 온가니아 정권은 제도적으로 단순한 편이었다. 예컨대 온가니아는 브라질 군부처럼 정당 제도를 이용하거나 체계적인 국가조합주의 정책을 채택하는 대신, 국가 권력을 자신에게 집중시키고 민간인 자문을 두는 방법을 택했다.[2] 군 인사들을 정부요직에 중용하지 않고 자신의 개인 통치를 확대하려 하였다. 이는 군부의 불만을 야기하여 결국 라누세 일파에 의해 정권이 교체되는 원인이 되었다. 1976년에 등장한 비델라 정권은 온가니아 정권보다 훨씬 더 제도적 정권의 성격을 강하게 띠었고, 민중 부문에 대한 억압의 정도도 훨씬 심하였다. 이 정권의 구조는 1966년 정권과는 달리, 내각 및 정부 요직이 거의 군인들에 의해 장악되고, 대통령 계승은 군부의 위계질서에 의해 결정되는 제도적 군부 통치의 전형적인 모습을 보여 주었다. 동시에, 페론주의자들이 집권했던 1970년대 중반의 극심한 경제 위기와 정치적 폭력 사태를 배경으로 탄생한 이 정권은 경제 위기의 해소와 좌파 소요의 영구 종식을 최대의 목표로 내걸었다.

아르헨티나의 국가–사회 관계에서 두드러진 특징은 시민사회가 상대적으로 매우 강하다는 점이다. 군부는 이 같은 강력한 시민사회로부터 분출되는 각종 요구가 아르헨티나병의 원인이라고 간주했다. 비델라 장군과 그 동료들이 '국가재편과정'을 통해 아르헨티나를 혼돈과 무질서로부터 구원하러 나선 것은 시민사회로부터 저항의 수단을 박탈하고 새로운 정치윤리를 강제할 수 있다면 시민사회를 충분히 길들일 수 있다는 믿음에서였다. 당연히 정치참여의 통로는 폐쇄되었고, '반정치의 정치'가 강제되었다. 따라서 정치적 탄압의 정도는 칠레의 피노체트 정권과 더불어 남미 정권 중 가장 심하였다.[3]

---

2   Gary Wynia, *The Politics of Latin American Development* (Cambridge : Cambridge Univ. Press, 1978), p.223.

3   아르헨티나의 폭압적 분위기는 한 장군의 다음과 같은 발언에서 잘 드러난다. "우선 우리는 모든 반란 분자들을 죽일 것이며, 다음으로 그들의 협조자들을 죽일 것이다. 그 다음은 그들에게 동정하는 자들이며, 그 다음은 무관심한 자들이다. 마지막으로, 우리는 주저하

페론주의 좌파의 행동대인 [몬토네로스], 공산주의 집단인 [인민혁명군]으로 대변되는 테러 집단들에 대한 정부의 '더러운 전쟁'의 수행은, 추정 수치에 따라 7,300(공식 추계) 혹은 30,000(인권단체 추정치) 명의 실종자를 낳았고, 대학, 지식인에 대한 탄압은 이들의 대규모 해외 망명을 야기했다.[4]

이런 과정을 통해, 1976년부터 1978년까지 아르헨티나는 시민사회에 대한 국가의 권력이 증대하였는데, 그 특징으로 다음의 세 가지를 들 수 있다. 첫째, 제도로서의 군(자신을 권력의 절대적인 원천이라고 생각하는 군사혁명위원회로 대표되는 군)과 정부로서의 군(대통령으로 대표되는 군)사이에 어느 정도의 조화[5]가 이루어졌다. 둘째, 위의 두 성격을 지닌 군이 시민사회에 존재하는 모든 형태의 저항세력을 탄압하였으며, 경제 관료들의 업무 집행을 도와주는 역할을 하였다. 셋째, 쿠데타 이전에 존재했던 계급갈등에 불안했던 거대 자본가들이 국가가 내거는 정책에 순응하였다. 이에 반해, 시민사회의 경우, 1976년에서 1981년 중반까지 시민사회의 독립적인 기관들, 즉 노동조합, 정당 및 학생조직 등의 힘은, 정부의 탄압과 대안 제시 능력의 부재로 인해 쇠퇴하였다.

1980~1981년에는 저항세력에 비해 국가기구의 탄압능력이 계속 강하였다는 사실을 제외하고는 상황이 상당히 변하여 국가권력이 쇠퇴하기 시작

는 모든 사람들을 죽일 것이다." Latin America Political Report 11 : 6 (April 29, 1977), p.125.

4   Alain Rouquié, "Argentina : The Departure of the Military", *International Affairs* 59 : 4 (Autumn, 1983), pp.575-578.

5   이 시기 군사정부 체제에서는, 각 성, 부서, 국영기업체, 그리고 심지어는 중앙은행 등과 같은 정부와 정권의 요직을 육군, 해군, 공군에 1/3씩 할당하는 제도가 정착되어 있었다. 삼군의 협약 및 그에 따른 제도화 과정에 대해서는 Gerardo L. Munck, *Authoritarianism and Democratization: Soldiers and Workers in Argentina,* 1976~1983 (Univ. Park, PA : The Pennsylvania State Univ. Press, 1998), pp.56-64 참조.

하였다. 이러한 쇠퇴의 중요한 원인은 국가내부의 갈등보다 제도로서의 군과 정부로서의 군 사이의 갈등이 증가하기 시작하였기 때문이다. 집권 초기에는 양자 사이의 조화가 권력의 안정을 낳았으나, 이러한 조화가 차츰 정부의 요직 및 기능을 나눠먹는 것으로 변질됨에 따라, 군의 단결을 저해하고, 최종적으로는 정권의 안정을 위태롭게 하였다. 이런 면에서 1976년 쿠데타 이후의 아르헨티나 군정은 "봉건형 군정체제"(feudal military regime)로 볼 수 있는데, 칠레의 "술탄형"(sultanistic military regime) 통제 방식에 비해, 전체적인 합리성이 유지되지 않았으며, 이로 인해 체제의 수명이 짧아지는 결과를 낳았다.[6] 아르헨티나 군정의 이러한 특징은, 군 내부에서 뽑은 대통령이 취임 후 불과 몇 개월이 되지 않아 군으로부터 불신을 받는 사태에서 단적으로 드러났다. 또한 합리성의 부재는 경제정책 결정의 우유부단함으로 이어졌고, 이것은 1980년대 초반 환율의 급격한 하락 및 재정적자폭의 급격한 확대 등과 맞물려, 경제위기를 가져옴으로써 군사정부의 경제운용에 대한 신뢰성을 크게 약화시켰다.

한편, 쿠데타 초기의 강력한 탄압으로 인해, 시민사회의 역량은 쇠퇴하였지만, 민간세력의 저항은 꾸준히 지속되었다. 이는 강력한 노동 계급 및 활성화된 사회 세력의 전통을 지닌 아르헨티나의 정치사를 볼 때 놀라운 일이 아니었다. 비델라 정권이 수행한 더러운 전쟁은 테러리즘을 1978년경 종식시켰으나, 이는 엄청난 인명의 대가를 요구하였고, 아르헨티나 사회를 돌이

---

6   Remmer에 따르면, 남미의 군정은 '권력의 집중도'와 '군의 정부참여도'라는 두 축에 따라, 군주형(monarchic), 과두형(oligarchic), 술탄형(sultanistic), 봉건형(feudal) 등의 4가지 유형으로 나누어진다. 아르헨티나 온가니아 정권과 같은 군주형의 평균수명은 6.9년, 1964~1985년 브라질 군정과 같은 과두형의 그것은 16.3년, 칠레 피노체트 군정과 같은 술탄형의 그것은 25.1년, 1976~1983년 아르헨티나 군정과 같은 봉건형의 그것은 6.5년으로 제시된다. 자세한 내용은 Karen L. Remmer, Military *Rule in Latin America* (Boulder: Westview Press, 1991), pp.34-42 참조.

킬 수 없이 분열시켰다. 이러한 상황이 군 내부의 갈등 및 경제정책의 실패와 맞물려, 1980년대 들어 군사 정권은 총파업, 대중 시위 등 폭발하는 사회적 도전에 직면케 되었다. 결국 모험주의적인 말비나스 전쟁의 패배를 계기로 군사정부는 퇴진을 결정하게 되었다.

3. 국가 - 경제 관계

온가니아 정권의 경제 장관 바세나에 의해 주도된 인플레이션 억제책은 단기적인 성공을 거두어 인플레이션율은 1966년대 31.9%에서 1970년 7.6%까지로 떨어졌다. 그러나 이러한 물가 억제는 오래 가지 못하여, 1970년 이후 물가는 다시 앙등하기 시작했다. 또한 온가니아의 물가 억제책은 막대한 사회적 대가를 요구하여, 노동 계급 여러 부문의 희생을 강요하였다. 이러한 억압적인 경제 정책은 강력한 정치력을 지닌 아르헨티나 노동 조직들을 자극하여 대규모 반온가니아 소요를 야기했고, 이는 온가니아 정권붕괴에 큰 몫을 차지했다.

페론 정부를 무너뜨리고 1976년 재집권한 아르헨티나 군부는 민중주의 정권이 다시는 출현하지 못하도록 사회와 정치에 근본적인 변화를 일으키려고 시도했다. 투자자의 신뢰를 회복하기 위해서 일시적으로 정치를 유보하자는 것이 아니었다. 노동자와 일부 중산층 및 국내기업가 사이의 연합은 경제적인 요인이 이를 부추기면 언제라도 다시 등장할 수 있는 것으로 여긴 군부는 민중주의의 실험을 가능케 했던 구조적 조건을 파괴하려고 시도했다.

이러한 파괴를 위해서 군부는 시장이라는 수단을 이용했다. 제약 없이 활동하는 자유시장이야말로 자원의 가장 효율적인 배분기제일 뿐 아니라, 사회적 규율의 최선의 도구라는 것이 자유주의자들의 믿음이었다. 민중주의자들의 수입대체산업화는 사회평화를 보장할 만큼의 부가 아니라, 방만한 노동, 비대한 정부, 나태한 부르주아지만 만들어 놓았다고 생각했다. 따라서 시장 세력을 풀어놓게 되면 경제도 합리적으로 재편되고 과거 민중주의적 실험을 유도해 온 지대추구의 기초가 파괴될 것으로 생각했다.[7]

이러한 기대 속에서 보호주의적인 장벽은 제거되었고, 경제는 세계경제에 대해 완전히 개방되었다. 국내의 물가통제는 완전히 제거되는 한편, 임금은 동결되고 생산성의 증가에 따라 서서히 조정되었다. 인플레이션 기대를 감소시키고 외환투기를 감소시키면서 저축과 생산적인 투자를 증대시키기 위해서 환율변동을 예고하고 환율조정을 국내 인플레이션보다 지연시키는 '수렴'(convergencia)정책이 채택되었다.[8] 여러 경제부문, 특히 금융부문에 대한 국가의 개입을 축소했다. 그리고 시장 세력의 자유로운 작동을 저해할 조합주의적인 장벽을 제거하기 위해서 노동조합을 군부의 통제 하에 두었으며, 파업은 불법화되었다.

경제의 재편이 이루어지는 동안 사회적 긴장이 지나치게 증가하는 것을 막기 위해서 정부는 풍부한 해외여신을 끌어들였다. 해외여신은 자유주의 정책이 노동자, 중간계급, 산업에 미칠 충격을 완충하는 '점습효과'(trickle-down effect)를 낳을 것으로 기대되었다.

한동안 이 전략은 성공하는 듯이 보였다. 무역수지흑자, 외환보유고의 증가, 인플레이션의 감소, 페소화의 가치상승, 풍부한 수입재화와 원자재, 높은 취업률 등은 새로운 경제정책의 성과를 보여주는 증거로 제시되었다. 공

---

7 이영조, "자본주의 발전과 정치적 민주주의", 서울대 한국정치연구소·대한상공회의소 한국경제연구센터 공편, 『21세기 한국의 정치와 경제: 남미, 일본, 유럽과의 비교연구』 (서울: 한국컴퓨터산업, 1992), pp.266-276.

8 William C. Smith, *Authoritarianism and the Crisis of the Argentine Political Economy* (Stanford, Cal.: Stanford Univ. Press, 1989), pp.239-242.

장폐쇄, 외채의 증가, 역진적 분배, 고율이자, 금융투기 등 여러 위험한 발전도 있었지만 이에 항의할 반대세력은 탄압되었다.

하지만 비델라 정권의 경제정책은 좌초했다. 1980년 초에는 경제위기가 이미 심각한 지경에 이르고 있었다. 수입관세의 삭감과 페소화의 고평가는 값싼 수입품의 유입을 조장했고, 이제까지 보호받던 산업부문에 심각한 문제를 낳고 있었다. 1980년의 산업생산은 1970년의 그것보다 저조했다. 페소의 고평가를 가져온 환율조정 지연은 산업부문에 부정적인 영향을 줄 뿐 아니라, 수출농축산물의 상대가격을 왜곡함으로써 경쟁력을 약화시켰다. 노동자들은 실질임금의 하락과 아울러 제조업 분야의 일자리 감소로 어려움을 겪고 있었다. 중산층 역시 실질임금이 하락함에 따라 구매력을 점차 상실했다. 한때 하락했던 인플레이션 또한 상승하기 시작했다. 금융부문에서도 시장자유화는 기대했던 결과를 가져오지 않았다. 국내저축과 해외차관은 생산적 투자에 이용되기보다는 높은 이자율과 환율조정 지연을 이용한 투기에 사용되었다. 그 결과 소비와 투자 및 수출이 감소되기 시작한 가운데 경제정책의 변화를 요구하는 중산층의 목소리가 점점 높아졌다.[9]

이러한 상황에서 1981년 3월에 집권한 비올라(Roberto Viola)는 심각한 경기침체를 극복하기 위해 비델라 정부의 시장 중심적 재편계획을 포기했다. 새 정부는 경제위기를 극복하기 위해 전임자들의 정통 경제정책과는 달리 케인즈류의 경기부양책을 시도했다. 이중환율제, 수입통제, 이자율 인하를 위한 중앙은행의 금융시장개입, 산업부흥책 등이 시행되었다. 하지만 이러한 조치들에도 불구하고 경제상황은 계속 악화되어갔다. 외채는 증가하고 해외여신의 유입은 중단되었으며, 외환보유고는 감소했다. 평가절하(1981년

---

9 Luis Beccaria and Ricardo Carciofi, "The Recent Experience of Stabilizing and Opening up the Argentine Economy", *Cambridge Journal of Economics* 6 (1982), pp.145-165.

동안 500%)는 가속화되고, 인플레이션(1981년에 156%)은 증가했다. 1981년 동안 GNP는 5.9%, 투자는 19.2%, 실질 평균임금은 11.2% 하락해 거시경제 지표도 전반적인 하락추세를 나타냈다.

이러한 상황에서 1981년 12월 3군 참모총장들로 구성된 군사평의회는 비올라를 축출하고 대신에 갈티에리 장군을 대통령에 임명했다. 이 궁정쿠데타의 목표는 비올라가 시도한 정치적 개방을 중단하고 비델라 정부가 추진하던 경제정책을 회복한다는 것이었다. 외환통제의 해지, 임금동결, 통화 공급의 축소, 공공투자의 삭감 등을 포함한 정통적인 안정화정책이 다시 실시되었다. 그 결과 평가절하와 인플레이션의 속도는 떨어졌지만 실업이 증가하고 실질임금이 또다시 15% 하락했으며, 이자율의 폭등과 도산의 폭증이 야기되었다.

4. 국가 - 노동 관계

온가니아 정권의 노동자계급에 대한 정책은 남미의 여느 권위주의 정권에 비해 상대적으로 소극적인 것이었다. 그 이유로 다음과 같은 몇 가지를 지적할 수 있다. 첫째, 노동조합들은 페론 통치(1946~1955) 이후 크게 조직화하여 상대적으로 덜 강력한 국가에 대해 반발력이 강했다. 노동자계급의 활성화 때문에 온가니아 정권은 다른 남미 국가들처럼 노동운동을 탄압하기가 어려웠다. 둘째, 노동총연맹으로 대표되는 노동조합들은 온가니아의 쿠데타를 지지하는 입장이었다. 노조 지도자들은 온가니아 정권이 경제 위기를 타개하고 노동자 권익 향상에 기여하리라고 조심스럽게 기대하고 있었다. 셋째, 아르헨티나 군 지도자들은 노동통제 정책에 대해 서로 견해를 달리 하고 있었다. 그들은 조합주의 정책 실시 여부에 대해서, 노동탄압의 대가를 어느

정도나 지불할 것인가에 대해서 집권 당시부터 분열되어 있었다.[10]

온가니아 정권은 덜 억압적인 노동정책을 시행했고 경제위기도 어느 정도 안정화시켰다. 그러나 온가니아 정권의 경제안정 정책은 막대한 사회적 대가, 즉 노동자계급의 희생을 요구하는 것이었다. 억압적인 경제정책은 아르헨티나 노동조직들을 자극하여 반정부 소요를 야기했고, 아르헨티나 노동계급은 1968~1969년간 주요 도시에서 파업과 폭동을 일으켰으며, 1969년 5월 코르도바 대폭동은 온가니아 정권에 치명타를 가했다. 온가니아 정권은 노동운동을 파괴하는 대신 복속시키려고 했고, 이에 노조는 세력을 온존시킬 수 있었다. 군부 내의 심각한 분열과 더불어 이러한 사회의 도전은 군부의 퇴진에 결정적인 영향을 끼쳤다.

1976년 비델라 군사정권은 이와 같은 실수를 되풀이하지 않으려고 보안군을 동원해 노동총연맹(CGT)을 공격했다. 정권은 노조를 탈정치화시키고 노동총연맹으로부터 노조들을 조정하는 능력과 경제적 힘을 박탈했다. 또한 페론주의 정치인과 주요 노조 지도자들을 투옥했다.[11]

군사정부의 노동탄압의 구체적 내용은 다음과 같다. 첫째, 노골적인 개입을 시도하여 선거로 당선된 노조 지도자들을 해임하고 그 자리에 군요원들을 임명하여 노조활동을 통제토록 하였다. CGT를 무력화시킴과 동시에, 페론당의 노동 분파였던 '62 조직'(62 Organizations)을 해체시키고, 이와 유사한 조직의 결성을 금지하였다. 군의 직접 통제 하에 있던 노조의 수가 비록 많지는 않았으나, 개입된 노조들은 대부분 거대 노조 또는 정치적으로 중요

---

10 Alfred Stepan, *The State and Society: Peru in Comparative Perspective* (Princeton: Princeton Univ. Press, 1973), p.93; Gray Wynia, op.cit., p.225.

11 Peter G. Snow, "Argentina: Politics in a Conflict Society", in Howard J. Wiarda & Harvey F. Kline (eds.), *Latin American Politics and Development*, 4th ed.(Boulder: Westview Press, 1996), pp.94-97.

한 노조로서, 전체 노조 조직의 2/3가 관할범위 내에 있었다. 둘째, 노조활동을 전반적으로 억압함으로써, 군의 통제 하에 있지 않은 노조의 활동 역시 극도로 위축시켰다. 군사정부는 노조의 내부 행정 및 사회봉사 네트워크(Obras Sociales)를 제외하고는 모든 노조의 활동을 일시적으로 금지시켰다. 노조의 선거, 대의원 대회, 집회 등이 일체 금지되었으며, 노동조합 자금을 동결하고, 파업 및 단체협상권을 폐기했다. 셋째, 군사정부는 폭력을 직접적으로 행사하여, 게릴라와 노동자들의 연계를 저지하려고 시도했다. 고용주들은 문제가 있다고 판단되는 노동자들의 명단을 군 당국에 제출했으며, 당국은 이들을 체포하여 고문함으로써, 작업장 내에 공포 분위기가 조성되도록 하였다. 넷째, 아르헨티나의 노동 문제를 근본적으로 해결하기 위해, 경제를 재조정하고, 노동조합 세력의 구조적 기반을 무너뜨리는 일련의 정책을 도입했다. 군사정부는 공공부문의 구조조정을 단행하여, 공공부문 노동자의 다수를 해고하였다. 이로 인해, 1970~1975년 사이 23% 이상 증가되었던 국영기업, 공공 은행, 정부 등에 고용된 노동자들의 수가 1975~1980년 사이에는 16% 이상 감소되었다.[12] 이러한 조치에 덧붙여, 군사정부는 신보수주의적 경제 프로그램을 도입하여, 사회통제의 기반으로 삼았을 뿐 아니라, 페론주의 및 좌파 노동세력의 기반을 허물어뜨리려고 시도하였다. 이러한 경제 프로그램은 앞에서도 언급하였듯이, 아무런 제약 없는 자유시장이라는 수단을 통해, 조합주의적인 장벽을 제거하고, 노동자들을 파편화, 고립화시키는 것을 목표로 하였다.[13]

이러한 탄압에도 불구하고 기층노동자들의 저항은 쿠데타 이후 꾸준히 지

12　정부 공무원의 경우, 1970년 583,000명에서 1975년 732,000명으로 증가했으나, 1980년에는 666,000명으로 감소되었다. 국영 기업과 공공 은행의 경우, 1970년 370,000명에서 1975년 444,000명으로 늘었으나, 1980년 315,000명으로 줄어들었다.

13　Gerardo L. Munck, op.cit., pp.65-69.

속되었다. 저항은 1976~1977년 태업이나 준법투쟁, 신중한 사보타지 등의 다양한 성격을 띠었다. 노동운동의 이 같은 밑으로부터의 완만한 회복과정은 전기, 부두, 철도 노동자들의 파업으로 이어지면서 절정에 달했다. 노동세력의 힘의 축적은 1978년에도 계속되었고, 1979년 4월에 들어서 제1차 24시간 총파업이 소집되기에 이르렀다. 그 후 사실상 모든 산업부문에서 파업이 행해졌고, 1981년에 또 한 차례의 총파업이 있었다. 계속되는 노동운동의 저항은 군사독재체제의 공고화를 저지했고, 간접적으로는 엄청난 파급효과를 가지는 말비나스의 모험으로 이어졌다.

제8장

칠레 피노체트 정권
1973~1989

1. 통치구조와 지배양식

칠레는 군부 쿠데타가 있기 전까지 1930년대의 몇 년을 제외하고는 한 세기 동안 선거를 통한 의회민주주의를 구현해 온 나라였다. 역사적으로 칠레에서 군부의 역할은 미미했고, 문민정치의 전통은 확고한 것처럼 여겨졌다. 그러나 1973년 쿠데타로 군부가 정권을 장악한 뒤 피노체트(Augusto Baptista Pinochet)는 1973년부터 1989년까지 단 한 번의 선거도 치르지 않고 대통령직을 맡았다. 이 시기 칠레 의회는 해산되어 있었고, 모든 정당의 기능도 정지되어 있었다.

쿠데타 직전 아옌데 정권 하에서는 부의 재분배를 위한 국가 주도의 경제정책이 시행되었다. 그러나 분배를 강조하고 국가 개입을 강화해 정부지출이 증가하게 되었고, 이는 만성적 인플레이션을 더욱 악화시키는 결과를 가져왔다. 국민들이 일용품을 구하기가 어려울 정도로 경제가 파탄에 처했고, 파업이 확산되었으며, 테러 활동이 늘어났다. 이에 1973년 9월 피노체트는 무정부상태를 일소하고 경제침체를 회복한다는 명목으로 쿠데타를 일으켰다.

피노체트는 그동안 하층계급과 좌파 세력의 조직화에 위협을 느낀 상층 및 중간계급의 광범위한 지지 속에서 쿠데타에 성공할 수 있었다. 한편 피노체트는 일단 권력을 잡은 후 권력을 자신의 수중에 집중시키기 시작하였다. 애초에 제도로서의 군부에 의해 장악된 정권이 시간이 지남에 따라 피노체트 개인의 손에 의해 장악되었다. 그는 군 인사의 승진과 은퇴에 대한 권한을 유지하고, 대통령 직속으로 군 정보기관이 통합된 국가정보국(DINA)을 창설하여 정보기관을 장악했으며, 자신의 심복을 군 요직에 임명하여 라이벌들을 견제하였다.[1] 나아가 국방비를 증대하고 군의 처우를 개선하여 군부의 지지를 유지했다.

피노체트는 이러한 정치적 억압과 권력의 집중, 및 경제적 성과 등을 통해 다른 권위주의 정권들보다 단기간에 권력을 공고화했고, 더 나아가 장기집권의 발판을 마련할 수 있었다. 1970년대 말 경 피노체트의 권력은 이미 공고화되어 있었고, 1980년 신헌법에 대한 국민투표에서 승리해 그 권력이 절정에 달했다. 신헌법에 따라 피노체트는 대통령직 중임을 인정받고 추후에 연임까지 노릴 수 있게 되었다.[2]

---

1 Paul E. Sigmund, "The Military in Chile", in Robert Wesson (ed.), *New Military Politics in Latin America* (New York: Praeger, 1982), p.108.

2 이러한 권력의 집중으로 인해, 학자들은 피노체트 체제를 "일인 통치"(one-man rule), "술탄 체제"(sultanistic institutional structure)라는 용어로 표현하기도 한다. 각각의 용어에 대해서는 Arturo Valenzuela, "The Military in Power: The Consolidation of One-

그러나 민간 부문에 대한 탄압과 그로부터의 고립 및 개인 권력의 집중 등은 효율성의 문제를 넘어 정당성에 회의를 불러왔다. 여기에 정권 초기의 경제안정 정책이 장기적 토대를 갖추지 못하고 1980년대 초부터 다시 경제위기가 시작되면서 피노체트 정권에 대한 불만이 고조되기 시작하였다. 1983년 노동계에서 시작된 반정부운동은 중간층과 상층계급으로까지 확산되었다. 이에 피노체트는 경제정책 실패의 책임을 물어 '시카고 보이들'을 해고하고, 산업 계층 및 중간계급과의 관계를 원활히 하려고 시도했다. 피노체트의 해결책이 만족스러운 것이 아니었음에도 불구하고 민간 세력의 분열과 군부의 단결에 힘입어 그는 1989년까지 정권을 유지해 나갈 수 있었다.

2. 국가 - 사회 관계

쿠데타 초기 대규모로 자행된 탄압은 칠레 군사 정권으로 하여금 민간 저항을 조속히 종식하고 지배 체제를 확립하는 데 크게 기여했다. 집권 초기에 민간 저항을 보다 크게 받은 아르헨티나, 브라질과는 달리 칠레의 군사 정권은 집중적 대규모 탄압을 통해 집권 5년 내에 모든 민간 세력의 무력화를 달성하였던 것이다.

피노체트 정권은 아옌데 정권 하에서 활성화된 마르크시즘을 근절한다는 명목으로 모든 좌파 정당들을 불법화하고, 중도 및 우파 정당들을 무력화시키는 한편 노동조합이나 각종 이익집단들의 활동을 억압하였다. 그리고 정치인들의 정치활동을 규제하고 언론 검열을 강화하는 등의 조치를 취하였

Man Rule," in Paul W. Drake and Ivan Jaksic (eds.), *The Struggle for Democracy in Chile*, 1982~1990 (Lincoln: University of Nebraska Press, 1991), pp.21-72; Karen Remmer, op.cit. 참조.

다. 좌파의 혐의를 쓴 수많은 사람들이 검거되어, 고문 받고, 살해되었다. 좌파 지도자들 다수가 국외로 망명하거나, 외국 대사관에 보호를 요청했다. 대학이 군부의 통제 하에 들어갔으며, 좌익 교수들이 강단에서 쫓겨났다. 좌익 성향의 신문 및 잡지가 폐간되었으며, 마르크시즘 계열의 노동조합이 해체되고, 농민 조직 역시 붕괴되었다. 아옌데 정부에 협력해왔던 외국인들 또한 추방되거나, 몇몇 경우에는 고문 받고, 살해되었다. 1991년 2월 민선 대통령 직속의 〈진실과 화해 위원회〉가 펴낸 보고서에 의하면, 당시 인구 1,000만 남짓 하던 칠레의 전역에서 1,068명이 군부와 비밀경찰에 의해 살해되었고, 957명은 납치된 뒤 고문에 의해 숨진 것으로 알려지고 있다.[3]

이러한 과정을 통해 피노체트는 1970년대 말 개인 권력의 기반을 탄탄히 하고, 1980년 신헌법에 대한 국민투표에서 승리함으로써, 개인적 권력 확장이 절정에 달하였다.[4] 이러한 권력의 확장은 민간 세력의 큰 저항 없이 이루어졌다. 이것은 피노체트가 집권초기에 민간 저항세력을 효율적으로 분쇄한 사실 이외에, 1973년의 쿠데타가 하층계급 및 좌파 세력의 극심한 동원화에 위협을 느낀 상층 및 중간계급의 광범위한 지지를 받았기 때문이다. 그리고 피노체트 정권은 반대 정당들과 저항세력들의 그 지지자들이 서로 소통할 수 있는 수단을 봉쇄하여 반대세력이 결집할 수 있는 기회를 차단했다. 게다가 정당들 내부에서 분열이 있었다. 우파 세력은 8개 집단으로 분열되어 있었고, 최대의 반정부 세력인 중도파(기독교 민주당) 역시 정치적 방향을 두고 내분을 겪고 있었다. 사회당, 공산당 등 좌익 계열도 정권의 탄압과 내분이 지속되면서 무기력한 상태에 있었다. 이러한 상태에서 정권에 대한 반

---

3   Paul E. Sigmund, "Chile", in Howard J. Wiarda & Harvey F. Kline (eds.), op.cit., p.155. 칠레의 인권문제에 대한 보다 상세한 논의를 위해서는 곽재성, "칠레의 민주주의-피노체트의 정치적 유산과 민주화 과정", 『기억과 전망』 6 (2004년 봄), pp.32-39 참조.

4   피노체트 권력의 공고화에 대해서는 Karen L. Remmer, op.cit., ch. 5 참조.

대운동을 조직하거나 대안적 정치체제를 마련하는 것은 거의 불가능한 일이었다.

그러나 피노체트의 개인 지배가 정치적 문제가 없는 것은 아니었다. 우선 권위주의 정권의 공통적인 약점으로, 장기간의 탄압정책은 정부의 정치적 자원을 축소하고, 애초의 쿠데타 연립의 토대를 흔들기 시작했다. 이러한 현상은 사회 제 부문으로부터의 정권의 고립을 초래했는데, 피노체트는 이러한 상황에 대한 타개책으로 더욱 개인 권력을 집중함으로써 군부 통치를 지속하려 하였다. 이러한 개인 권력 집중의 장기화는 정권 내 반대 세력의 제거에는 효율적이지만, 오히려 집권의 정당성에 대한 회의를 불러일으킴으로써 민간 세력의 저항을 고조시켜 나갔다.

3. 국가 - 경제 관계

1970년대까지 칠레를 포함한 라틴 아메리카 국가 대부분은 수입대체산업화 전략(ISI)을 채택해 왔다. 국가의 보호 아래 국내 산업을 육성하고자 했던 이 발전전략은 나름대로의 성과도 거두면서 이 대륙 특유의 정치경제적 상황을 연출하는 데 중요한 역할을 수행하였다. 그러나 ISI가 장기화하면서 그 문제점이 누적되었다. 환율의 과대평가와 고율의 수입관세 각종 수입규제 정책의 결과 수출이 위축되면서 성장의 잠재력이 침식당하였다. 지속적인 외자의 도입이 ISI의 운용에 필수적 조건이지만 수출이 활성화되지 못한 탓에 외채가 누증될 수밖에 없었다. 이러한 여파로 생산성이 저하되면서 경제적 불만이 사회적, 정치적 위기로 이어졌다. 피노체트의 경제정책은 이러한 수입대체 산업화 전략의 기본 구조를 뒤바꾸는 것을 목표로 하였다. 국가가 경제 운용의 중심에 서있던 ISI와는 달리 시장이 그 역할을 맡도록 했다.

그래서 광범위한 규제 완화와 민영화로 특징되는 신자유주의 경제정책이 등장한다.

피노체트 체제는 칠레 정치사의 오랜 전통인 국가 개입주의를 뒤바꿔놓고자 했고, 이 목표에 맞추어 경제정책을 세우려 했다. 칠레 군부의 이러한 발상 뒤에는 시카고 보이들이 자리 잡고 있었다. 이들은 국가주의가 칠레 경제를 망친 장본인이라고 주장했다. 즉, 칠레 사회에서 사적 이익을 추구하는 집단의 해악을 집중 조명하면서 국가가 행하는 각종 규제가 본질적으로 이러한 이기적 연결고리에 의해 좌우된다고 생각했다. 이러한 이기적 고리를 뛰어넘는 데 가장 효과적 수단이 바로 시장원리이므로 신자유주의 경제이론만이 칠레를 살릴 수 있는 유일한 처방을 제시할 수 있다는 논지를 펴 나갔다.[5]

1단계로 경제안정화, 시장기능의 회복, 재산관계의 정상화를 달성한 칠레 군정은 시카고 보이들의 주도하에 1975년 4월 2단계로 강력한 충격요법을 시행했다. 인플레이션 기대심리를 분쇄하고 새로운 자본주의 발전의 모델을 창조하기 위해 정부지출의 삭감, 긴축통화 정책, 공공요금의 인상 등 강력한 대책이 시행되었다.[6] 하지만 이 같은 처방의 즉각적인 효과는 심각한 경기침체였다. 그러나 고삐를 늦추지 않고 칠레 군정은 경제의 대외개방과 탈국유화를 강행했다. 이어서 1978년 1월의 국민투표에서 국민의 신임을 확인한 군정은 7개 근대화계획을 통해 사회보장, 교육, 보건, 지방분권, 농업, 사법, 노동 등에서 국가의 역할을 전면적으로 수정, 축소했다. 이 같은 신자유주의 정책은 1980년까지 상당한 경제적 실적을 기록했다.[7]

---

5 서병훈, "칠레: 혁명과 기적의 나라", 『계간 사상』 가을 (1994), pp.92-105.

6 Alejandro Foxley, *Latin American Experiments in Neoconservative Economics* (Berkeley:Univ. of California Press, 1983), ch. 3 참조.

7 Sebastian Edwards, "Stabilization with Liberalization: An Evaluation of Ten Years of

인플레이션 측면에서는, 1974년 500%를 상회했던 물가상승률이 1977년에는 63.5%로 감소했다. 이러한 인플레이션 억제는 1981년까지 꾸준히 지속되어, 같은 해 9.5%라는 남미 국가로서는 예외적인 실적을 이루었다. 경제 성장의 측면에서 보자면, 칠레 군정은 수출 증대 및 다변화를 통한 경제 성장을 적극 추진해 왔는데, 초기의 경제성장 정책은 실효를 거두지 못하고, 1975년 심각한 침체를 겪기도 했으나, 1977년 이후부터 경기 상승세를 보여 1981년까지 비교적 호조의 경제성장을 이룩하였다. 즉 1976년부터 1980년까지 연평균 성장률 8%를 기록함으로써, '브라질의 기적'에 버금가는 경제 성장을 이루었다.

그러나 이러한 경제적 호조는 1980년대 들어 심각한 경제 위기로 이어진다. 1981년 시중 은행들의 도산으로 표면화하기 시작한 이 경제 위기의 내용을 보면, 1982년 GDP 12% 감소, 국제 수지의 위기, 대외 부채의 급증 등이다. 이러한 심각한 경제위기는 계속되는 구리 가격의 하락, 가중되는 외채 상환 부담 등으로부터 도래했다. 특히 환율정책의 실패가 이 모든 위기의 중핵으로 작용했다. 칠레 정부는 계속되는 인플레이션을 막기 위해 평가절하율을 사전에 발표함으로써 인플레이션 기대심리를 분쇄하고자 하였다. 이 정책은 1979년 6월에 1달러당 39페소로 환율을 고정시키도록 수정되었다. 국제인플레이션에 비해 높은 국내 인플레이션이 환율에 반영되지 못함에 따라 페소화가 고평가되고, 그 결과 칠레의 수출품은 경쟁력을 상실하게 되는 반면, 수입이 매력을 갖게 되었다. 증가하는 무역 적자는 결국 외국은행으로부터의 차입으로 메워졌다. 1979년 초에 비해 1982년 초의 페소화는 30% 이상 고평가되었고, 페소화에 대한 투기가 벌어지면서 연이자율은 40%를

Chile's Experiment with Free-Market Policies, 1973~1983", *Economic Development and Cultural Changes* 33: 2 (1984), pp.231-236.

상회하게 되었다. 기업들은 파산에 직면하게 되었고, 1982~1983년의 국
내총생산은 마이너스 성장을 기록하였다.

결국 칠레 정부는 팽창적 통화정책과 값싼 여신, 외국 수입품으로부터의
보호를 요구하는 국내기업의 압력 하에서 1983년 이후, 덜 급진적인 '실용
적 신자유주의'[8]로 돌아서게 된다. 작은 정부 실현, 공기업 사유화 확대, 금
융감독 강화, 중앙은행 독립, 수출인센티브제 도입 등 신중한 재정·통화정
책에 기초한 성장지향적 산업정책이 추진되었다. 외채위기 이전까지 추진되
던 극단적인 신자유주의적 모델이, 동아시아의 개입형 모델 또는 발전국가
모델에 자리를 내어주게 되었다. 다시 말해, 전자 시기는 무차별적인 개방과
민영화가 주조를 이루는 시장개혁이 특징이라면, 후자 시기는 개방과 개혁
기조를 유지하되, 적절한 개입과 규제로 국가의 경제조정 능력을 강화시킨
것이 특징이다.[9] 이런 경제 개혁 과정을 통해, 칠레 군정은 1980년대 후반
라틴 아메리카지역에서 보기 드물게 안정성장의 기조를 정착시켜 나갔다.

4. 국가 - 노동 관계

피노체트 정권의 경우, 한국의 유신체제와 유사하게, 민간세력 및 노동세
력의 저항을 강력하게 억압함으로써, 국가단원주의적 통제방식을 강화시켜
나갔다. 쿠데타 이후 군부세력은 좌파정당들은 물론, 노동조합총연맹(CUT),
구리산업노조연맹 등 주요 연맹들을 불법화하고 노동조합 활동가들을 대
량 검거, 투옥하는 한편, 단체교섭도 금지하여 노동조합운동을 무력화시켰

---

8 Eduardo Silva, *The State and Capital in Chile* (Boulder: Westview Press, 1996), pp.223-
   228: Karen L. Remmer, op.cit., pp.167-169.

9 이성형, 『라틴 아메리카, 영원한 위기의 정치경제』 (서울: 역사비평사, 2002), pp.211-215.

다. 이처럼 초기의 노동통제는 국가의 직접적인 강압수단에 의존하였으나, 1978년 이후에는 정책을 수단으로 하여 기존의 또는 잠재적인 반대세력을 구조적으로 분열시키려 하였다.[10] 우선 사회보장부문을 민간기업의 영역으로 전환시킴으로써, 국가의 부담을 감소시켰다. 과거에는 전국에 걸쳐 일괄적으로 동일한 사회보장제도를 시행함으로써, 사회보장제도에 반하는 정책의 시행은 시민사회로 하여금 국가에 대한 저항역량을 동원하는 데 매우 체계적인 동기부여를 하도록 되어 있었다. 그러므로 여러 가지 형태의 민간기업에 의한 사회보장정책은 이러한 체계적 동기를 제거하자는 데에 그 목적이 있었다.[11]

1979년에 제정된 노동조합법도 비슷한 목적을 가지고 있었다. 이 법의 목적은 시장원리와 개인의 선택이라는 원칙을 고수하여 노동조합을 탈정치화시키는 구조와 보상체계를 만들어내자는 것이었다. 노조의 성립과 조직에 관한 요건이 한층 더 강화되었고, 고용주가 노조가담자를 우선 해고할 수 있게 되었으며, 전국수준의 노동조합 연맹체는 금지되었다. 단체교섭은 기업단위에서만 이루어지되, 임금과 노동조건에만 한정되며, 사용자는 단체교섭에 응할 의무가 없었다. 단체교섭으로 체결된 단체협약은 동일 사업장내 미조직 노동자들에게는 적용되지 않았다. 그러나 노동조합과 무관하게 일정 숫자의 노동자들도 임의의 교섭주체를 조직하여 기업 측과 노사합의서를 체결할 수 있도록 했다. 또한 사용자는 정당한 사유 없이 노동자를 해고할 수

10　Manuel Barrera and J. Samuel Valenzuela, "The Development of Labor Movement Opposition to the Military Regime", in J. Samuel Valenzuela & Arturo Valenzuela (eds.), *Military Rule in Chile: Dictatorship and Oppositions* (Baltimore: Johns Hopkins Univ. Press, 1986), pp.230-269.

11　칠레의 사회보장정책의 변화에 대해서는 이남섭, "신자유주의 시대 칠레 사회정책의 변화와 시민사회의 대응", 『라틴 아메리카연구』 17: 4 (2004), pp.45-79 참조.

있으며, 해고수당을 지불하지 않아도 되었다. 또한 노조간부들은 노조활동을 이유로 해고당하지 않는다는 노동조합활동보장조항을 삭제하여 노조간부들도 쉽게 해고할 수 있게 되었다. 60일 동안의 파업권이 보장되었지만, 60일이 경과되면 노동자들은 자동적으로 해고되고 파업은 법적으로 종료되며, 60일 이전에도 노동자들의 50% 이상이 작업에 복귀하면 법적으로 종료되었다. 파업기간 동안 대체 노동자들을 고용할 수 있고, 공공부문의 사업장 노동자들에게는 파업권 자체가 허용되지 않았다. 이렇게 제정된 노동법으로 피노체트 정권은 노동조합이 다시 활성화될 가능성을 봉쇄하고자 했다.[12]

이와 같은 정부의 정치적 억압과 신 노동법에 의해, 그리고 신자유주의적 정책에 의한 실업에 대한 공포가 결합되어, 조직 노동의 힘은 점점 약화되어 갔으며, 피노체트 정권 말기인 1987년에는 총 노동자의 노조가입률이 11%에 불과하게 되었다. 민주화 과정에서 노조의 영향력이 강했던 것은 사실이지만, 조직 노동 약화의 경향은 지속되어, 1990년대 들어 남미 국가 가운데 가장 낮은 노조 조직률을 보이고 있다.

---

12 Patrick S. Barrett, "Labour Policy, Labour-Business Relations and the Transition to Democracy in Chile", *Journal of Latin American Studies*, 33 (2001), pp.561-597.

결론

비교발전론적 함의

이 책에서는 박정희의 유신체제를 '권위주의적 자본주의'(authoritarian capitalism)라는 일반화된 개념으로 접근하고 있다. 권위주의는 민주주의나 전체주의와는 뚜렷이 구별되는 배타적 특성을 갖는다. 이미 지적한대로 권위주의는 민주주의와 전체주의의 연장선상에 위치시킬 수 없다. 권위주의는 양자를 혼합한 어떤 복합적 성격의 체제도 아니고 오히려 두 가지 정치체제에서 발견되지 않는 독자적 특성을 내포한다. 권위주의는 민주주의로 이행하는 과도기적 정치체제가 아니라 역사적·사회적 결정기제가 뚜렷한 하나의 독자적 정치체제라고 보는 것이 적합하다. 그리고 권위주의는 정권의 합법성이 취약하고, 이데올로기적 통합성의 정도가 매우 낮으며, 정치적 무관심을 조장하면서 부분적으로는 민주적 제도를 수용한다는 점에서 광범위한 정치참여와 이데올로기적 열망의 수준이 높은 전체주의와도 구별된다.

한국의 유신체제의 기저에는 갈등을 단지 국가건설과 정권안정의 장애요
인으로 간주하는 이념적 성향이 존재하였다. 이러한 성향을 그대로 자체 조
직에 반영하고 그것을 다시 장기적으로 유지하고 강화하는 주체가 바로 슈
미터(Schmitter)가 지적하는 유기체적 국가(organic state)이다. 그 이유는 여러
가지가 있다. 첫째로, 일원적 정치권력의 흐름이란 배제와 억압을 통해 인위
적으로 성장이 지체된 무정형적 사회에서나 가능한 정치부재의 산물이었다.
둘째로, 불가피하게 중복되는 정부부처 간 이익갈등을 현실정치의 장에서
강압적으로 제거하지 않고서는 국가가 추진하는 각종 제도적 자원의 일관된
동원 역시 이루어질 수 없었다. 셋째로, 국가가 채택한 수출주도형 정책은
자본과 노동을 냉혹한 국제경제의 현실로 내몰아 각 부문에게 끊임없는 자
기조절을 강요하는 발전전략에 근거하고 있었다.

이와 같은 정치이념적 정향을 그대로 조직에 반영시킨 한국의 국가기구
가 강력한 정치연합의 생성을 지연시킬 수밖에 없음은 당연하다. 그 이유는
정치연합의 기반이 되는 정당이 시민사회 내의 다양한 이해관계에 입각하
여 대중적 지지기반을 다지는 갈등구조의 조직체로서 기능하지 못해 왔다
는 점에 있다. 라틴 아메리카 정치경제사가 좋은 보기이다. 라틴 아메리카에
서는 각양각색의 정권이 무역장벽을 설치한 뒤 재정지원과 복지사업을 선별
적으로 국가 전략산업에 집중시켰다. 무엇보다도 경제 부문 간에 차별을 두
어 부족한 자원을 배분함으로써 기존의 정권과 정치적 생명을 같이 하는 대
중조직을 형성하기 위한 필요성에서 정당정치를 의도적으로 가동시켰다. 정
치 갈등을 단순히 방종과 혼란으로 간주하는 한국의 일원적 통치구조는 바
로 이와 같은 정당정치에 기반한 경제정책의 연합형성 기능을 무시한 채 오
로지 개입국가의 기술합리성을 강조함으로써 국민을 냉혹한 시장원리에 내
던져 버린 것이다.

제3세계의 대부분의 주변부 국가와는 대조적으로 한국의 유신체제는 어

떠한 개별적인 정치흥정 없이 고정된 기술합리성의 논리에 따라 움직여 성취한 고도성장이, 선별적인 경제적 보상을 통하여 다져놓은 관제노조와 같은 전위대에 못지않은 효과적인 대중적 정치기반 형성의 원천이라고 인식하였다. 따라서 유신체제는 물량적 성장이 장기적으로는 사회의 각 부문에 번영의 혜택을 안겨 주리라는 기대 아래 언제라도 시민사회에 개입하여 부분을 희생시키고 거기서 전체의 성장과 안정을 다지려 하였다. 유신체제는 처음부터 정치균열을 인정하고 융합하기보다는 일원적 통치기제가 시장 순응적 개입을 통하여 닦아 놓은 전체의 성장 속에서 부분의 이익을 충족시키려는 철저한 전체 중심의 통치전략을 강력하게 추진하였다.

라틴 아메리카의 국가조합주의가 재정적자의 악순환과 힘의 교착상태만을 끊임없이 반복하고 악화시킨다면, 한국의 국가단원주의는 산업화에 따르는 정치적 긴장을 주기적으로 해소하거나 무정형적 지지기반을 조직하지도 않은 채 소외세력을 끊임없이 생성하고 자극하여 결국에는 국가와 시민사회 간에 정면충돌이 벌어지는 막다른 골목으로 시장기제적 정책을 이끌어 나갔다.

한편, 라틴 아메리카의 경우, 1930년대 이래 상호 연관된 세 가지 숙제와 씨름해 왔다.[1] 첫째, 소진한 1차 산품 수출경제를 대신해서 새로운 역동적인 경제발전 모델을 확립하는 일이었다. 둘째, 막 시작된 산업화의 과정에서 자라난 새로운 사회세력, 특히 조직노동에 대해 효과적인 대응책을 마련하는 일이었다. 셋째, 이러한 두 가지 문제를 다룰 수 있는 체제를 지탱할 안정된 지배연합을 형성하는 일이었다. 남미에서 권위주의와 민주주의가 교대로 등장한 것은 두 체제 모두가 끊임없이 제기되는 이들 문제를 해결하는 데 실패했기 때문이었다. 이러한 문제는 남미의 모든 나라에서 직면했던 문제이다.

---

1 이영조, "다시 시작하는 과거: 남미 군부통치의 유산", 『계간 사상』 가을 (1994), pp.10-11.

공통된 발전의 문제에 직면하고 있었다고 해서 이들 나라가 동일하게 대응해온 것은 물론 아니었다. 대응의 형태와 정도는 각 나라에서 국가-사회 관계의 구체적 구성에 따라 달랐다. 이 글에서 분석된 라틴 아메리카의 권위주의 정권들은 내부적 구조 및 변화양상에서 상당한 차이가 있고 이것은 집권의 배경, 통치 양식, 및 퇴진의 양상 등 여러 분야에 걸쳐 나타난다.

이들 국가들은 라틴 아메리카에서, 그리고 제3세계 전반에서 가장 발전된 사회, 경제적 구조를 지니고 있으며, 군부는 고도의 직업화, 제도화의 수준을 유지해왔다. 따라서 이들 국가의 군사 정권들은 군부가 하나의 제도로서 사회를 통치하는 '제도적' 군사 정권의 전형을 이루었으며, 또한 군부-국내외 부르주아지-기술 관료의 '쿠데타 연합'이 하층 계급을 억압하고 자본주의 발전을 추구한다는 '관료적 권위주의' 개념을 탄생시키기도 하였다.

멕시코를 제외한 세 나라의 군부는 집권 전의 경제 위기를 해소하기 위해 통화주의적 안정 정책을 펼침으로써 인플레이션을 줄이고 경제적 안정을 이룩하려고 하였다. 이러한 경제 안정 정책은 대체로 단기적인 물가 안정의 효과를 이룩하였으나, 장기적인 인플레이션 억제에는 실패하여, 각국은 군부 통치 후반기에 극심한 경제 위기에 직면하였다. 특히 1980년대에 일기 시작한 경제 위기(고도의 물가 폭등, 경제 성장의 저하, 급증하는 외채 등)는 브라질, 아르헨티나에서의 군부 퇴진을 재촉하였으며, 피노체트 칠레 정권의 경우, 경제 정책을 대폭 수정하도록 작용하였다.

브라질, 아르헨티나, 칠레 등 세 나라 군사 정권들은 하층 계급의 도전에 대한 반작용으로 집권했기 때문에, 이들의 동원을 최대한 억제하고, 국내, 국외 자본가들과 기술 관료에 의한 발전 정책의 입안, 집행을 고무하는 비정치적, 관료적 사회-정치 구조를 마련하려고 하였다. 동시에 군 지도자들은 민간 정치 과정의 '비효율성'을 타파하고, '합리적' 정치 과정의 확립을 위해 기존의 정당 제도를 타파하고 노동조합 등 하층 계급의 이해 반영 기구를 최대한 억압하였다. 그러나 이러한 탄압적 정권 구조는 민간사회의 저항을 촉진했고, 이를 효율적으로 규제할 중재 기구의 부족으로 정치적 위기가 고조되고, 이것이 군부 내의 결속을 저해하여, 각국의 군부는 점증하는 사회 각 세력의 퇴진 압력에 직면하게 되었다.

이 글에서 사용된 통치구조, 국가-사회, 국가-경제, 국가-노동 등의 틀에 비추어, 한국의 유신체제를 라틴 아메리카 4개국과 비교해보자면 다음과 같다. 우선 유신체제는 칠레와 같은 '술탄형' 통치체제 하에서, 민중부문을 체제에 포섭하기보다는 배제하는 방식을 선호하였다. 유신체제는 전국적으로 확대된 행정조직망과 중앙정보부, 군부, 경찰 등의 보안기관들을 활용하여 민중부문을 규제하고 억압하였다. 그러나 동시에 '반공'과 '성장' 등의 언술들을 동원해 강력하게 대중을 동원하였다. 유신체제는 다양한 사회적 캠페인을 통해 노동자, 농민 등을 민중부문으로부터 탈정치화시키는 데 주력했고, 그들을 경제적으로 동원하는 데 초점을 맞추었다. 브라질은 1964년 이후 '과두형' 군사정권 아래에서 국가와 시민사회가 비대칭적 관계를 유지하였으나, 후자의 부단한 성장에 의해 민주화가 달성되었다. 이러한 시민사회의 성장은 카톨릭 교회의 기초공동체운동, 독자적 노동조직의 전개, 언론매체의 활성화에 의한 '수평적 연계'로 이루어졌다. 정부로서의 군과 제도로서의 군 사이의 갈등이 특징적이었던 아르헨티나의 '봉건형' 군사정권 하에서, 과거 상대적으로 매우 강했던 시민사회는 군사정권의 강압적 통치로 인해 장기간 침체되었다. 국가는 '더러운 전쟁'을 통해 시민사회에 대한 국가의 권력을 증대시켜, 상당한 정도의 '상대적 자율성'을 누렸으나, 자본축적을 위한 기능을 수행하는 데 있어서는 실패하였다. 이로 인해, 1980년대 초반 불어 닥친 경제적 위기에 적절히 대응치 못한 아르헨티나 군사정권은 총파업, 대중 시위 등 폭발하는 사회적 도전에 직면케 되었다. 다른 여느 권위주의 정권보다 권력의 집중도가 강하여 '술탄형'으로 분류되는 칠레의 피노체트 체제는, 쿠데타 초기 대규모의 탄압을 통해, 민간 저항을 조속히 종식하고 지배체제를 공고히 하였다. 시민사회 내의 극심한 계급갈등을 경험한 칠레에서, 상층 및 중간계급은 피노체트 체제를 광범위하게 지지하였으며, 이를 통해 칠레의 군정은 시민사회에 대해 확고한 우위를 점할 수 있었다. 멕시코에서 시민사회는 철저하게 국가에 의해 봉합되어 왔다. 그 중추적 기능을 행사해 온 것이 바로 일당독재의 핵심인 제도혁명당이다. 국가-당으로서 제도혁명당은 노동자, 농민, 민중부문(소지주, 국가부문 종사자등) 3자를 관제조직에 수직적으로 통합시키면서 이들 사이의 수평적 연계를 차단했다.

1910년 혁명 이후 반세기 이상 국가권력을 독점하면서 제도혁명당이 선거과정을 장악하고 대중의 지지를 확보할 수 있었던 것도 바로 이러한 '선점적' 통제방식에 기인한다. 경제적인 측면에서, 박정희의 유신체제는 '수출주도형 발전국가'로서, 자원형성과 투자배분뿐만 아니라 금융, 시장, 조세, 가격 등 거의 전 영역을 국가가 통제하여, 국내산업과 국제경제와의 관계를 조절하였다. 국가와 국내자본 사이의 강한 연계와 자본에 대한 국가의 높은 상대적 자율성을 특징으로 하는 발전국가로서 유신체제는 괄목할 만한 경제성장을 이끌었으나, 산업정책의 문란, 금융의 불구화, 부정부패 등 여러 가지 문제점을 낳았다. 브라질의 경우, 쿠데타 이전 민중주의 시기의 경제 문제, 즉 인플레이션, 외채, 무역수지 적자, 경기 침체 등을 해결하기 위하여 일련의 안정화정책을 실행하였다. 이의 성공을 통해, 1970년대 초반 '브라질의 기적'을 구가하기도 하였으나, 이후 오일쇼크로 인한 위기에 대해 외채의 막대한 도입으로 대응함으로써 다시금 인플레이션 문제에 직면하게 되었다. 요컨대, 쿠데타 이전의 민중주의체제가 시혜에 바탕한 수단적 정당화에 의존했기 때문에 재정적자와 인플레이션에 직면했다면, 쿠데타 이후 들어선 배제적 권위주의체제는 성장에 바탕한 수단적 정당화의 필요 때문에 인플레이션 유발적인 외채의존적 성장정책으로 나아가게 되었다. 아르헨티나 군부의 경우, 신자유주의적 경제정책을 추구하여, 통화공급의 억제, 여신제한, 정부지출과 공공부문의 축소, 사회보장의 축소 등을 통한 경제안정화를 강조했다. 그러나 아르헨티나 군정의 경제적 성과는 인플레이션 억제, 경제성장의 양면에서 브라질 및 칠레의 그것에 비해 크게 뒤떨어졌다. 이러한 경제 안정 및 성장의 실패는, 두 나라에 비해 정치적 역량을 더 크게 지닌 아르헨티나 민간세력들의 정치화를 부채질하고 아르헨티나 군사 정부의 통치능력과 정당성을 크게 약화시켜, 그 조속한 붕괴의 원인이 되었다. 칠레의 피노체트 체제 이른바 '시카고 보이즈'의 주도 하에 급진적 신자유주의 처방을 채택하였다. 초기에 심각한 경제침체를 겪기도 했지만, 결국 물가안정 및 경제성장을 유도하여 1980년까지 상당한 경제적 실적을 기록하였다. 1980년대 초반 경제 위기 속에서 '실용적 신자유주의'로 돌아선 칠레 군정은, 1980년대 후반 라틴 아메리카지역에서 보기 드물게 안정성장의 기조를 정착시켜 나갔다. 멕시코에서는 제도혁명당의 집권 이후, 민중주의 지배연합이 추구하는 국가자본주의적 발전전략을 채택하여, 수입대체산업화 정책을 성공적으로 진행시켜, 1956~1970년간 '낮은 인플레이션과 고도의 경제성장'으로 특징되는 '안정적 발전'을 달성하였다. 그러나 수입대체산업화의 한계가 발현하게 되자, 멕시코 정부는 수출주도 산업화, '경제의 석유화' 프로그램을 진행시켰으나, 민간 자본의 반발 및 국제 유가의 폭락에 직면하여, 1982년 외채 모라토리움 조치를 선포하였다. 이후 멕시코는 기존의 발전노선을 폐기하고, 정부의 기술 관료와 수출-금융부문 대기업이 주도하는 신자유주의적 경제개혁을 추진하지 않을 수 없었다.

국가-노동의 측면에서 유신체제는 국가단원주의적 통제방식을 구사하였다. 유신체제는 시민사회 내의 어떠한 자생적 혹은 인위적 조직도 인정하지 않았으며, 이념적·조직적으로 노동을 무장해제한 후 이들을 국제경쟁의 현실로 내던지면서 물량 성장 기반을 조성하였다. 유신체제는 중간집단의 등장을 배제하면서 노동부문을 산산이 쪼개었으며, 이를 위해 엄청난 국가권력을 투입하였다. 한편, 국가조합주의적 전통을 지닌 브라질과 아르헨티나에서는 군부의 집권 이후, 노동의 탈정치화를 목표로 직접적인 대량의 탄압과 조합주의적인 통제방식을 동시에 구사하였다. 칠레 피노체트 체제는 민간세력 및 노동세력의 저항을 강력하게 억압함으로써, 국가단원주의적 통제방식을 강화시켜 나갔다.

쿠데타 초기의 노동통제는 직접적인 강압수단에 의존하였으나, 1978년 이후에는 제반사회, 경제 정책을 수단으로 하여 기존의 잠재적인 반대세력을 구조적으로 분열시켰다. 그 결과 조직노동의 힘은 점점 약화되었으며, 민정 이향 후에도 이러한 경향은 지속되었다. 한편 멕시코는 제3세계 나라들 중에서도 가장 전형적인 국가 조합주의 체제를 장기간에 걸쳐 형성시켰다. 1910~1917년간의 멕시코 혁명에 그 뿌리를 두고 있고, 1930년대 까르데나스 대통령 시대에 그 틀이 잡힌 이 노동체제는 그 정교함과 높은 제도화 수준, 이데올로기적 통합력, 노동자 규모에 있어서 제3세계의 노동체제 중에서는 가히 유례를 찾기 힘든 것이었다. 국가-당이 사실상 일원적으로 통합된 조건 하에서 노동조직은 이 당의 핵심 부문으로 통합되었으며, 멕시코 혁명 이념인 혁명적 민족주의가 통합 이데올로기로 기능하였다. 그리고 국영 기업과 사회보장제도를 이에 결합시켜 대중통합의 물적 기반으로 활용된 이 체제는 수십 년에 걸쳐 정교하게 운영되었다.

라틴 아메리카 대륙은 다른 대륙에 비해 매우 유사한 역사적 경험을 공유하고 있다. 스페인이나 포르투갈에 의한 식민지 경험과 오랜 종속의 역사, 원주민과 이주민 및 혼혈인종 사이의 갈등, 대농장소유제도의 전통, 과두적 지배체제의 유산, 군부통치와 이에 대항한 저항세력 사이의 갈등, 과도한 외채부담과 민족자본의 취약성 등 여러 조건들이 대동소이한 상황이다. 이러한 역사적 경험과 정치적·경제적·사회적 조건들은 한국과는 여러 면에서 다른 독특한 조건들이다.

이 책은 박정희 정권의 후반기에 나타난 유신체제의 역학과 모순을 정치경제학적 시각에서 살펴보았다. 유신체제는 박정희를 종신 대통령으로 합법화해 정치적으로는 권위주의, 경제적으로는 발전주의를 가져왔다. 비교발전론적 시각에서 볼 때, 유신체제는 외형적으로는 성공적인 것으로 보일지 모르지만, 실제에 있어서는 실패한 경우였다. 물론 라틴 아메리카 지역의 브라질, 멕시코, 아르헨티나, 칠레 등의 나라들과 비교했을 때 유신체제는 경제적으로 놀랄만한 성취를 보여주고 있다. 그럼에도 유신체제는 기본적으로 배제와 억압의 기제를 통해 작동하는 것이었기 때문에 정치적으로 불안정한 것이었다. 이렇게 볼 때 한국의 민주화가 유신의 정점이 총격으로 쓰러진지 7년이 지나서야 뒤늦게 발화되었지만, 라틴 아메리카의 '실패의 위기'(crisis of failure)와는 달리 이른바 '성공의 위기'(crisis of success)를 그 배경으로 한다.

브라질, 멕시코, 아르헨티나, 칠레는 정치적으로 여러 번 군부쿠데타를 겪었다. 멕시코와 같이 군부 권위주의체제를 제도화시키는 데 성공했던 일부 국가는 이후 장기적으로 권력을 공고화할 수 있었지만, 아르헨티나와 같이 그렇지 못한 국가는 쿠데타의 연속 속에서 매우 극심한 정치적 변동을 겪었다. '국가-사회, 경제, 노동'의 차원에서 본 여러 남미 국가들은 유사한 역사적 경험과 여러 조건들을 공유했지만 매우 다양하고 특수한 모습을 보여주었다.

멕시코는 사회적으로 대중동원에 성공했는데, 이는 멕시코의 제도혁명당 정권에 대한 사회의 지지가 높았음을 보여준다. 경제적으로도 '멕시코의 기적'이라 회자될 만큼 민간 경제 관료들이 성공적인 경제정책을 주도했고, 자본과의 관계에서도 국가가 자본의 도구로 복무하기보다는 자본과의 이익동맹 체제의 차원에서 경쟁적이면서 지배적인 동반자 관계를 유지했으며, 노동과의 관계에서는 국가조합주의적 정책으로 노동통제를 지속시킬 수 있었다.

브라질은 멕시코에 비할 때 대중동원을 추구하지도 않았지만, 그렇다고 시민사회를 억압하지도 않았다. 브라질은 '삼자동맹'의 이중 구조를 근간으로 꾸준한 경제성장을 지속시킬 수 있었고, 국가조합주의적 노동정책을 통해 노동부문을 통제할 수 있었다.

그러나 멕시코와는 달리 배타적 억압을 통해 '국가에 의한 포섭' 방식을 구사했다. 칠레는 앞서 두 나라와 달리 사회에 적대적이었고 매우 억압적인 방식으로 일관해왔지만, 사회 내 여러 저항세력의 무기력과 분열로 피노체트 정권을 견제할 수 없었다. 오히려 용인하는 태도를 보여주기도 했다. 경제적으로는 초기에 시카고대학 경제학과 출신들을 경제 관료로 중용해 인플레를 잡고 경제성장률을 높일 수 있었으나, 장기적 토대를 마련하는 데는 실패하고. 경제위기를 맞게 되었다. 이 시기 칠레의 노동정책은 다른 남미 국가들과 달리 매우 적대적이었고, 국가조합주의보다는 국가단원주의에 가까운 것이었다. 그러나 아르헨티나와 달리 노조를 무조건 몰아붙이지 않고, 제한적인 역할을 맡긴 채 유명무실하게 만드는 방법을 구사했다.

아르헨티나는 모든 면에서 혼란스러웠다. 인플레이션이 폭등하고, 경제는 통제할 수 없을 정도로 침체되었으며, 노동에 적대적인 정책을 유지했다. 특히 비델라 정권 시기에는 노동에 대한 억압과 탄압의 강도가 국가폭력의 수준으로 발전했다.

이와 같이 남미가 공유하는 역사적·정치적·경제적·사회적 경험의 일반성 안에서 각기 저마다 다른 경로를 보이는 특수성을 '멕시코-브라질-칠레-아르헨티나' 순의 성공과 실패의 스펙트럼으로 이해하는 것은 어쩌면 매우 단순한 도식적 이해일 수 있다. 그럼에도 유신체제와의 비교를 위해 남미 국가들의 경험을 서로 비교하는 것은 매우 필요한 사전 작업이라고 생각한다. 중요한 것은 그 내용을 면밀하고 충실하게 보완하는 것이다.

'권위주의적 자본주의'라는 시각에서 볼 때 유신체제와 남미의 네 개 국가의 경험은 서로 공유하는 바가 많다. 그럼에도 불구하고, 앞서 살펴보았듯이, 비교 시각에서 그 차이점도 발견할 수 있었다.

유신체제는 권위주의와 발전주의를 바탕으로 유지될 수 있었다. 국가-사회-경제 사이의 관계에서 볼 때, 국가는 반공, 성장, 안보라는 명분 아래 모든 자원과 가치를 독점했고, 자본축적은 정부와 대기업에 의한 이자동맹에 의해 지탱되었으며, 따라서 계급관계는 소수의 지배집단과 다수의 민중집단으로 분화되는 방식으로 이루어졌다. 라틴 아메리카의 브라질, 멕시코, 아르헨티나, 칠레에 비하여 괄목할 만한 경제성장을 이끌어낸 것도 국가가 지닌 자율성의 폭과 능력에 기인한다고 볼 수 있다. 즉 세계체제 안에서 구조적 자율성은 약했지만, 지배계급에 대한 도구적 자율성은 강했던 것이다. 유신국가의 노동통제는 국가단원주의 시각에서 볼 때 상당히 강도(剛度)와 능력이 큰 것이었다.

이와 달리 칠레를 제외한 나머지 라틴 아메리카 국가들은 대개 국가조합주의적인 면모를 보여주었다. 한국, 브라질, 멕시코, 아르헨티나, 칠레 모두 권위주의 국가였지만, 발전주의 국가로서는 한국이 단연 압도적이었다고 생각된다.

오늘날 박정희에 대한 역사적 평가가 서로 엇갈리고 있다. 경제적으로는 한국 산업화의 초석을 다졌으나, 정치적으로는 민주화를 지체시킨 것으로 대비되고 있다. 경제발전에 기여하였지만, 정치억압과 분배 편중이라는 과오를 갖고 있다는 것이다. 역사에서 가정법은 무용한 것이지만, 만약 유신체제가 없었더라면, 그에 대한 평가는 상당히 달라졌을지 모른다. 라틴 아메리카 경험에 비유하면, '완전한 독재자'(perfect dictator)로 평가될 만치 기여와 과오를 같이하는 정치경제적 치적을 남긴 것이 그였기 때문이다.

　　그러나 대통령 박정희의 비극적 암살에서 우리는 유신체제의 모순을 극명하게 들여다볼 수 있다. 권위주의와 발전주의를 모태로 한 유신체제는 강력한 국가의 구심적 역할 아래 고도성장이란 자본축적을 일구어냈지만 그에 걸맞은 절차적 민주주의를 부정함으로써 결국 정치사회적 갈등과 긴장 속에서 종말을 기할 수밖에 없었던 것이다.

참 고 문 헌

강경희, 2000, "멕시코의 정부-기업 관계: '정부-대기업의 수평적 유착관계' 성립요인",『라틴 아메리카연구』13:1.

강민, 1983, "관료적 권위주의의 한국적 생성",『한국정치학회보』17집.

강민, 1984, "한국정치체제의 구조적 특성: 신권위주의를 중심으로", 한국정치학회편,『한국정치발전의 특성과 전망』.

강민, 1984, "한국정치체제의 구조적 특성신권위주의를 중심으로",『한국정치발전의 특성과 전망』, 서울: 한국정치학회.

강민, 1987,『국가이론의 한국적 적실성』, 한국정치학회편,『현대한국정치와 국가』, 법문사.

경제기획원, 1982,『주요경제지표』.

경제기획원, 1983,『주요경제지표』.

고성국, 1985, "1970년대의 정치변동에 관한 연구: 유신체제의 성립과 붕괴과정", 최장집 편,『한국자본주의와 국가』, 한울.

공제욱, 2008,『국가와 일상: 박정희 시대』, 한울아카데미.

공제욱 외, 2005,『1950～1960년대 한국형 발전모델의 원형과 그 변용과정』, 한울.

기미야 다다시, 2008,『박정희 정부의 선택: 1960년대 수출지향형 공업화와 냉전체제』, 후마니타스.

김견, 1988, "한국의 중화학공업화과정에서의 국가개입의 양상과 귀결",『오늘의 한국자본주의와 국가』, 서울: 한길사.

김경재, 2009,『혁명과 우상. 4: 10월 유신과 박정희 정권 (김형욱 회고록 4)』, 인물과사상사.

김병국, 1990,『분단과 혁명: 멕시코와 한국의 정치경제』, 나남.

김병국, 1992, "멕시코 경성국가의 허와 실: 개혁정치의 위기", 『국제정치논총』, 32:1.

김병국, 1994, 『분단과 혁명의 동학: 한국과 멕시코의 정치경제』, 서울: 문학과 지성사.

김보현, 2006, 『박정희 정권기 경제개발 : 민족주의와 발전 (카이로스총서 9)』, 갈무리.

김성국, 1984, "세계체제와 한국의 정치경제", 『현대사회』, 여름호.

김성진, 2007, 『박정희 (살림지식총서 300)』, 살림.

김세균, 1991, "한국에서의 민주주의 논의에 대한 비판적 검토", 『사회비평』6.

김수행·박승호, 2007, 『박정희체제의 성립과 전개 및 몰락 (한국학 모노그래프 54)』, 서울대학교출판부.

김영명, 1985, "남미 군부 통치의 종식: 아르헨티나, 브라질, 칠레", 『한국정치학회보』19.

김영명, 1985, 『제3세계의 군부통치와 정치경제』, 한울.

김영명, 1988, "아르헨티나와 브라질의 민주화", 성균관대학교 사회과학연구소, 『사회과학』.

김영순, 1988, 『유신체제의 수립원인에 관한 연구』, 서울대학교 석사학위논문.

김원동, 1985, "브라질 군사정권의 성격에 관한 일고찰", 『고려사회학논집』제2집.

김일영, 1994, "박정희 정치체제 18년, 어떻게 볼 것인가?", 한국정치학회 발표문.

김재곤, 1985, 『1026과 김재규』, 이삭.

김재규, 항소이유 보충서, 1980.

김재홍, 1994, 『군-핵개발 극비작전』, 동아일보사.

김재홍, 1994, 『박정희 살해사건 비공개진술 상』, 동아일보사.

김재홍, 1994, 『박정희 살해사건 비공개 진술 하』, 동아일보사.

김준, 1998, "멕시코: 국가-노동관계의 역사와 구조", 『노동사회』 통권 제23호.

김진, 1993, 『청와대비서실1』, 중앙일보사.

김진균·조희연, 1985, "분단과 사회상황의 상관관계에 관하여: 분단의 정치사회학적 범주화를 위한 시론", 『분단시대와 한국사회』, 까치.

김충식, 1992, 『남산의 부장들 II』, 동아일보사.

김태일, 1985, "권위주의 등장 원인에 관한 사례 연구: 유신 권위주의체제의 성립을 중심으로", 최장집 편, 『한국 자본주의와 국가』, 한울.

김행선, 2006, 『박정희와 유신체제』, 선인.

김형아, 2005, 『양날의 선택』, 일조각.

김형욱, 1991, 『김형욱 회고록: 혁명과 우상 1·2·3』, 전예원.

김호기, 1985, "경제개발과 국가의 역할에 관한 연구: 1960~70년대를 중심으로", 최장집 편, 『한국 자본주의와 국가』, 한울.

김호진 편역, 1984, 『제3세계의 정치경제학』, 한울.

노중기, 2004, "사회적 합의와 신자유주의 노동체제: 한국과 멕시코의 비교연구", 『경제와 사회』 통권 제62호(여름).

대통령비서실, 1971- , 『박정희대통령 연설문집』.

민만식, 1983, "페루와 브라질: 민주화로의 전환", 한배호 外, 『신생국정치론』, 정음사.

박광주, 1985, "국가론을 통한 한국정치의 패러다임 모색: 최근의 연구동향과 그 반성", 『현상과 인식』 제9권 2호.

박광주, 1987, "집정관적 신중상주의론" 한국정치학회 편, 『현대 한국정치와 국가』, 법문사.

박성원, 1996, "미국, 신군부에 끌려 다녔다", 『신동아』 5월호, 112.

박정희, 1963, 『국가와 혁명과 나』, 향문사.

박정희, 2006, 『한국국민에게 고함』, 동서문화사.

박찬일, 1981, "미국의 경제원조의 성격과 그 경제적 귀결", 김병태 외, 『한국경제의 전개과정』, 돌베개.

박철규, 1999, "5·18민중항쟁과 부마항쟁", 학술단체협의회 편, 『5·18은 끝났
　　　는가』, 푸른숲.

배긍찬, 1999, "닉슨 독트린과 동아시아 권위주의 체제의 등장: 한국, 필리핀,
　　　그리고 인도네시아의 비교분석", 『한국정치학회보』22(2).

백종국, 1992, "멕시코의 정치체제변동과 경제위기", 『국제정치논총』32:1.

백종국, 1994, "멕시코: 신자유주의의 선두주자", 『계간 사상』(가을).

사공일, 1981, "경제개발과 정부의 역할", 『한국개발연구』3권 1호.

서대숙, 1989, 『북한의 지도자 김일성』, 청계연구소.

서대숙, 2000, 『현대북한의 지도자(김일성과 김정일)』, 을유.

서병훈, 1988, "계급갈등과 정치변동: 칠레(1973)와 태국(1976)의 경우", 『한
　　　국과 국제정치』.

서병훈, 1994, "칠레: 혁명과 기적의 나라", 『계간 사상』(가을).

서울사회과학연구소 경제분과, 1991, 『한국에서의 자본주의 발전』, 새길.

서울사회과학연구소 경제분과, 1994, "칠레: 혁명과 기적의 나라", 『계간 사상』
　　　(가을).

서주석, 1992, 『김일성과 만주항일전쟁』, 이종석 역, 창작과비평사.

선거편찬위원회, 1979, 『헌정대관』, 향토방위사.

성경륭, 1993, "한국 정치민주화의 사회적 기원", 『한국 정치사회의 새흐름』, 나남.

손호철, 1993, "박정희 정권의 정치적 성격", 『역사비평』(겨울호).

손호철, 1993, "한국의 권위주의 정치체제와 자본주의의 발전", 『전환기의 한국
　　　정치』, 창작과 비평사.

손호철, 1995, "박정희 정권의 재평가: 개발독재 바람직했나?", 『해방50년의 한
　　　국정치』, 새길.

송주명, 1989, "신식민지 파시즘론의 테제들", 한국산업사회연구회 편, 『경제와
　　　사회』가을, 한울.

송헌일, 1998, "박정희 모델로는 IMF 극복 못해", 『월간 중앙 Win』 7월호.

송호근, 1990, "권위주의적 노동정치와 노동운동의 성장: 한국과 남미의 비교 연구", 한림대학교 아시아문화연구소, 『아시아문화』 제6호.

송호근, 1991, 『한국의 노동정치와 시장』, 나남.

신주백, 2003, "滿洲國軍 속의 朝鮮人 將校와 韓國軍", 『역사문제연구』 9.

심영희, 1984, "한국사회의 산업화와 사회통제", 『현대사회』 봄.

양동훈, 1991, "군부와 민주화: 브라질과 아르헨티나 비교분석", 한국라틴 아메리카학회, 『라틴 아메리카연구』.

양동훈, 1992, "권위주의로부터 정치변화: 멕시코의 경우", 한국라틴 아메리카학회, 『라틴 아메리카연구』.

양우진, 1991, "한국사회 인식에서의 몇 가지 이론적 조류에 관하여", 『한국자본주의 분석』, 일빛.

연세대학교 동서문제연구원 동아시아협력센터 & 호주국립대학교 아시아, 태평양대학 한국학 연구원, 2009, 박정희대통령 30주기 국제학술회의 자료집, 『박정희와 그의 유산: 30년의 재검토』.

오원철, 1998, "한국 경제 회고와 전망, 총력수출만이 살 길", 『월간 중앙 Win』 5월호.

오원철, 2006, 『박정희는 어떻게 경제강국 만들었나』, 동서문화사.

유철규, 2003, 『한국자본주의 발전모델의 역사와 위기』, 함께 읽는책.

유철규, 2004, 『박정희 모델과 신자유주의 사이에서』, 함께 읽는책.

이각범, 1983, "신국제분업 명제에 관한 이론적 고찰", 『한국사회학』, 17집.

이경재, 1986, 『유신쿠테타』, 일월서각.

이남섭, 1991, "브라질의 종교와 정치: 카톨릭교회의 민주화운동을 중심으로", 『이베로 아메리카 연구』 2.

이남섭, 2004, "신자유주의 시대 칠레 사회정책의 변화와 시민사회의 대응", 『라틴 아메리카연구』 17:4.

이병천, 1998, "발전국가 자본주의와 발전 딜레마: 경제위기에 의한 국가주의 적 동원형 발전체제의 재조명", 이병천·김균 편, 『위기, 그리고 대전환: 새로운 한국 경제 패러다임을 찾아서』 당대.

이병천 편, 2007, 『개발독재와 박정희 시대: 우리 시대의 정치경제적 기원』, 창비.

이삼성, 1996, "광주학살, 미국.신군부의 협조와 공모-최근 미국 외교문서를 통해 본 5·17쿠데타, 광주학살과 미국의 대한정책", 『역사비평』.

이상우, 1985, 『비록: 박정희 시대 1·2·3』, 중원문화.

이상우, 1986, 『박정희 정권 18년: 그 권력의 내막』, 동아일보사.

이성형, 1985, "국가개입에 관한 한 연구: 8·3 조치를 중심으로", 서울대학교 석사학위논문.

이성형, 1996, "멕시코 정치체제의 구조적 위기와 현단계의 성격: 1982~1994", 『라틴 아메리카연구』 9.

이성형, 1998, "신식파시즘론의 이론구조", 『현실과 과학』 2 새길.

이성형, 1998, 『IMF 시대의 멕시코: 신자유주의 개혁의 명암, 1982~1997』, 서울대학교출판부.

이성형, 2000, "경제통합과 민족정체성: 멕시코의 사례를 중심으로", 『이베로 아메리카연구』 11.

이성형, 2002, 『라틴 아메리카, 영원한 위기의 정치경제』, 역사비평사.

이수인·고성국·정관용, 1990, 『한국정치의 구조와 진로』, 실천문학사.

이승렬, 2007, 『제국과 상인 : 서울·개성·인천 지역 자본가들과 한국 부르주아의 기원, 1896~1945』, 역비, 한국학 연구총서 28.

이영조, 1991, "브라질의 경제안정화: 영속적 실패의 정치경제학", 『이베로 아메리카 연구』 2.

이영조, 1992, "자본주의 발전과 정치적 민주주의", 서울대 한국정치연구소·대한상공회의소 한국경제연구센터 공편, 『21세기 한국의 정치와 경제: 남미, 일본, 유럽과의 비교연구』, 한국컴퓨터산업.

이영조, 1994, "다시 시작하는 과거: 남미 군부통치의 유산", 『계간 사상』(가을).

이영철, 2004, "1970년대 초의 노동정책의 변화: 정치제도와 노동관계제도의 이중적 힘", 『한국정치학회보 38:2』(여름).

이재희, 1987, "자본축적과 국가의 역할", 이대근·정운영 편, 『한국자본주의론』, 까치.

이정복, 1985, "산업화와 정치체제의 변화", 『한국정치학회보』 19집.

이정복, 1991, "관료적 권위주의론과 유신체제", 석호 한배호박사 회갑기념논문집 발간위원회 편, 『한국의 자본주의와 민주주의』, 법문사.

이정복, 1995, "관료적 권위주의론과 한국정치", 『한국정치의 이해』, 서울대학교출판부.

이종석, 2002, 『새로 쓴 현대 북한의 이해』, 역사비평사.

이지훈, 1982, "한국 정치문화의 기본요인", 『한국정치학회보』 16집.

이해주, 1983, 『한·일 비교경제사론』, 비봉.

이현희, 2007, 『박정희 평전: 역사적으로 본 박정희 60년』, 효민.

임종철, 1984, "사각지대의 노동사회", 『월간조선』 4월호.

임혁백, 1994, 『시장, 국가, 민주주의』, 나남출판.

임혁백, 1995, "한국 권위주의 실패와 한국 민주주의의 공고화: 제도, 문화, 엘리트", 『국제정치논총』 35(1).

임혁백, 2004, "유신의 역사적 기원: 박정희의 마키아벨리적인 시간(上)", 『한국정치연구』 13(2).

임혁백, 2005, "유신의 역사적 기원: 박정희의 마키아베리적인 시간(下)", 『한국정치연구』 14(1).

임현진, 1984, "국가와 국제정치, 경제체제: 한국에서의 종속적 발전의 경험", 『한국사회학 연구』 7.

임현진, 1984, "종속적 발전에 따른 국가의 변모", 박현채 외 편, 『한국사회의 재인식 1』, 한울.

임현진, 1985,『현대한국과 종속이론』, 서울대학교출판부.

임현진, 1992, "라틴 아메리카의 산업화와 정치변동: 성장과 쇠퇴의 비교정치경제학",『국제정치논총』32:1.

임현진, 1993,『제3세계 연구: 종속, 발전 및 민주화』, 서울대학교출판부.

임현진, 1996, "사회과학에서의 근대성 논의: '근대화 프로젝트'를 중심으로", 역사문제연구소 엮음,『한국의 '근대'와 '근대성' 비판』, 역사비평사.

임현진, 2001, "동아시아 발전의 현실과 신화",『21세기 한국사회의 안과 밖: 세계체제에서 시민사회까지』, 서울대학교출판부.

임현진, 2005, "비교발전 경험에서 본 박정희의 유신체제(I): 중남미 경험에 비춘 역학과 모순",『세계지역연구논총』, 제23집 2호.

임현진, 2007, "비교발전경험에서 본 박정희의 유신체제(II): 중남미 경험에 비춘 역학과 모순",『세계지역연구논총』제25집 1호.

임현진·김병국, 1991, "노동의 좌절, 배반된 민주화: 국가, 자본, 노동의 한국적 현실",『계간 사상』(겨울호).

임현진·김병국, 1993, "민주화 과정에서의 국가·자본·노동관계의 한국적 현실", 최장집·임현진 공편,『시민사회의 도전』. 나남.

장창국, 1984,『육사졸업생』. 중앙일보사.

재무부, 1984,『외국인 차관현황』.

재무부, 1984,『외국인 투자 인가현황』.

전인권, 2006,『박정희평전-박정희의 정치사상과 행동에 관한 전기적 연구』, 이학사.

전철환, 1981,『수출·외자 주도경제의 발전론적 평가』.

정성화, 2005,『박정희 시대 연구의 쟁점과 과제』, 선인.

정성화, 2006,『박정희 시대와 한국 현대사』, 선인.

정운현, 2004,『실록 군인 박정희』, 개마고원.

정재영, 1994, 『박정희 실기:행정초록』, 집문당.

정재영, 1997, 『박정희 사상서설: 휘호를 중심으로』, 집문당.

조갑제, 1998, 『내무덤에 침을 뱉어라. 1,2』, 조선일보사.

조갑제, 2006, 『박정희 전기(전13권)』, 조갑제 닷컴.

조갑제, 2009, 『박정희의 결정적 순간들 – 62년 생애의 62개 장면』, 기파랑.

조동준, 1996, "전두환, 카터를 농락하다", 『월간조선』 8월호.

조영범역, 1984, 『제3세계와 국가자본주의』, 전예원.

조우석, 2009, 『박정희 한국의 탄생』, 살림.

조이환, 2001, "브라질 군사정부에 관한 연구", 『중남미 연구』 제21권.

조형제, 1989, "한국 국가에 대한 신식파시즘론의 적용", 한국산업사회연구회
    편, 『경제와 사회』겨울, 한울.

조희연, 1993, 『현대 한국 사회운동과 조직』, 한울.

조희연, 1997, "동아시아 발전론의 재검토", 『경제와 사회』36.

조희연·박현채 편, 1982, 『한국사회 성격논쟁』1-4, 풀빛.

주학중, 1979, 『한국의 소득분배와 결정요인』(상), 한국개발연구원.

중앙일보, 1997, "실록 박정희 시대" 28, 박정희죽음과 핵무기, 1997년10월 27일
    자.

중앙일보, 1997, "실록 박정희 시대" 29, 원폭개발작전, 1997년 10월 30일자.

중앙일보, 1997, "실록 박정희 시대" 30, 자위에서 자주로, 1997년 11월 3일자.

중앙일보, 1997, "실록 박정희 시대" 31, 무르익는 핵개발, 1997년 11월 6일자.

중앙일보, 1997, "실록 박정희 시대" 32, 막내리는 핵개발, 1997년 11월 20일자.

중앙일보, 1997, "실록 박정희 시대" 33, 국산 미사일 개발, 1997년 11월 13일자.

최상천, 2007, 『알몸 박정희 최상천』, 인물과사상사.

최영, 1995, 『박정희의 사상과 행동』, 현음사.

최완규, 1987, 『유신 권위주의체제의 성립요인에 관한 연구』, 경희대학교 박사학위논문.

최장집, 1984, "한국노동운동의 정치경제적 연구", 『한국사회연구』 2, 한길사.

최장집, 1985, "과대성장국가의 형성과 정치균열의 구조," 『한국사회연구』 3, 한길사.

최장집, 1988, 『한국의 노동운동과 국가』, 열음사.

최장집, 1989, 군부권위주의 체제의 내부 모순과 변화의 동학 1972-1986, 『한국현대정치의 구조와 변화』, 까치.

최장집, 1993, "한국 국가의 성격", 『한국민주주의의 이론』, 한길사.

최장집, 1993, 『한국 민주주의의 이론』, 한길사.

최장집, 1996, 『한국민주주의의 조건과 전망』, 나남출판.

팀 사록과 김재일, 1996, "12·12는 쿠데타 아니다 신군부와 밀착하라", 『시사저널』, 1996.3.14.

한국경영자총협회, 1982, 『노동경제연감』.

한국기독교교회협의회(KNCC) 인권위원회, 1987, 『1970년대의 민주화운동 IV: 기독교 인권운동을 중심으로』.

한국산업은행, 1979, 『외국인 직접투자의 실태와 경제적 효과분석에 관한 연구』.

한국은행, 1978, 『경제통계연감』.

한국은행, 1980, 『경제통계연보』.

한국은행, 1981, 『민간경제백서』.

한배호, 1993, 『한국의 정치과정과 변화』, 법문사.

한배호, 1994, 『한국정치변동론』, 법문사.

한상진, 1983, "관료적 권위주의와 한국사회", 서울대 사회학연구회 편, 『한국사회의 전통과 변화』, 법문사.

한상진, 1988, 『한국사회와 관료적 권위주의』, 문학과 지성사.

한상진편저, 1984, 『제3세계 정치체제와 관료적 권위주의』, 한울.

한용원, 1984, 『창군』, 박영사.

한용원, 1993, 『한국의 군부정치』, 대왕사.

한용원, 2008, 『남북한의 창군: 미소의 역할을 중심으로』, 오름.

Amin, S., 1974, "The theoretical Model of Capitalist Accumulation", *Review of African Political Economy* 1.

Amin, S., 1974, *Accumulation on a World Scale*, New York: Monthly Review Press.

Amin, S., 1976, *Unequal Development,* New York: Monthly Review Press.

Amsden, Alice., 1979, "The State and Taiwan? Economic Development", in Peter B. Evans, Deutrich Rueschmeyer and Theda Skocpol (eds.), *Bringing the State Back In* (Cambridge: Cambridge University Press).

Apter, D. E., 1965, *The Politics of Modernization*, Chicago University Press.

Barrera, Manuel and J. Samuel Valenzuela., 1986, "The Development of Labor Movement Opposition to the Military Regime", in J. Samuel Valenzuela & Arturo Valenzuela (eds.), *Military Rule in Chile: Dictatorship and Oppositions* (Baltimore: Johns Hopkins Univ. Press.

Barrett, Patrick S., 2001, "Labour Policy, Labour-Business Relations and the Transition to Democracy in Chile", *Journal of Latin American Studies*, 33.

Beccaria, Luis and Ricardo Carciofi, 1982, "The Recent Experience of Stabilizing and Opening up the Argentine Economy", *Cambridge Journal of Economics,* 6.

Cardoso, F. H., 1979, "Associated Dependent Development: Theoretical and Practical Implication", A. Stepan(ed.), *Authoritarian Brazil: Origins, Policies and Future,* Yale University Press.

Cardoso, Henri F., 1979, "On the Characterization of Authoritarian Regime", David Collier (ed.), *The New Authoritarianism in Latin America* Princeton: Princeton University Press.

Chu, Yun-han, Fu Hu, and Chung-in Moon., 1997, "South Korea and Taiwan: The International Context", in *Consolidating the Third Wave Democracies - Regional Challenges*, edited by L. Diamond, M. F. Plattner, Y.-h. Chu, and H.-m. Tien. Baltimore and London: The Johns Hopkins University Press.

Chung, Jin-Young., 1990, "Political Development and Industrialization in Brazil" Ph.D. Dissertation Thesis, University of Illinois at Urbana-Champaign.

Collier, David and Ruth B. Collier, 1979, "Inducement versus Constraint", *American Political Science Review* 37:4.

Collier, Ruth., 1982, "Popular Sector Incorporation and Political Supremacy: Regime Evolution in Brazil and Mexico." in Sylvia Ann Hewlett and Pichard Weinert(eds)., *Brazil and Mexico: Patterns in Late Development.,* Philadelphia: ISHI.

Cumings, Bruce., 1989, "The Abortive Abertura: South Korea in the Light of Latin American Experience", *New Left Review,* 173.

Dominguez, Jorge I., "The Perfect Dictatorship: Authoritarian Rule under Park Chung Hee, Compared to Latin American Cases", Byung-Kook Kim, Ezra F. Vogel and Jai-Bong Hahm (eds.), *Contemporary Korean Politics.* Harvard University Press.

Dominguez, Jorge I., "The Perfect Dictatorship: Authoritarian Rule under Park Chung Hee, Compared to Latin American Cases" (미발표 논문).

Duvall, R. D. & J. R. Freeman., 1981, "The state and dependent capitalism", W.L. Hollist and J. N. Roseneau (eds), *World System Structure: Continuity and Change*, Sage.

Edwards, Sebastian., 1984, "Stabilization with Liberalization: An Evaluation of Ten Years of Chile's Experiment with Free-Market Policies, 1973-1983", *Economic Development and Cultural Changes* 33:2.

Erickson, Kenneth Paul., 1977, *The Brazilian Corporative State and Working Class Politics.*Berkeley: Univ. of California Press.

Evans, P., 1975, "Industrialization and Imperialism: Growth and Stagnation on the Periphery", *Berkeley Journal of Sociology* 20(1975-1976).

Evans, P., 1979, *Dependent Development: The Alliance of Multinational, the State and Local Capital in Brazil*, Princeton University Press.

Evans, Peter., 1995, *Embedded Autonomy: States and Industrial Transformation*, Princeton: Princeton University Press.

Evans, Peter and John D. Stephens., 1988, "Development and the World Economy", in N. Smelser(ed.), *Handbook of Sociology,* Beverly Hills: Sage.

Forsythe, David., 1984, "Human Rights Realism, Radicalism, and Reform" in D. P. Forsythe(ed.), *American Foreign Policy in an Uncertain World,* Lincoln: University of Nebraska Press.

Foxley, Alejandro., 1983, *Latin American Experiments in Neoconservative Economics*, Berkeley:Univ. of California Press.

Frank, A.G., 1972, *Lumpenbourgeoisie: Lumpendevelopment*, Monthly Review Press.

Garretón, Manuel Antonio., 1989, *The Chilean Political Process,* Boston: Unwin Hyman.

Gerschenkron, A., 1962, *Economic Backwardness in Historical Perspective,* Harvard University Press.

Habermas, J., 1996, *Between Facts and Norms,* Massachusetts: MIT Press.

Han, Sungjoo., 1977, "The Republic of Korea and the United State-The Changing Alliance", *Korea & World Affairs* 1.

Harris, Richard L. 1982, "The Political Economy of Mexico in the Eighties", *Latin American Perspectives* 9:1.

Henderson, G., 1969, *Korea: The Politics of Vortex,* Harvard University Press.

Hirshman, A.O., 1979, *A Bias for Hope*, Yale University Press.

Huntington, S., 1968, *Political Order in Changing Societies,* Yale University Press.

Huntington, Samuel P, 1991, *The Third Wave: Democratization in the Late Twentieth Century*, Norman: University of Oklahoma Press.

Im, Hyug-Baeg., 1987, "The Rise of Bureaucratic Authoritarianism in South Korea", *World Politics* 39:2.

Kim, J. A., 1975, *Divided Korea: The Politics of Development*, 1945-1972, Harvard University Press.

Kim, Sae Jung., 1986, The Political Economy of Authoritarianism: State-Propelled Industrialization and the Persistent Authoritarian State in South Korea, 1961-1979, Ph.D. Dissertation Thesis, McGill University.

Koo, Hagen., 1982, "A Preliminary Approach to Contemporary Korean Class Structure, 'Y. Chang, T. Kwon and P.J. Donaldson(ed.), *Society in Transition: with Special Reference to Korea*, Seoul National University Press.

Korea National Commission for UNESCO (ed.), 2002, "The State Autonomy in Modern Korea: Instrumental Possibilities and Structural Limits," *Korean Politics: Striving for Democracy and Unification*, Elizabeth and Seoul: Hallym.

Kurth, J. R., 1979, "Industrial Change and Political Change: European Perspective", D.Collier(ed.) *The New Authoritarianism in Latin America*, Princeton University Press.

Latin America Political Report 11:6 (April 29, 1977)

Lee, Young-Jo., 1990, "Legitimation, Accumulation and Exclusionary Authoritarianism: Political Economy of South Korea and Brazil", Ph.D. Dissertation Thesis, Harvard University.

Lim, Hyun-Chin., 1985, *Dependent Development in Korea, 1963-1979*, Seoul: Seoul National University Press.

Lim, Hyun-Chin Lim and Woonsun Baek., 2002, "The State Autonomy in Modern Korea: Instrumental Possibilities and Structural Limits", Korea National Commission for UNESCO (ed.), *Korean Politics: Striving for Democracy and Unification*, Elizabeth and Seoul: Hallym.

Linz, Juan., 1974, "Totalitarian and Authoritarian Regime", in F. Greenstein and Nelson Polsby (eds.), *Handbook of Political Science* (Reading: Addison-Wesley).

Linz, Juan and Alfred Stephan, 1995, "Towards Consolidated Democracies: Five Arenas and Three Surmountable Obstacles", A Paper Presented at International Conference on *Consolidating the Third Wave Democracies: Trends and Challenges*, August 27-30, 1995 Taipei, Taiwan R.O.C.

Lovell, J. P., 1975, "The Military and Politics in Politics in Postwar in Korea", E. R. Wright(ed.), *Korean Politics in Transition,* University of Washington Press.

Mainwaring, Scott., 1992, "Transitions to Democracy and Democratic Consolidation: Theoretical and Comparative Issues", *Issues in Democratic Consolidation*, Notre Dame: University of Notre Dame Press.

Malloy, James M., 1992, "Contemporary Authoritarian Regimes" *Encyclopedia of Government and Politics.*

Malloy, James M. ed., 1977, *Authoritarianism and Corporatism in Latin America.* Pittsburgh: University of Pittsburgh Press.

Mares, David R., 1985, "Explaining Choice of Development Strategies: Suggestions from Mexico, 1970-1982", *International Organizations* 39 (Autumn).

Mason, E. S. et al., 1980, *The Economic and Social Modernization of Republic Korea*, Harvard University Press.

Mericle, Kenneth S., 1977, "Corporatist Control of the Working Class: Authoritarian Brazil Since 1964", in James M. Malloy (ed.), *Authoritarianism and Corporatism in Latin America*, Pittsburgh: Univ. of Pittsburgh Press.

Moon, Chung-In., 1983, "The South Korean State in the International Economy: Liberal, Dependent or Mercantile", in John Ruggie (ed.), *Antinomies of Interdependence*, New York: Columbia University Press.

Moon, Jung-In., "The State in Korean Development: Realist, Dependent or Neo-Mercantilist?" *World Politics*, 22:2.

Munck, Gerardo L., 1998, *Authoritarianism and Democratization: Soldiers and Workers in Argentina*, 1976-1983, Univ. Park, PA: The Pennsylvania State Univ. Press.

Neale, Ronning C. and Henry H. Keith, 1976, "Shrinking the Political Arena: Military Government in Brazil Since 1964", in Henry H. Keith and Robert A. Hayes (eds.), *Perspectives on Armed Politics in Brazil*, Arizona State University.

O'Donell, Guillermo., 1973, *Modernization and Bureaucratic-Authoritarianism*, Berkeley: Universityof California Press.

O'Donell, Guillermo., 1988, "Bureaucratic Authoritarianism: Argentina, 1966-1973", *mparative Perspective*, Berkeley: University of California Press.

O'Donell, Guillermo., 1995, "Partial Institutionalization: Latin America and Elsewhere", *Journal of Democracy*, 12:3.

O'Donnell, G. A., 1984, *Modernization and Bureaucratic-Authoritarianism: Studies in South American Politics*, University of California Press.

OECD, 1980, *The Impact of the Newly Industrializing Countries on Production and Trade in Manufactures*.

Perlmutter, A., 1981, *Modern Authoritarianism: A Comparative Institutional Analysis,* Yale University Press.

Perlmutter, Amos., 1981, *Modern Authoritarianism, New* Haven: Yale University Press. 김문조·임현진 옮김, 1986, 『현대국가와 권위주의』, 서울: 정음사.

Remmer, Karen L., 1980, "Political Demobilization in Chile, 1973-1978", *Comparative Politics* 13:1.

Remmer, Karen L., 1991, *Military Rule in Latin America*, Boulder: Westview Press.

Ronning, C. Neale and Henry H. Keith., "Shrinking the Political Arena: Military Government in Brazil Since 1964", in Henry H. Keith and Robert A. Hayes(ed)., 1976, *Perspectives on Armed Politics in Brazil,* Arizona State University.

Rouquié, Alain., 1983, "Argentina: The Departure of the Military", *International Affairs* 59: 4 (Autumn, 1983), pp.575-578.

Santos, T. Dos., 1970, "Structure of Dependence", *The American Economic Review* 60.

Schmitter, P. C., 1979, "Still the century of corporatism", P.C. Schmitter and G. Lemburch(eds), *Trends Toward Corporatist Intermediation*, Sage.

Schmitter, Philippe C., 1971, *Interest Conflict and Political Change in Brazil* Stanford: Stanford Univ. Press.

Schneider, Ben Ross., 2002, "Why Is Mexican Business So Organized?" *Latin American Research Review* 37:1.

Schumitter, P. C., 1979, "Still the Century of Corporatism?", in Schumitter, P. C. & G. Lehmbruch. eds. *Trends toward Corporatist Intermediation*. Beverly Hills: Sage Publication.

Scott, J. C., 1972, "Patron-Client Politics and Political Change in South East Asia", *American Political Science Review,* 66.

Sigmund, Paul E., 1982, "The Military in Chile", in Robert Wesson (ed.), New Military Politics in Latin America (New York: Praeger).

Silva, Eduardo., 1996, *The State and Capital in Chile,* Boulder: Westview Press.

Skidmore, Thomas E., 1988, *The Politics of Military Rule in Brazil,* 1964-85, New York: Oxford Univ. Press.

Skidmore, Thomas E., "Politics and Economic Policy Making in Authoritarian Brazil: 1937-71", in Alfred Stepan. ed. 1973, *Authoritarian Brazil: Origins, Politics and Future,* New Haven: Yale University Press.

Skocpol, Theda., 1979, *States and Social Revolutions: A Comparative Analysis of France, Russia and China,* Cambridge University Press.

Smelser, N. J., 1976, *Comparative Methods in the Social Sciences,* Englewood-Cliffs, N. J.: Prentice-Hall.

Smith, William C., 1989, *Authoritarianism and the Crisis of the Argentine Political Economy.* Stanford, Cal.: Stanford Univ. Press.

Snow, Peter G., 1996, "Argentina: Politics in a Conflict Society", in Howard J. Wiarda & Harvey F. Kline (eds.), *Latin American Politics and Development,* 4th ed. Boulder: Westview Press.

Stepan, Alfred., 1978, *State and Society: Peru in Comparative Perspective,* Princeton: Princeton University Press.

Stepan, Alfred., 1985, "State Power and the Strength of Civil Society in the Southern Cone of Latin America", in Peter Evans, Dietrich Rueschemeyer, and Theda Skocpol (eds.), *Bringing the State Back In.* Cambridge: Cambridge Univ. Press.

Suh, Sang-chul., 1979, *Growth and Structural Changes in the Korean Economy,* 1910-1940, Cambridge: Cambridge University Press.

The World Bank, 1970, *World Development Report* (Washington).

Tilly, Charles., 1978, *From Mobilization to Revolution,* Addison-Wesley Publishing Co. 양길현 외 공역, 『동원에서 혁명으로』, 서울프레스, 1995.

Tilly, Charles., 1984, *Big Structures, Large Processes, Huge Comparisons*, New York: Russel Sage.

Tilly, Charles., 1994, "Social Movements as Historically Specific Clusters of Political Performances", *Berkeley Journal of Sociology*, Vol. 38.

United States. Congress. House. Committee on International Relations. Subcommittee on International Organizations., 1978, *INVESTIGATION OF KOREAN-AMERICAN RELATIONS*. Washington : U.S. Govt. Print. Off. 서울대 한미연구회 역, 1986, 『프레이저보고서』, 실천문학사.

Valenzuela, Arturo., 1991, "The Military in Power: The Consolidation of One-Man Rule", in Paul W. Drake and Ivan Jaksic (eds.), *The Struggle for Democracy in Chile*, 1982-1990, Lincoln: University of Nebraska Press.

Valenzuela, J. Samuel, and Arturo Valenzuela. eds., 1986, *Military Rule in Chile: Dictatorship and Oppositions*. Baltimore: Johns Hopkins University Press.

Valenzuela, Samuel J., 1992, Democratic Consolidation in Post-transitional Setting, In *Issues in Democratic Consolidation*.

Vernon, R., 1966, "International Investment and International Trade in the Product Cycle", *Quarterly Journal of Economics* 80.

Wallerstein, Immanuel., 1979, "Dependence in an Interdependent World", *The Capitalist World Economy,* Cambridge: Cambridge University Press.

Wallerstein, Michael., 1984, "브라질의 민주주의를 좌절시킨 경제적 요인들", 한상진 편저, 1984, 제3세계 정치체제와 관료적 권위주의, 서울: 한울, p.257.

Warren, B., 1973, "Imperialism and Capitalist Industrialization", *New Left Review* 81.

Wesson, Robert. ed., 1982, *New Military Politics in Latin America*, New York: Praeger.

Wiarda, Howard J., and Harvey F. Kline. eds., 1996, *Latin American Politics and Development*, 4th ed. Boulder: Westview Press.

Wynia, Gary., 1978a, *The Politics of Latin American Development*. Cambridge: Cambridge University Press.

Wynia, Gary., 1978b, *Argentina in the Postwar Era*. Albuquerque: University of New Maxco Press.

논문출처

제1장: 임현진·송호근, 1994, "박정희체제의 지배이데오로기", 역사문제연구소, 『한국정치의 지배이데오로기와 대항이데오로기』, 역사비평사, pp.169-207.

제2장: 임현진, 1984, "종속적 발전에 따른 국가의 변모", 박현채 외 편, 『한국사회의 재인식 1』, 한울, pp.261-290.

제3장: 임현진, 1987, "현대 한국의 국가자율성: 도구적 자율성과 구조적 한계", 서울대학교 사회과학연구회 편, 『현대자본주의와 공동체이론』, 한길사, pp.225-246.

Lim, H. C. & W. S. Baek, 2002, "The State Autonomy in Modern Korea: Instrumental Possibilities and Structural Limits," Korea National Commission for UNESCO (ed.), *Korean Politics: Striving for Democracy and Unification*, Elizabeth and Seoul: Hallym, pp.323-343.

제5-8장: 임현진, 2005, "비교발전 경험에서 본 박정희의 유신체제(I): 중남미 경험에 비춘 역학과 모순", 『세계지역연구논총』, 제23집 2호, pp.269-302.

임현진, 2007, "비교발전경험에서 본 박정희의 유신체제(II): 중남미 경험에 비춘 역학과 모순", 『세계지역논총』, 제25집 1호, pp.297-332.

저자소개

임현진(林玄鎭)

서울대를 졸업하고 미국 하바드대에서 사회학으로 박사학위를 받았다. 하바드대, 시카고대, 캘리포니아대(샌 디이고), 듀크대, 파리 5대학(디드로), 베를린자유대학, 베트남국립대(하노이) 등에서 강의와 연구를 하였다. 1983년 서울대 사회과학대학 사회학과에 교수로 부임한 이래 여러 학회활동과 사회활동을 해왔다. 나라정책연구회, 한국사회학회, 한국NGO학회, 국제개발협력학회, 한국정치사회학회, 한국사회과학협의회 등의 회장을 지냈고, 경제정의실천연합, 바른과학기술사회 실현을 위한 국민연합, 국제개발협력민간협의회의 공동대표를 맡았다. 한국 지식인지도에 의하면 '진보적 자유주의' 노선을 추구하는 중도학자로 분류되고 있다. 서울대학교 기초교육원 원장, 사회과학대학 학장을 역임한 바 있다. 그리고 전국국공사립사회과학학장협의회 공동대표, 장준하기념사업회 회장, SK텔레콤 이사회 의장, 국회 미래전략위원회 위원장 등 다양한 활동을 하였다. 현재 서울대학교 명예교수이며, 국무총리실 사회발전위원회 위원장, 그리고 대한민국 학술원 회원이다. 주요 저서로 《라틴 아메리카의 도전과 좌절》, 《지구시대 세계의 변화와 한국의 발전》, 《21세기 한국사회의 안과 밖》, 《한국의 사회운동과 진보정당》, 《*East Meets West*》, 《*New Asias*》, 《*Global Challenges in Asia*》, 《글로벌 NGOs》, 《세계화와 반세계화》, 《지구시민사회의 구조와 역학》, 《뒤틀린 세계화》, 《갑오년의 동아시아》, 《글로발 패러독스》, 《아시아의 부상》 등 60여 권이 있다. 1996년 전국경제인연합회의 제7회 자유기업출판문화대상을 수상하였고, 2007년 한국학술진흥재단의 '국가석학'으로 선정되었다.

대표저서

1985, *Dependent Development in Korea*: 1963-1979, Seoul: SNU Press.

1987,『현대한국과 종속이론』, 서울대학교출판부.

1993,『제3세계 연구-종속, 발전 및 민주화』, 서울대학교출판부.

1998,『지구시대 세계의 변화와 한국의 발전』, 서울대학교출판부.

2001,『21세기 한국사회의 안과 밖: 세계체제에서 시민사회까지』, 서울대학교출판부, 학술원 우수도서.

2002,『새로운 스포츠사회학』, 백산 (공저).

2005,『전환기 한국의 정치와 사회: 지식·권력·운동』, 집문당, 문화관광부 우수도서.

2005,『21세기 통일한국을 향한 모색: 분단과 통일의 변증법』, 서울대학교출판부 (공저), 학술원 우수도서.

2007, *East Meets West*: *Civilizational Encounters and the Spirit of Capitalism in East Asia*, Leiden and Boston: Brill (공편).

2008,『북한의 체제전환과 사회정책의 과제』, 서울대학교출판부 (공저).

2009,『한국의 사회운동과 진보정당』 서울대학교출판부, 문화체육관광부 우수도서.

2010, *New Asias*: *Global Future of World Regions*, Seoul: Seoul National University Press (공편), 학술원 우수도서.

2011,『글로벌 NGOs: 국제정치의 '와일드 카드'』 나남 (공저).

2011, 『세계화와 반세계화: 21세기 한국의 미래를 묻는다』 세창.

2012, 『지구시민사회의 구조와 역학: 이론과 실제』, 나남, 문화체육관광부 우수
      도서.

2013, 『동아시아의 협력과 공동체: 국가주의적 갈등을 넘어』, 나남, (공편).

2013, 『동아시아 대중문화소비의 새로운 흐름』, 나남 (공편).

2014, *Global Challenges in Asia: Development Models and Regional
      Community Building*, Seoul: Seoul National University Press (공편).

2014, 『뒤틀린 세계화: 한국의 대안찾기』, 나남 (공편).

2014, 『동아시아 문화권에서의 한류』, 진인진 (공편).

2015, 『불평등 한국, 복지국가를 꿈꾸다』, 후마니타스, 2015 (공저).

2015, 『갑오년의 동아시아』, 진인진 (공편).

2015, 『광복 70주년 대한민국 7대 과제, 21세기 일류국가를 위한 정책제언』,
      진인진 (공편).

2016, 『글로발 패러독스: 아시아의 도전과 과제』, 서울대학교출판부 (공저).

2016, 『아시아의 부상, 문명의 전환인가』, 서울대학교출판부.

2016, 『아시아는 통한다: 흐름과 관계를 통해 본 지도』, 서울대학교출판부 (공편).

2016, 『한국 시민사회를 그리다: 시민사회단체 기초통계 조사』, 진인진 (공저).

2017, 『주민과 시민 사이: 한국 시민사회의 사회적경제 활동 톺아보기』, 진인진
      (공저).

2017, 『대한민국의 길을 묻다』, 백산서당.